怪異学講義

王権・信仰・いとなみ

東アジア恠異学会〈編〉

JN102564

勉誠出版

[目次]

◉各論

怪異から考える

◎第2部 信仰と怪異……久留島元・佐々木聡 201

序論　怪異学の視点

大江　篤◉OE Atsushi

はじめに

「怪異学」は、「怪異」をキーワードに、資料にこだわり、「怪異」の歴史的考察を目的としている学問である。

大学の講義で第一回目に必ず話す内容がある。史料と史実の関係、歴史叙述についてである。その内容を組み立てるとき参考にしている一冊のノートがある。恩師亀田隆之先生（日本古代史、二〇〇〇年逝去）からいただいた「東西交流史」のノートである。

当時、先生が勤務されていた大学の当該科目を非常勤講師として担当することになり、引き継ぐにあたって参考にするようにと渡されたものであった。ちょうどその頃、博士論文をまとめており、その草稿をご指導いただくために、ご自宅にうかがったときのことであった。

先生のノートから学びながら準備した第一回の授業は、天国に召された亀田先生の御葬儀で休講し、翌週から授業を開始した。大学教員になって五年目の春である。研究・教育の両方にわたって、先生の指導を仰いだ最後の機会であった。

さて、ノートには科目にちなんで、「東西」をどう理解するか、「史」（歴史）をどう理解するかという内容が書かれている。「歴史」「歴史学」を説明するなかで、授業プリントに、

歴史研究のための必要条件

他の学問（社会科学）と同様に、「客観性」と「合理性」の二つの柱が必要。

とある。そして、ノートに次のように記されている。

当面の問題として各自が興味と関心を持つ福祉の歴史↓福祉の歴史（福祉発達史）について考えて見る。

問題意識…何故とりあげるのか？

福祉についての現代的関心▲——取り組まざるを得ない個人的事情

└現実（の日本社会の福祉状況）への批判

5つのKey Point

○Who　…国家、政府といった公的機関、個人、私的集団 etc.

○When　…大きく言えば過去（現在からの時間的ひらき）

○Where…日本（の特定の地域）外国（比較の意味で）

○How…上の3つの点の考察（立論の裏づけとしての史料の検証、組みたて）
　現在、日本の福祉事業はどのようであるか（政府の姿勢、行政のしくみ　実情　etc.）
　それは何時からなのか（連続と非連続）
　世界各国はどうであるのか（比較考察）
　→ **客観的**

○Why…何故そうした仕組み実情なのか
　何故諸外国と異なるのか
　→ 原因の追究
　この場合、主観の入る余地がかなりある（好悪の感情、善悪の価値判断が入りこむ）

歴史叙述
　個々の史実を、一本の線により連ねられているものとして
　（この一本の線は、研究者の主観的判断による）組みたてる
　組みたてる過程（学問的対象として捉える）**において**
　「合理性」「客観性」が要求される

社会福祉を学ぶ学生に歴史学を学ぶことの意義、現代社会への課題意識を説いたうえで、史実を「客観的」「合理的」に組みたて、歴史叙述を行うことの重要性を述べている。出来事については客観的であるものの、原因の追究にあたっては主観が入る余地があるとも指摘している。

まず、歴史学では、「歴史的事実」すなわち「史実」は、残された過去の記録から事実を復元す

る。過去の事実は分かっていないことのほうが多い。(1) したがって、新しい史料の解釈や史料の発見によって、通説となっている事項でも書き換えられることがある。しかし、「史実」が明らかとなってもそれだけでは「歴史」を叙述することはできない。

個々の史実を一本の線により連ねられているものとして組みたてる。そして、「なぜ」という原因を明らかにしていく。その際には研究者の主観的判断（歴史観）による。歴史観は人によって多様である。したがって、同じ「史実」から組み立てられた歴史の姿は決して一つではない。(2)

重要なことは、組み立てる過程において、恣意的な創造や主観的な思い込みを避けなければならないことである。いくら自分の主観的な歴史観にもとづいた歴史像を築くといっても、「史実」を捏造したり、創造したりしてはいけない。歴史像を組み立てるときは、「合理性」「客観性」が要求されるのである。言い換えると、より正しい「解釈」――みんなにとって正しいにちがいないという認識――を求め続けることが大切である。

講義では、このことをジグソーパズルに例えて説明を加えている。ジグソーパズルのピースは歴史資料（史料）である。この資料は、すべて本物とは限らない。本物もあれば、偽物もあり、限りなく本物に近い偽物も混ざっている。資料の真贋を見極め、それぞれの資料がどのような経緯、意図で書き残されたのかを検証しなければならない。これが史料批判である。

そして、時代が古くなればなるほど、ピース（歴史資料）の数は限られている。すべてのピースが埋まることはない。ピースが欠けたところに、どのような絵柄のピースがあてはまるのか、なぜ

序論　怪異学の視点

大江　篤

その絵柄なのかを「客観的」「合理的」に説明し、パズルを完成させる（歴史像を構築する）ことが歴史学の営みである。すべてのピースがそろわないということは、正解（一〇〇％正しい歴史像）がないことになる。一〇〇％の答えを出すことができないからといって、その営みをやめてはいけない。「誰が見ても正しいにちがいない」絵を描き、パズルを完成させなければならない。世の中には解決しなければならないけれど、明らかになっていない「ふしぎ」なことや「謎」がたくさんある。その一つ一つを解明していくことが、「学問」である。

　ここでは、本書の各講義を理解するために、怪異学の歩みと主な視点をまとめておく。

一　「怪異学」のはじまり

「怪異学」の創始者は、西山克氏（京都教育大学名誉教授）である。西山氏は、一九九五年に父西山徳氏を亡くされ、その神葬祭の経験から「人が神になる」ことを考え、同年のオウム真理教事件の後、「謎解き・京の絵馬」の連載で寺院・神社を巡るなかで、「仏教経典で語られる物語や記紀の神話につながる制度的な仏神の世界と不可分な状態で、「非科学的・非合理的」な不思議譚が語られている」ことに関心を持ち調査・研究を進めておられた。そして、京都大学文学部での「怪異」をテーマにした講義の際、その受講生との喫茶店での談話から東アジア恠異学会が生まれたのである〔西山克 二〇一二〕。二〇〇一年のことであった。第一回研究会は、二〇〇一年四月二十八日午後一時――。京都で最も有名な喫茶店の一つ「進々堂」百万遍店のテラスで、東アジア恠異学会の第一回研究会が開かれた。その日は少し汗ばむほどに、とてもよく晴れていた。コーヒー一杯で何時間でも座っていられるこの店で、研究会をするのが夢だったと研究代表の西山克さんはいう。

『怪異学入門』（岩田書院、2012年）

というものであった〔戸田靖久 二〇〇三〕。第一回研究会の西山報告についての記録が手元にあるので、紹介したい。

○前近代の国家・王権・社会を読み解く方法論的ツールとしての恠異（恠は怪の正字）

○東アジアの基本史料から恠異記事を抽出し、恠異データベースを構築する恠異についての歴史学的な研究手法を確立するなかで、歴史用語としての恠異を、前近代の国家・王権・社会を読み解く方法論的ツールに鍛えあげる。

○井上円了（一八五八～一九一九）…長大な妖怪研究『妖怪学講義』

↓科学的合理的な手法に基づいて、前近代日本人の「迷信」を打破しようとする。その意図を帳消しにする井上の妖怪への愛着。しかし迷信打破のコンセプトは分かりやすい。

○ではなぜ、いま恠異なのか
現代怪異ブーム…国際日本文化研究センターの小松和彦氏を中心とした学際的妖怪研究の進展。

↓それは京極夏彦氏・夢枕獏氏らのエンターテイメントとしての怪異小説に親近性。

常光徹氏『学校の怪談』映画化など。

現段階における怪異研究は文化人類学的・民俗学的傾向に傾斜。

↓しかし民俗学は恠異研究にとって、特権的な立場を主張できない。

前近代の王権が危機（恠異）管理の為に蓄積した先端知識はやがて民俗へと拡散・浸透する。

○怪異ブームを商業主義的なブームに終わらせない
↓【歴史学研究の新たな方法論的ツールとしての恠異】の構築を目指す。

○恠異とは何か——日本中世の恠異史料（主に古記録）から——
I中世社会において（すでに）概念化されていた恠異
↓中世人、厳密には中世王権が「恠異」と認定。多くの場合、王権中枢に危機意識を喚起する

↓陰陽寮に所属する宮廷陰陽師と神祇官人による軒廊御卜…国家的リアクションが図られる。

Ⅱ「恠異」と認定されることはないが、中世人が「怪しい」と考えた事象。

↓厳密には概念としての「恠異」の範疇には入らないが、中世人をして「希代事也」などと言わしめた怪しい出来事。

Ⅲ中世社会でおこり、現代人が「怪しい」と考える事象。

↓中世人にとっては恠異ではなく、また「怪しい」ことでもないが、現代的な思考にとって「怪しい」と考えられる出来事。

今後、私たちの語る「怪しい」出来事が、三類型のいずれに入るか、かならず明示する必要がある。


この報告内容については、西山克「怪異学研究序説」にまとめられている(3)〔西山克 二〇〇三〕。「怪異」を研究する意義を、

前近代の国家や社会を総体的に捉えようとするときにも、怪異の研究は決定的に重要である。国家や社会の動向が、超自然的で非合理的な現象や観念と不可分の関係にある以上、歴史学がそうした現象や観念を置き去りにして国家や社会を語ることはできないはずなのだ。

と述べ、怪異学の研究目的について、

怪異は単なる現象ではなく、それに対する解釈を含みこんだ概念であった。私は、前近代人の解釈を解釈することによって、前近代人の社会的心性というフィルター越しに、彼らの国家や社会の特性を理解したいと考えているのである。

と指摘する〔西山克 二〇〇二〕。そして、「怪異」の3類型を提示した〔西山克 二〇〇二〕。

(1) 中世社会において――すでに――概念化されていた怪異。多くの場合、王権中枢に危機意識を喚起する。「怪異」と認定するのは中世王権である。典型的には、内裏紫宸殿南庭の軒廊で、陰陽寮と神祇官によって行なわれる軒廊御卜の対象となる。つまりは国家的リアクションの対象となる。

(2) 「怪異」と認定されることはないが、中世人が「怪しい」と考えた事象。厳密には概念としての「怪異」の範疇には入らないかもしれない。しかし中世人をして「希代事也」と言わしめた怪しい出来事。

(3) 中世社会でおこり、現代人が「怪しい」と考える事象。中世人にとっては怪異ではなく、また「怪しい」ことでもないが、現代的な思考にとって「怪しい」と考えられる出来事。

『怪異学の技法』
（臨川書店、2003年）

学会設立当初は、さまざまな歴史資料にみえる「怪異」記事を検討し、史料をデータベース化することも試みた。「怪異」をキーワードとした記録を解析することから、「怪異」概念を構築しようとしたのである。そして、「東アジア恠異学会綱領」を定めて、研究をスタートさせた。

（1）東アジア文化圏における「怪異」のあり方の把握
（2）「怪異」という言葉の持つ歴史的有用性の発見と解読
（3）「怪異」現象として表れる表象文化の解読
（4）前近代王権論を読み解く方法論的ツールとしての「怪異」の位置づけ

第一論文集『怪異学の技法』〔東アジア恠異学会 二〇〇三〕の「序章——怪異のポリティクス——」で、西山氏が、

歴史学研究の新たな方法論的ツールとしての怪異……。
この方法論的ツールは、鍛えようによっては、歴史学のみならず文学・民俗学・地理学・美学

など様々な領域で新たな扉を開く鍵ともなりうるだろう。歴史学的に考察する道と限定した物言いをしながらも、私たち学際《きわもの》の本義を十二分に認識している。

と記すように、怪異学は歴史学に軸足を置きながら、人文・社会科学に広がりを持つ学問なのである。「学際」に「きわもの」ルビを振るのは、多分野の学問が融合する学際研究をすすめるとともに、それぞれの「学」の「際《きわ》」（境界）に立つことにより、新たな地平が見えてくることを目指してのことであった。

二 「怪異」とは――言葉へのこだわり

怪異学が対象とする「怪異」は、現代語の怪異とは異なっている。『日本国語大辞典』（小学館、二〇〇一年）によると、

かいい【怪異】①現実にはあり得ないと思われるような不思議な事柄。また、そのさま。あやしいこと。②（―する）変だと思うこと。不審。③ばけもの。へんげ。

けいい【怪異】あやしいこと。ふしぎであること。また、そのものや、そのさま。かいい。

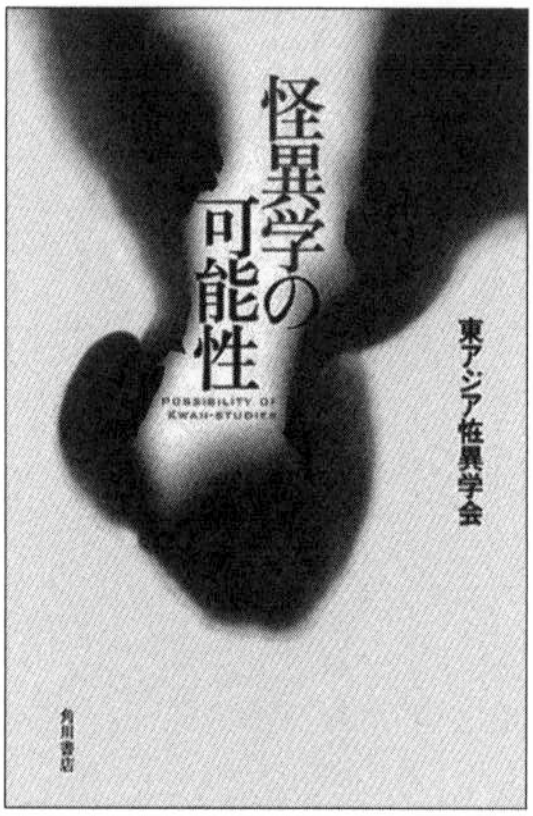

『怪異学の可能性』
（角川書店、2009年）

とある。「かいい」「けい」と読み、不思議なこと、あやしいことを示す語である。現代の日常語としての怪異の使用例をみると、妖怪・怪奇・奇跡等とともに無自覚に使用され、多様な内容を包摂する語として存在する。京極夏彦氏は、「所謂通俗の場」における「怪異」について次の二つに集約する〔京極夏彦 二〇一八〕。

一つ目は、「「超常現象」「心霊現象」などの謂い換え」である。「どこそこでこんな怪異が起きました、私はこんな怪異に遭いました、その場所ではこのような怪異が確認されています」という例をあげている。怪談やオカルトの言説の中で使用されてきたものである。

二つ目は「「妖怪」の謂い換え」である。「この地方に砂かけばばあという怪異がある」という場合である。

京極夏彦氏は、「私たちの「怪異」 現代の中の「怪異」と怪異」〔京極夏彦 二〇〇九〕において、「対象」と「名称」という観点から、先述した怪異の三類型を分析し、「これは明確な「対象」の固定である。「名称」を固定することを一旦やめ、研究対象とするに相応しい「対象」を剔出して固定した」とまとめる。そして、（2）（3）が怪異と記されていないことから、「結果的に「対象」も「名称」も固定化されておらず、定義もできていない」と指摘する。

そして、東アジア恠異学会では、（1）を軸に、「過去において「怪異」と表記されてきたモノゴトが、それぞれの時代においてどのようなモノゴトであったのか、それはなぜそう表記されなければならなかったのか、表記されることによってどのように機能してきたのかということを、「王権」をはじめとする有効な説明概念との関係の中で明らかにしていく作業」が行われてきたとする。京極氏は、（2）（3）について整理し、怪異学の研究「対象」を、

【1】「怪異」と記される事象（Ⓐ歴史的用語としての「恠異」→Ⓑそれ以外の「怪異」）
【2】「怪異」と記されない事象（Ⓐ強制的選択→Ⓑ自由選択）

と整理する。さらに、【1】【2】とも時代によって変化し、質が大きく変わっているとし、いずれもⒶからⒷという移行があったことを指摘する。そして、このような変質をふまえ、

> 各々の時代によってそれ以前の記録が「読み替えられている」可能性があるということも失念してはならないだろう。

と述べている。

京極氏は、「怪異」「妖怪」という語の現代語としての通俗的な意味と歴史的用語との違いを学問的に厳密に分析することの重要性を指摘する〔京極夏彦 二〇〇三、二〇一一、二〇一三〕。そして、東ア

ジア恠異学会の二十年間の研究の結果を、「東アジア恠異学会は、古代から近代までの変化を捉え得たのである」と評価している。

「怪異」は漢語であり、中国古代の災異思想にもとづく。前漢の武帝に仕えた儒学者、董仲舒の天人相関説にもとづく考え方である（『漢書』董仲舒伝）。天と人の行ないが連動し、為政者である皇帝の失政を戒めるために、天が「災害」「怪異」を起こす。「怪異」は「災害」と対になる語であったことがわかる。「災害」「怪異」を引き起こす天について、「天帝」や「上帝」という人格を持つ天と人格をもたない天の二つに整理できる〔佐々木聡 二〇一二〕。

この災異思想は、天武朝には国家の理念として受容され、公式令国有瑞条や雑令秘書玄象条等律令に規定され、『続日本紀』天平十二年（七四〇）八月癸未条に、

> 大宰少弐従五位下藤原朝臣広嗣上レ表。指二時政之得失一。陳二天地之災異一。因以レ除二僧正玄昉法師。右衛士督従五位上下道朝臣真備一為レ言。

と、藤原広嗣が反乱を起こした際の上表文に「天地之災異」と記され、貴族社会に定着していることがわかる。

ところが、王の失政を戒める天については、わが国では定着せず、神の「祟」とそれを認定するト占のシステムが日本古代の怪異認識の形成に影響を与えている〔大江篤 二〇〇七、久禮旦雄 二〇一

六〕。したがって、日本古代の怪異は、国家システムによって認定され、政治的な予兆として記録に残されているのである。

時代がくだると一般の貴族や知識人が、国家システムが認定する予兆に限らず、個人の日記などに「怪異」を記録するようになった〔大江篤 二〇一七、二〇一八〕。

例えば、『日本紀略』延喜六年（九〇六）八月七日戊子条に、

紀伊国言。管牟婁郡熊野村。去四月十八日。牝牛産レ犢。形体黒斑。四蹄。自二一頭一相二分両面一。左面短而右面長。令下二陰陽寮一勘中申怪異上。国依二盗兵事一。有二繫囚一之乎者。仰二国宰一令二勤慎一矣。

とあり、紀伊国婁郡熊野村における奇形の牛の誕生を紀伊国が言上し、陰陽寮が怪異を勘申したところ盗みや兵乱のことの予兆とされ、国司に命じて警戒させた。十世紀には、政府が「怪異」と認定したものは、神祇官や陰陽寮が軒廊御卜〔西岡芳文 二〇〇二、大江篤 二〇〇七〕という卜占を実施し、対処する方法が確立していたのである。

『怪異学の地平』（臨川書店、2018年）

また、『日本後紀』延暦十六年（七九七）五月甲辰条に、

於㆓禁中并東宮㆒、転㆓読金剛般若経㆒。以㆑有㆓怪異㆒也。

とある。この記事以前に紫宸殿に雉が集まった記事（『日本後紀』延暦十六年五月戊戌条）があり、ことが「怪異」とされたようである。[4] また、『続日本後紀』承和三年（八三六）十一月甲戌条に、

有㆓怪異㆒之。雲竟㆑天。其端涯在㆓艮坤両角㆒。経㆓二剋程㆒。稍以銷滅。

とある。不思議な雲が東南から西北にかけて、四時間ほどで消えた。異常な気象が「怪異」とされている。この予兆が何を示すかは明記されていないが、各地で飢饉や疫病が頻発していることや六月に地震が発生していること、四天王寺に落雷があり塔と建物に被害が出たことなどが記録されている。さらに、『文徳実録』天安元年（八五七）八月己卯条に、

藻壁門自然頽落。時人以為㆓怪異㆒也。

とある。大内裏の藻壁門の崩壊を時の人が「怪異」としている。この記事からは、神祇官や陰陽寮

という国家機関での「怪異」認定ではなく、人々が「怪異」であろうと認識していることがわかる。「怪異」には、このような歴史的変化があることに注意したい。儒教的な天人相関説とともに日本に伝来した漢語である「怪異」は、長い歴史を経て、各時代の社会や文化の状況に応じた変化を遂げて、現代に至っている。制度化され、政治的な語として受容された「怪異」が社会に定着していったのである。

ところで、「怪異」の用字「怪」「恠」についてふれておきたい。[5] 先にあげた第一回研究会での西山氏の報告に「恠異（恠は怪の正字）」とあり、怪異学は「怪」、東アジア恠異学会は「恠」と異なっている。学会設立当初、天人相関説にもとづく漢語としての怪異を「恠異」と記し、「けい」と訓み、現代の通俗的な「怪異」（かいい）と区別したことがある。本書のなかでもこの記載は残っている。これは古代や中世の文献では、「怪異」よりも「恠異」と表記する例が多く見えることを踏まえたものであり、同時に、「恠異は、忄（心）に在る」という当会のスタンスも込められている。つまり、恠異とは人の心が生み出したもの、人の心を反映したものである、という学会の怪異研究の姿勢がここに表れているのである。

三　学際《きわもの》から生み出された視点——拡散論・媒介者論

怪異学は、国際日本文化研究センターにおける共同研究「日本における怪異・怪談文化の成立と

氏は、

和彦氏（国際日本文化研究センター名誉教授、文化人類学・民俗学）である。この共同研究について、西山

生まれた。この共同研究はいうまでもなく、妖怪学の提唱者であり、この分野の研究の牽引者小松

変遷に関する学際的研究」（一九九七～二〇〇二年）〔小松和彦 二〇〇三〕に参加した西山克氏の批判から

国際日本文化研究センターで怪異・妖怪伝承データベースを構築した小松和彦氏の妖怪学は、超自然的存在で人々に祀られているものが神、祀られていないものが妖怪という定義をもっているが、この定義も、以上のような妖怪の言説史を視野に入れない点で重大な欠陥を抱えている。繰り返すが、妖怪概念は優れて近代的な性格をもっており、時系列を無視して神概念に位相転換できるようなものではない。

と述べ〔西山克 二〇〇三〕、「妖怪概念は優れて近代的な性格」を持つことから「怪異」をキーワードに選び、歴史的な変遷を重視したのである。両者の違いについて、京極夏彦は、

歴史学ベースでは、（それが何者であれ）認定者によって認定された（記録された）事象のみが「怪異」となるだろう。しかし民俗学ベースでは、「怪異」は研究者が（対象との距離を測りつつ）認定するものなのである。

と指摘する〔京極夏彦 二〇一六〕。この差異は、香川雅信氏の次の指摘にもつながる〔香川雅信 二〇二〇〕。

例えば恠異学会の議論では「怪異」に関する知識は常に上層から下層へと一方的に、劣化する形で伝わっていくと想定されていた。だが、民俗学・文化人類学を学んだ者ならば、農耕や漁労などで生活をしている人々が、その生活のなかで自然と作り上げ（レヴィ＝ストロースの言う「ブリコラージュ」『野生の思考』）、伝承という形で蓄積していく民俗知識がエリートの知識のなかに取り込まれるという逆のコースも考えなければならないのではないか（略）

確かに怪異では、「前近代の王権が危機（恠異）管理の為に蓄積した先端知識はやがて民俗へと拡散・浸透」という視点にもとづき、怪異認識における「劣化コピー」（一般化、通俗化＝拡散論）という視点を中心に、「怪異」の歴史的展開を考えてきた。しかし、怪異はある出来事を怪異と認定し、情報として発信する人々と情報の受容者との相互作用によって成立するものである。そこで一方的な上層から下層へ劣化した情報が拡散するという単線的な捉え方ではなく、発信者と受容者のコミュニケーションの仕組みを解き明かさなければならない。恠異を「ひとつの文化的事象として捉え」「認定主体は文化を共有する民俗共同体」であり、怪異という言葉が歴史的に広がりを持つなか、そこに含まれる現象を「怪異」「妖怪」以外の語（フシギ、稀等）で言語化することも試みているが、定まっていないのが現状である。怪異学（縦糸）と妖怪学（横糸）を紡ぐことで、社会や文化をより広く、より深く解明することができると思われる。

さて、怪異学の成り立ちに大きく影響をあたえた共同研究がもう一つある。京都大学人文科学研究所の共同研究「東アジアの日常における両界媒介事象の比較研究」（一九九四～九七年、班長 三浦國雄）である。この共同研究は、

もともと「媒介」というアイデアは横山俊夫氏が年来温めてきたもので、これを梃子にして東アジア世界の日常的営為を捉え直す研究班を発足させたい旨の相談をご当人と藤井譲治氏から受けた…

ということから発足したものであった（三浦國雄 二〇〇二）。西山克氏は藤井譲治氏の誘いで参加し、「異性装と御釜」（西山克 一九九六）という論文につながる報告をしたり、『簠簋内伝（ほきないでん）』の輪読をしたと述懐している。また、「媒介者たちの中世」（西山克 二〇〇一）という論題もこの研究会の影響下にあったという。

共同研究の趣旨は、

本研究班では、存在（ひと・こと・もの）をそれ自体として孤立的に捉える見方を排し、存在を存在者と媒介者に開いた上で、実としての存在者を成り立たせる虚としての媒介者に注目し、

その視点から東アジアの社会と日常を見直したいと考えている。このような視点の設定によって、媒介者（客）が存在者（主）となり存在者が媒介者に転じるという、虚実の定まらないアジア的曼荼羅の世界をよりダイナミックに捉えうるのではあるまいか。

とあり〔三浦國雄 二〇〇一〕、ひと・こと・ものについて、存在者と媒介者という視点を設定し、東アジアの社会と日常を再検討するものであった。具体的には、報告書のあとがきで、共同研究者の横山俊夫が、「①『玉匣記』『大雑書』といった書物の検討。②衣食という、人間の生命のかたちを深いところで定める媒介の考察。③国や異界をめぐる多彩な観念的媒介の解明。④文字や音声や身体がはたす媒介機能の諸相の分析。」の四つのテーマを掲げている〔横山俊夫 二〇〇一〕。

西山克氏は、この研究会の成果をふまえ、

そう、今でもほんとそういうのを忘れちゃいけないんだよな。恠異学会では、危機管理システムの方をすごく強調しちゃったから。怪異が起こったときに、一連の過程を経て、最終的には近未来の凶事が実現するのを防ぐ。そうした国家的なシステムとして捉えてみようというのを強調したから。そういった意味では、いくらか制度的な捉え方になったかもしれないよね。媒介や媒介者の問題を含めていくと、本来はそこにもっとダイナミックな過程があるというのが、見えてくると思うんだけど。

『怪異を媒介するもの』
（勉誠出版、2015年）

と発言している〔西山克二〇一二〕。

先に述べた「怪異はある出来事を怪異と認定し、情報として発信する人々と情報の受容者との相互作用によって成立する」という視点から考えると、媒介者は情報を発信する人々であり、情報そのものが媒介ということになる。

この媒介者論を継承した研究が卜占研究である。

中国では祥瑞災異思想にもとづく占書や陰陽五行の理論を用いて「怪異」の解釈が行われた。怪異を認定する主体は、皇帝から在野の知識人や宗教者までさまざまであった。ところが、日本での怪異認識の主体は、王権に直結し、卜占を行う官僚組織である神祇官・陰陽寮であった。また、日本の神祇官・陰陽寮では、それぞれ亀卜と六壬占という卜占技術が用いられた。これらはいずれも中国に由来するが、中国で中心的な方法ではなかった卜占が、なぜ日本では王権に直結する卜占の技術とされたのかは明らかではない。しかも、神祇官の亀卜の技法は、記録も少なく十分研究が行なわれてこなかった。宮中で怪異を認定する際に行われる卜占、軒廊御卜で行われる亀卜は秘められた占いであった。

そこで、日本古代史・中国古代史・考古学・民俗学・動物学の研究者が集まり、ウミガメの骨格標本を眺めながら議論し、外来種のカメ（淡水種）で灼甲実験を行いながら、文献資料の検討を行った。その成果が第2論文集『亀卜　歴史の地層に秘められたうらないの技をほりおこす』〔東アジア恠異学会 二〇〇六〕である。文理融合でさまざまな知を集めた東アジア恠異学会ならではの共同研究であった。

　この媒介者の知と技法を追究する亀卜研究は、令和の天皇即位の礼を契機にさらなる展開をみせている。現在、亀卜を実施している唯一の行事が大嘗祭にともなう斎田点定の儀である。しかしながら、近現代の亀卜についての情報は限られており、不確かな情報がメディアで報じられたりしている。ところが、近世の大嘗祭復興以降の史料に現代に通じる亀卜関係史料があり、これまで存在は知られていたもの本格的な調査が行われていない史料が京都の旧家にあることがわかった〔大江篤 二〇二〇〕。また、中国古代の殷墟から出土した卜骨、卜甲の技法を復元した研究者〔落合惇思 二〇〇六〕や日本の出土遺物の卜骨の技法を復元した研究者〔近藤浩之 二〇一六〕との出会いもあった。[6] 人と神霊をつなぐ媒介としての卜占研究は、東アジア世界の「怪異」を考えるうえで重要な課題であり、深めていかなければならない。

『亀卜　歴史の地層に秘められたうらないの技をほりおこす』（臨川書店、2006年）

　しかし、怪異の広がり同様、媒介・媒介者も多様である。中国の術数文化の担い手や陰陽師、僧侶などの宗教者、儒学者や国学者などの知識人など本書で取り上げている媒介者も多彩である。さらに、古文書、古記録、説話集だけではなく、絵画資料、寺社縁起、瓦版、民間伝承など、怪異を書き記すメディアも多様である。その多様なメディアを多角的に読み解く方法を鍛えなければならない。

むすびにかえて

ここでもう一度冒頭の史料と史実の関係、歴史叙述について講義内容を思い出してほしい。史料（ジグソーパズルのピース）は、コト・モノを言語化して記録したものである。歴史学は、その史料を解釈し、組み立て、欠けている部分を客観的・合理的に解釈し、一つの絵（歴史像）を描く学問である。このことは、研究対象や方法論の違いがあるものの、文学・民俗学・地理学・美術史等他の学問でも同様であろう。

怪異学で扱う資料は、人と神霊を媒介するものである。不思議・稀な・わからない・怖いなどの感覚でとらえられるコト・モノを記録化したものである。言語化され、文字化（絵画化等を含む）される時点で記録者のフィルターがかかる。ある出来事やある物についての感情・感覚をすべて言語化することは不可能である。しかも、そのコト・モノの解釈が近代科学でありえないと捉えられ、長い間研究対象にならなかった。

東アジア恠異学会の二十年間はその資料に向きあい、研究会を重ねる中で、その背景にある認識を抽出し、その認識を生み出した社会・文化の特質を考えてきた。本書の各章から怪異学が描く豊かな世界を学んでいただきたい。

注

（1）講義では、羽仁五郎「歴史家の苦心1942」（『羽仁五郎歴史論抄』筑摩書房、一九八六年）を資料に説明する。ある歴史家が書斎の外で起きた事故についての目撃者の証言を聞き、いま・ここで起きた出来事ですら事実を確定することが困難であることに気づくエッセイである。

（2）京極夏彦『地獄の楽しみ方　17歳の特別教室』（講談社、二〇一九年）に、

歴史家は、大昔に書かれた公文書なり私文書なりを読み込んで、果たして史実はどうだったのだろう、といつも頭を悩ませています。僕には歴史学を専攻している友達が何人かいるので、よくわかるんですけれども、彼らは本当に必死で史料に向きあって、考えています。書かれていることから、「本当」を読み取ろうとしている。

史料は小説を読むように読んじゃいけないんですね。読む人によって違ってしまったんじゃ年表はつくれません。だからテキストクリティークにできるだけ徹しようと努力するわけです。成立の過程が疑わしいものは採用しない。史料性の低いものは参考程度に留め、史料性が高かったとしても、できるだけ偏った判断、解釈をしないように努める。歴史家は史料が指し示す真実を、書き記した人の真意をきちんと読み解こうとして、日夜、一所懸命に史料に取り組んでいるわけです。

と、歴史家の営みについて記している。

（3）西山克氏は、なお、東アジア恠異学会の最新の論文集『怪異学の地平』の序で、

二〇〇一年に私は東アジア恠異学会という奇妙な名前をもった学会を、若い仲間たちと京都のある喫茶店で立ち上げた。恠異（以下、怪異）学とは以下の行動を合意した象徴的なネーミングである。

1、それまで民俗学にほぼ独占されてきた怪異＝不思議な出来事の研究を、民俗学の枠組みから切り離すこと。それは民俗学の射程が原則として近世中期以前には遡り得ないからである。

2、一方で、日本古代から近世にかけての古記録・古文書・古典籍には多大といってよい怪異の記録（以下、怪異記事）を見いだすことができる。こうした怪異記事の解析から怪異概念を明確化する。

3、現実の怪異が国家的な卜占（軒廊御卜等）の対象となっていることからみて、怪異を単なる不思議な出来事としてだけではなく、怪異に対する国家的・社会的なリアクションも含めてシステムとして検討する。

4、この怪異あるいは怪異記事の研究のために、前近代における諸記録の解析に実績のある歴史学を柱として、民俗学・文学・宗教学などの研究者を加えた学際（キワモノ）的な研究体制を構築する。

5、瑞祥・災異・怪異の熟語が中国漢代の天人相関説に由来するように、怪異研究は日本研究の枠内に留まるものではない。そこで漢文（漢字）文化圏を射程に収めて東アジアを冠する。

以上が、立ち上げ当時に私が考えた（私のなかにあった）恠異学会のいわば綱領のようなものであった。近代以降の科学性・合理性を志向する精神が過剰に切り落としてきた前近代社会

のリアリティに、どのように寄り添うことができるのか。怪異というキーワードを文字通り鍵として、その再構築をしてみたい。それが私の渇望だったと言い換えても良い。

と述べている。

(4) 怪異記事の翌日の『日本後紀』延暦十六年五月乙巳条に「遣二僧二人於淡路国一、転経、悔過、謝二崇道天皇之霊一也」とあることから「怪異が崇道天皇の霊によると思われたのであろう」(黒板信夫・森田悌編『訳注日本史料 日本後紀』、集英社、二〇〇三年)と解釈するものがある。動物の異常行動と怪異の認定が行なわれ、同日の記事に対処も記されている。さらに、その怪異の主体が早良親王の霊であったと認定した記録はみられず、この記事を関係づけることは慎重にならなければならない。

(5)『類聚名義抄』(風間書房、一九五四年)法中、七十四によると、「怪」は「アヤシ」、「恠」は「クエ、サトル、アヤシブ、イタハル」とある。そして、『時代別国語大辞典 上代篇』(三省堂、一九六七年)には、

あやし[恠・霊異]①霊妙である。②不思議である。奇怪である。めずらしい。

あやしぶ[恠・奇]怪しむ。いぶかる。アヤシムとも。

とあり、「あやし」の考証として、

アヤシは霊異の事物の現象面に対する感歎であり、クスシがその神秘的な原動力に対する感歎かと思われる。万葉の「海若は霊寸ものか」(三八八)「霊もいます神かも」(三一九)「奇も神さび居るか」(二四五)「図負へる神亀も(五〇)の「霊」「奇」「神」にはクスシ・アヤシの両訓がある。万葉でクスシの仮名書きは、「ここをしもあやに久須之む往きかはる年のはごとに天の原ふりさけみつつ言ひ継ぎにすれ」(四一二五)の一例しかないが、クスシは霊妙・神秘の意に、

アヤシはより多く奇怪・不審の意に傾くようである。さきの「霊」「奇」「神」の文字は、その文脈的意味からクスシと訓んでよいものがあるかもしれない。しかしこの二つの語の意味の分担についてもはっきりしたことをいうには余りにも用例が少ない。

とある。怪異の「怪」は、あやし、もしくはあやしぶと読まれていたようである。「霊」「奇」「神」も同様に読まれていたが、「怪」は奇怪・不審の意に傾くとあり、肯定的ではない不思議なことに使用されていたことがわかる。

（6）二〇一九年七月六日に麗澤大学において、シンポジウム「大嘗祭と亀卜の世界」を開催した。

【研究報告】

大江篤（園田学園女子大学教授）「日本古代の亀卜と卜部——亀卜研究の現状と課題——」

近藤浩之（北海道大学大学院教授）「骨卜研究の現状と課題——焼灼方法をめぐって——」

【コメント】

所功（京都産業大学名誉教授・モラロジー研究所教授）「大嘗祭の神饌と由加物・机代物」

落合淳志（立命館白川静記念東洋文字文化研究所客員研究員）「甲骨占卜の復元」

島田尚幸（東海中学校・高等学校教諭）「卜甲　動物学から見た亀卜」

討論司会　久禮旦雄（京都産業大学准教授）

総合司会　佐々木聡（金沢学院大学専任講師）

このシンポジウムの概要は大江篤「代替わりと怪異学」（『怪と幽』第二号、二〇一九年）で報告した。

参考文献

大江篤 二〇〇七 『日本古代の神と霊』 臨川書店

大江篤 二〇一七 「平安時代の「怪異」と卜占」安田正彦編『〈生活と文化の歴史学8〉自然災害と疾病』竹林舎
大江篤 二〇一八 「日本古代の「怪」と「怪異」」東アジア恠異学会編『怪異学の地平』、臨川書店
大江篤編 二〇二〇 『皇位継承の歴史と儀礼』臨川書店
落合淳思 二〇〇六 「殷代占卜工程の復元」『立命館文学』第五九四号
香川雅信 二〇二〇 「妖怪研究の四半世紀」『比較日本文化研究』第二〇号
京極夏彦 二〇〇三 「モノ化するコト 怪異と妖怪を巡る妄想」東アジア恠異学会編『怪異学の技法』臨川書店
京極夏彦 二〇〇九 「私たちの「怪異」 現代の中の「怪異」と怪異」東アジア恠異学会編『怪異学の可能性』角川書店
京極夏彦 二〇一一 『妖怪の理 妖怪の檻』角川書店、初出は二〇〇七年
京極夏彦 二〇一五 『妖怪の宴 妖怪の匣』角川書店
京極夏彦 二〇一八 「地平の彼方と椽の下」東アジア恠異学会編『怪異学の地平』臨川書店
小松和彦編 二〇〇三 『日本妖怪学大全』小学館
近藤浩之 二〇一六 「周縁文化より考える占卜の技術と文化」池田知久・水口拓寿編『中國傳統社會における術數と思想』汲古書院
佐々木聡 二〇一二 「中国社会と怪異」東アジア恠異学会編『怪異学入門』岩田書院
戸田靖久 二〇〇三 「東アジア恠異学会の軌跡」東アジア恠異学会編『怪異学の技法』臨川書店
西岡芳文 二〇〇二 「六壬式占と軒廊御卜」今谷明編『王権と神祇』思文閣出版
西山克 一九九六 「異性装と御釜」『日本文学』四五―七

西山克　二〇〇一　「媒介者たちの中世――室町時代の王権と狐使い」中世都市研究会編『都市と職能民――中世都市研究』八、新人物往来社
西山克　二〇〇二　「怪異学研究序説」『関西学院史学』第二九号
西山克　二〇〇三　「序章――怪異のポリティクス――」東アジア恠異学会編『怪異学の技法』臨川書店
西山克　二〇一二　「インタビュー「怪異学の軌跡」」東アジア恠異学会編『怪異学入門』岩田書院
東アジア恠異学会編　二〇〇三　『怪異学の技法』臨川書店
東アジア恠異学会編　二〇〇六　『亀卜　歴史の地層に秘められたうらないの技をほりおこす』臨川書店
東アジア恠異学会編　二〇〇九　『怪異学の可能性』角川書店
東アジア恠異学会編　二〇一二　『怪異学入門』岩田書院
東アジア恠異学会編　二〇一五　『怪異を媒介するもの〈アジア遊学一八七〉』勉誠出版
東アジア恠異学会編　二〇一八　『怪異学の地平』、臨川書店
三浦國雄　二〇〇二　「はじめに」『人文學報』第八六号
横山俊夫　二〇〇二　「あとがき」『人文學報』第八六号

附記　本稿は、科研費18K00978の成果の一部である。

◉総論

怪異学とは何か

日本の怪異・中国の怪異・その西方の驚異

榎村寛之◉EMURA Hiroyuki

一　東洋の「恠異」

言うまでもないが、「恠異」（怪異、以下特に必要のない時以外は「怪異」に統一する）は、東洋の漢字文化圏で生まれ、広がった言葉である。そして当然、その起源は漢字発祥地である古代中国にある。「恠異」は漢代の儒者、董仲舒の天人相関説に由来する。漢書などから要約すると、「善政を行えば瑞獣や祥瑞（竜、鳳凰、麒麟、瑞雲、神亀など）が現れる。悪政を行えば陰陽のバランスが崩れて災異（大火、水害、地震、彗星など）が起こる（天譴説）。それでも反省がないと、動物が喋ったり、二本足で立ったり、異常な子が生まれたりという「恠異」が起こり、それでも反省がないと天命が離れて王朝は倒れ、革命が起こる（「不知自省、又出恠異以警之」）。」と説明される。

これは言わば、天命思想、すなわち絶対的なルールである天の代行者として祭祀を行ってきた古代中国の「王」から発展した「皇帝」の「君権天授説」とも言うべき絶対性を説明する思想を抑制し、「王の暴走」を規制する装置と理解できるが、一種の因果論（神に代わって天が説明根拠になる）で

もある。(1)

この考え方には、じつに中国的な特質がある。説明根拠が「天」と言う一つのルールに依っている点である。天命を発信する天は、皇帝である「天帝」の下、地上の官僚制国家と同じく官僚的な神々によって維持されており、何人神様がいても命令系統は一つなのである。その意味で天の意思は多元的ではなく、天の神話は多神論でありながら、一神論に近い。

そして怪異は災害などに類する現象より希少な事件である。つまり自然災害として「まれにおこる」地震や水害のような事象より、人間と動物や男女・陰陽の秩序が崩れる怪異の方が――たとえ犬が喋っただけで実利的な被害がなくとも――システムの狂いとしてレベルが高いと認識されていたのである。

つまり、実際には起こり得ない内容が怪異であり、その延長に王朝の破滅＝カタストロフがある、対して「災異」とされた災害は極所的な破滅にすぎない。ここには「王朝は滅ぶもの」と言う前提がある。

ただし留意すべきは、怪異は「報告」という形で上奏されるか、「噂」として蔓延するものだと言うことである。言うまでもなく、現実には、あるいは生物学的には、動物は喋らない。つまり、怪異とは実際に起こっていないのが実態なのである。その点は実在しない生物の出現を報告する瑞獣と発想の根本は同じである。

◉日本の「恠異」

しかしながら、日本では、天神相関説は定着しなかったと理解されている。(2) 祥瑞は八世紀こそ、神亀、慶雲、天平、神護景雲、宝亀、天応など改元の対象になるが、九世紀には下火になり、アルビノや変異植物（木と木が枝でつながる木連理など）の奏上が行われても、天皇が謙譲してその受容を辞退するようになる。災異（災害）は神の怒りと結び付けられる。祥瑞は、豚が二本足で立ったり、オスとメスが変異したり、猿が予言したりするような怪異はそもそもおこらない。そして何より、王朝交替や権力者の族滅のような大規模な政変が想定されなくなるので、そうした「異常」への関心が薄れてくるのである。

しかし、災害より怪異が上、という発想は定着しなかったにも関わらず、怪異（恠異）という言葉は存在し続ける。九世紀以降の怪異は、ある異常な報告について、占いによって判断されるものになる。しかしその異常とは、奇形の牛が生まれる、池の水が増減を繰り返す、古木が突然枯死するなど、なるほど怪異現象に思える事件から、神社の屋根に草が生える、内裏の建物に鳥が集まる、神社の帳を鼠が齧るなど、それが怪異なのかという事態にまで至る。狐が天皇の座である高御座に尿を垂れたというのもある。誰がその現場を見たのかはわからない。いわば「人ならざる物が人の聖域を脅かす」のが日本の怪異である。こうした事象を分析するツールとして怪異判定のための「軒廊御占」という占い儀式が開かれる。この占いは神祇官（亀卜）と陰陽寮（式盤）の役割分担で行われ、その原因追求と対応方法が判断され、怪異は、神の指し示す予兆として処理される。ここで注意をしておきたいことが二点ある。一つは怪異の原因が伊勢神宮、宇佐八幡、上下賀茂社など、発生した神社の神からの、戦乱・飢饉・疫病などの予兆現象、メッセージだと理解されていること、そして多くの場合は「天皇の慎み」によって回避されることである。

つまり日本の怪異は、天皇が不徳を神に謝して態度を改めるという天譴論的ニュアンスは存在するが、原因になる神仏の特定と、幣帛などの形でその寺社に対する補助が増額されるという、実に具体的な陳謝で解決するのである。平安時代になると中国の皇帝祭祀の場である「宗廟」にならって伊勢神宮や石清水八幡が宗廟と呼ばれるようになるが、宗廟だからといって天からの怪異に対する天皇の謝意を総合的に伝えることはしていない。怪異はあくまで個々の神から送られる、という意識がそこには見られる。これは中国的な「天」の思想に裏打ちされた「恠異」とは大きく意味が変わる、多神教的な「恠異」なのである。

すなわちそれは、王朝交代の可能性を含む「王権への批判」ではなく、「事前に異変を察知するための神のサトシと理解されているのである。

二　日本における「恠異」の受容と「驚異的」なるもの

ではこのような「恠異」はどのようにして成立したのだろうか。王朝交代の前兆として怪異的なことが起こるという意識、つまり災異説は『日本書紀』に見ることができる。ただし倒れるのは王朝ではなく政権である。いわゆる大化の改新の前提となる乙巳の変による蘇我本宗家の滅亡記事の少し前には、数多い異常記事が見られる。これらは、机上の創作も含めて予兆と考え記されものだろう。

例えば、皇極天皇三年（六四四）六月乙巳条には、厩戸王子の子、山背大兄王の一族、上宮王家の滅亡を予言した「猿のつぶやき」があり、四年正月には飛鳥の岡や川辺や宮殿や寺院の近くで、何かが動き、猿のうそぶくような声が聞こえ、京が飛鳥から難波に移ることの前兆だった、など、ありえない動物の行動が記される。それらは怪異とはされていないが、動物の変異が政変イメージの予兆とする意識に基づくものだろう。これらは上宮王家や蘇我本宗家（蝦夷・入鹿父子）など、七世紀前半に政界の中枢にいたグループの滅亡に関わるもので、その背景には厩戸皇子や蘇我馬子の死によって天命が離れた、という理解が可能だが、実は天皇の場合も例外ではない。『日本書紀』斉明天皇元年（六五五）五月朔日条には、「空中を竜に乗って飛ぶ者があった。容貌は唐人に似て、青い油塗りの雨衣をつけ、葛城嶺からかけて胆駒山《（生駒山）》に隠れた。午の時に至り、住吉の松嶺の上から、西に向かってかけ去った。」という記事があるが、葛城から外国への窓口を象徴する港である住吉（現・大阪市住吉区）の松の上を沖に飛んでいく異形は、対外関係に関わる不穏な情勢を象徴するもので、この後の斉明天皇の筑紫での急逝や白村江の敗戦を予兆するものだったと考えられよう。

こうしたフシギなコトへの関心の高まりは『日本書紀』の編纂思想にも影響を与えている。例えば皇極天皇元年（六七二）に起こった干魃への対応では、村々の祝部は牛馬を贄にし、社の神を祭り、市を移し、河伯に祈るとある（河伯などという言葉が当時の社会で使われていたとは考えにくいが、まずは措いておく）。次に権力者の蘇我入鹿は、寺々で大乗経典を転読させ、悔過（懺悔）を行って祈雨して佛菩薩像と四天王像を祭り、その父の蘇我蝦夷は、手に香鑪を取り、焼香して發願する、しかし微雨に止まる。そして皇極天皇は飛鳥南淵の河上で四方に跪拝し、天を仰いで祈ると、たちまち雷雨が降って五日続き、天下を潤したとある。この資料は、神や仏よりも天皇の霊力が強く、女帝である皇極天皇のシャーマン的性格を示す例としてよく用いられるが、それは少し違うと思う。神や仏に効果がないなら、この後に信仰が続くはずがない。これは庶民と神、蘇我氏と仏、天皇と天という関係で天皇が最も強いパイプを持っていた、つまり、天を祭れる者が王なのだという思想、天命思想の日本的発露だと言える。しかしそれが個々の天皇の問題として捉えられている所に大きな特色がある。徳が離れるとその力は衰えるし、その逆に「現人神」として讃えられることもある。萌芽的な天命思想は天皇という地位の神聖性ではなく、天皇個人のカリスマに対応したものと理解されていたようだ。

こうした意識の背景には、「かみ」という概念の未熟さもあった。漢字「神《シン》」が充てられた「かみ」は、神ほど成熟していない。「神」は中国古代の神であり、また、パンテオン的体系の中で明確に個性化された古代インドの神々を漢訳仏典の中で表現する用語としても用いられた、いわば経験豊富な漢字である。インドでも中国でも神は早くに形を持ち、偶像化する、仏教でいう「天部」は古代インド神話のインドラ（帝釈天）やブラフマー（梵天）やクベーラ（毘沙門天）、サラスヴァティー(弁財天)などである。しかしこれらの神は四天王像に代表されるように、中国的に表現されることも多い。記紀神話の神はいまだ仏像のようにルールを以て具象化、偶像化されることはなく、中国の官僚制的な規律で整えられた神は記紀神話の高天原にはまだ見られなかった。極端な話、古典的な物部氏の「かみ」と渡来系の秦氏の「かみ」は全く違うイメージだったのかもしれないのである。

しかしそうした中でも、「かみ」と人々の関係にはもちろん汎用的な共通性もあった。例えばスサノヲノミコトという「神」は、伝統的な「かみ」の両面性を人格化して形成されたキャラクターと言える。スサノヲは泣き叫び、荒々しく歩くだけで災害をもたらす、災害の不確定性、危険性を凶暴性のある幼児のようなキャラクターで表現したものと言えるだろう。記紀神話段階でそうだったとは言えないが、平安時代にこの神が牛頭天王という陰陽道の神と同一視される行疫神(流行病の神)で、最終的に祇園感神院(現在の八坂神社)に祀られるのは、この「荒ぶる神」イメージによる所が大きい。しかしそのようなスサノヲも、八岐大蛇退治の神話では、突然英雄神としての性格を見せる。それは水田を襲う洪水を防ぐため蛇神を制御する物語を土台に、中国南朝の志怪小説に見られる怪獣退治物語(ペルセウス=アンドロメダ型神話)の構造を導入して作られたヒーロー伝説である。(3) そこには荒ぶる神の善神への転換が見られる。その契機とも言えるのが、『古事記』において、国つ神と名乗るアシナヅチ、テナヅチ夫妻(クシナダ姫の両親)に「吾は天照大御神の弟なり。かれ今天より降りましつ」と、アマテラスの弟だと天神宣言をする場面である。天神としてのスサノヲはいかに荒ぶる神であれ、天の使であり、それは記紀神話が形成された時代に、アマテラスの子孫である天皇が他のすべての神々の子孫である臣下より絶対的な上位者となった史実と対応している。

律令国家形成期の天皇たちは積極的な神利用意識を持ち、「大王は神にしませば」と自らを讃えさせ、神と合一して全ての災害や怪異現象の上位者でいようとしたようだ。

しかし現実はそう簡単ではない。八世紀には、多くの官民男女が集住する平城京を襲う天然痘パンデミックなどで社会と災害の関係性に変化が生じる。九世紀初頭に編纂された『日本霊異記』では、長屋王の遺骨が流行病と結びつき、祟るものとして語られる。これまでにない大規模な人的被害に、聖武天皇は自らの不徳をひたすら謝るようになった。天皇の不徳は革命でこそないが、大乱につながるという意識は壬申の乱の経験からまだ生々しいものがあった。そしてこうした怨霊思想が顕著になる桓武朝以降、異常な出来事に関係する大きな変化が見られるようになる。先述のように祥瑞災異思想の一方の旗頭、祥瑞の出現による改元が見られなくなり、祥瑞が報告されても受けないか、せいぜい大赦程度で留めるようになるのである。ところが一方、この時期から過去の天皇陵の鳴動という、祟と認識された異常が報告されるようになる。もちろん単独の古墳だけが地震のように揺れるようなことは実際にはありえない。しかしここで注意すべきはその真偽ではなく、直近の桓武天皇や、神功皇后のような遠い昔の祖先霊からの警告、なんらかのメッセージだと理解されていることである。考えてみるといい、周の武王や魏の文帝の陵墓が鳴動して唐の玄宗の放蕩を諫めるだろうか。遠い昔の賢王と現在の王の間は革命によって断絶してしまっている。しかし史実はどうあれ、『日本書紀』的史観では巨大な前方後円墳は今の天皇の祖先の墓なのである。つまり天皇陵の鳴動は「革命が起こっていない」ことを前提に祖先が起こす異変なのであり、それは血統に問題のある桓武天皇や、兄の平城上皇をいわば放伐した嵯峨天皇の時代らしい現象だったと言える。

よく知られているように、桓武天皇の父の光仁天皇は天武天皇の血統ではなく、天智天皇の孫で、先代の称徳天皇とは血縁が遠い。大納言白壁王だった彼が即位できたのは、称徳の妹、井上内親王の夫、皇太子他戸親王の父だったことに由来している。しかし彼は二人を廃し、渡来系氏族高野新笠を母とする山部親王、すなわち桓武天皇を皇太子に就ける。桓武は自らの正統性を強調するため、遠い昔の天皇たちから警告を受ける立場であることを強調する必要があった。祖先の警告は畏怖すべきものだが、革命には繋がらない。そして桓武は父の光仁天皇を、郊祀の祭（郊天上帝祭祀）により天帝の側に祭り上げ、おそらく初めて「光仁」という漢風諡号を送る。神武から始まる、崇神・仁徳・継体・推古・天武などの漢字二文字の天皇の名前（漢風諡号）はこの頃に定められたもので、桓武は偉大なる祖先のゴッドファーザー（名付け親）となったのである。

そして桓武にはもう一つ手をつけなければならない課題があった。それは伊勢神宮、つまり天照大神祭祀の問題である。天照大神は記紀神話の最高神ではあるが、中国の天帝のように官僚機構としての神々と隔絶した存在とはいえなかった。例えば『日本書紀』では天孫降臨の命令を発するのは天照大神ではなく、高天原古参の神の高皇産霊神である。一方、七世紀後半以降、伊勢神宮は天皇に代わり派遣される斎王をトップとする祭祀体制が整備されていた。斎王は天皇の分身であり、決して無視できる存在ではなかった。しかし斎王の周囲には光仁朝から桓武朝にかけての血塗られた歴史が漂っている。斎王を維持するシステム、斎王制度が整備された聖武天皇の時代の斎王だったのが前述の井上内親王である。彼女は帰京後、妹の不破内親王が夫で天武皇孫の塩焼王（氷上塩焼）が恵美押勝の乱で討たれたことにより逼塞状態だったこともあり、称徳女帝に最も近い親族として重視されていたらしい。そして白壁王＝光仁天皇即位により、井上内親王は皇后となった。ところが二年後の宝亀三年（七七二）、井上は光仁天皇呪詛の疑いで廃后、おって他戸も廃太子され、幽閉の後、六年（七七五）に親子ともに死去する。代わって立太子した桓武天皇がこの事件と無関係であったとは考えられない。光仁が早くに亡くなった場合、他戸即位の前提としての井上即位も考えられたのであり、二人の失脚は聖武系天皇の排除という政治的事件であった。そのため、井上内親王は怨霊として恐れられるようになり、桓武は井上の権威の根拠であった伊勢神宮の政治利用にも配慮する必要があった。皇祖神である天照大神の新たな位置付けが必要だったのである。この時期に伊勢神宮から仏教は排除され、初めて神宮祭祀や維持機構の全容が文書化された皇太神宮儀式帳、止由気宮儀式帳の作成提出が命じられるなど、厳格な支配が進められる。そして斎王の宮殿である斎宮は南伊勢地方の行政権も付与され、東西一〇〇〇メートル、南北五〇〇メートルの方格街区（碁盤目状区画）の都市的景観に整備され、天皇の権威の象徴としての性格が強化される。伊勢神宮はいわば、桓武のための伊勢神宮にシフトチェンジをしていくのである。(4)

またこの時期には、井上母子と並ぶ強力な怨霊が現れた。桓武の皇太子で廃され憤死した早良親王である。早良は桓武の同母弟だったが、当初出家していたため南都の仏教勢力と近く、長岡・平安遷都をめぐる政治的対立が背景にあったと見られる。井上は神で早良は仏、桓武は自分の血統に皇位を伝えるとともに、神仏を敵に回さないように立ち回り、それを超える地上の地位を獲得する必要があった。

こうした王権と神仏との関係の再整理の上に、神や陵墓の「祟」が発信されるようになる。桓武は天を祀る、つまり不可知な存在と交渉できる存在として自らを位置付けたのである。祟はその副産物だった。その一例として、延暦二十三年（八〇四）の石上武器庫移転事件がある。これは石上神宮に保管されていた武器武具を平安京近くに移す事業だったが、桓武天皇が病気になり、平城旧京松井坊にいた巫女に憑いた神が、桓武の横暴を天神に訴えたために起こった事象であると託宣し、中止になったというものである。天神の独占はその反動のリスクが天皇に返ってくるものと理解されるようになったのである。(5)

そして九世紀の天皇は、神仏の前にひたすら謙虚、敬虔になる。天皇とは「神の前に慎むこと」で効果をもたらす唯一の存在となるのである。そして天皇が神仏の発信する様々な「兆し」を知り、理解し、「慎む」ことで多くの危機は事前に回避されると理解されて来た。この「兆し」こそが平安時代の「恠異」なのである。

では、当時の社会的認識の中では、非日常的なモノ、コトはどのように理解・認識されていたの

図1　加賀の潜戸《くけど》（新潜戸）

だろうか。

八世紀に編纂された『風土記』には「恠異」という言葉は出てこない。例えば、『出雲国風土記』の嶋根郡の項に見られる「加賀の潜戸」（佐太大神が生まれた所で、支佐加比売命という女神が岩崖を金弓で射通したという景観）は驚異的な空間ではあるが、それを表現する言葉はない。また、風土記冒頭に出てくる八束水門津野命の国引き神話も壮大な物語だが、同様である。さらに注意すべきは、「巨人神」として解釈されることが多い八束水門津野命がこの伝説の中では「神」という表現では一切語られていないことである。このような記述は風土記編纂の詔の中にある「旧聞異事」という項目に該当するもので、『出雲国風土記』に限られるものではない。例えば『常陸国風土記』那賀郡条には、巨人が丘の上に座り海辺のハマグリを取り、貝殻をつみあげた「大櫛之岡」の伝承がある。いうまでもなく貝塚の説明で、後世のダイダラボッチに繋がる驚異的伝承だが、ここでは原因は「上古の巨人」とされているだけである。『風土記』は編纂物だから、ある程度の用字や概念の統一は行われているはずだが、この「上古の巨人」は神とも記されていない。「神」という漢字の使い方がまだ熟れていなかった時代の様子がうかがえる。

つまり、『風土記』では、現代の我々が驚異と感じる景観は、「何かわからんけど太古のすごいやつの作為の結果」と理解されていたのであり、八世紀段階はその原因が「神＝かみ」としてまとまりつつあった時期と言うことができるだろう。

一方、『風土記』にも「怪談」的なものが見られる。『出雲国風土記』意宇郡の毘賣埼に伝わる人食いワニに娘が食われる伝承は、天武天皇の時代と伝わる、比較的新しい事件である。また、大原郡阿用郷の古老が伝える「目一つの鬼」が、山田を開発する人の息子を食い、その時の悲鳴から「アヨ」という地名ができたという伝承も、神話的太古とは語られていない。しかし一方、『播磨国風土記』や『肥前国風土記』には、荒ぶる神が交通妨害をして、道行く人の半ばを殺すという恐怖伝承があるが、これらは太古の出来事とされる。現代なら怪異の範疇で捉えられるであろうこうした事件を起こす主体は、神・鬼・神的な動物など一様ではない。それは、昔からあった「どこにでもフシギなコトがおこりうる」という汎神論的意識を漢文体で記録したものと理解できる、つまり中国文化の天譴論では理解できないものである。

いっぽう、九世紀の『日本霊異記』になると、現代感覚から怪異や驚異と思われるものの認識に微妙な変化が現れる。これは仏教を伝道するための講話のネタ帳のような本だから、主役は絶大な力を持つ仏であり、様々な恐ろしいことが仏教の力で解決されて行く、または異常現象が因果で説明されて行くというシステムを取る。ここでは神以上に限定された便利なターム（専門用語）として定着するのが「鬼」である。鬼は外からやってきて、地獄に人を連れて行く。時に公務員的であり、時に怪物であり、時に病魔である。それは「鬼」という組織の一員と言えるような存在で、鬼という漢字が本来持っていた、肉体から離れた死魂という用法ではない。また『霊異記』では偶像（仏像）が肉化して人間と関わる、という「奇跡」的な話がしばしば見られる。後述するヨーロッパや中東などなら「驚異」で説明される内容、すなわち「神仏の恩寵」だが、それらの現象に特段の名詞は付かない。

いわば『風土記』においてまだ雑然とした神によって起こされるとされた異常な事態は、『霊異記』においては、人を救い罰するという点においては仏という明確な原因主体を持つようになる。仏は神と違い、文字（経典）、姿（仏像）、儀式（読経）で規定された明確な姿を持つ超自然的存在として民衆の前に立ち現れ、人々がすがる対象になったのである。平安時代に広く生じる「神仏習合」の前提として、仏の社会生活の中への浸透があったことは忘れてはならないだろう。また経典とともに、志怪小説など、主に中国南部で形成された仙界物語の知識の流入も見逃すわけにはいかないだろう。『丹後国風土記逸文』などに見られる水江浦島子（浦島太郎の原型）や豊宇賀能賣命（天女の羽衣の原型）の伝承などにもそうした思想が反映されている。

『風土記』で見る限り、大化前代的な非日常意識は民間には強く残っていたが、『日本霊異記』になるとそれらを解決するものとして仏教の因果思想が説かれるようになっている、それは神仏習合に繋がる万能ツールとしての仏の存在とリンクするものである。

このように見てくると、日本の「恠異」は本家中国の「恠異」とは相当に違うものである。異常な事象の原因として「かみ」を考えていた大化前代の日本の民間社会に「神」という漢字で表現される概念が投入されて編成が始まり、さらに「仏」との習合により、異常事態の原因主体がより明確になる。そして異常事象には予兆的事象があるものと考えられ、それに対して「恠異」という判定を下し、その原因を特定するのが「俗権」体制、すなわち天皇以下国家機構の役割となる。これこそが日本的「恠異」の定着する形だったのではないかと考えられるのである。

三　日本の「驚異」とキリスト・イスラーム世界の「怪異」

さて、このような日本の怪異意識の中で意外に語られなかったのは、海外で見聞した不思議なことである。そもそも日本の歴史作品には『旅行記』が意外に少ない。またフィクションでも、平安時代の『竹取物語』には海外渡航失敗、『宇津保物語』には夜叉国漂流の話があり、室町時代の『御曹司島渡』には源義経が鬼国をはじめ色々奇妙な異国を旅する話が出てくるが、日本との断絶が大きい。つまり日本は周辺の「蕃国」から孤立しており、そこを「現実に探検する」という発想も、文明化するという発想もなく、単なる異世界として処理されている。いっぽう、リアルな大旅行記である円仁の『入唐求法巡礼記』には、怪異的な経験譚はない。円仁の渡航先は文明の中心である唐であり、その最新の情報をリアルに書き残すためのいわば外交・軍事機密文書のような性格もあり、経験した通りのことを誇張せずに書いているからだろう。日本人の海外意識は屈折したもので、東夷の蕃国にして周辺から屹立した文明国というものである、古代史の分野ではこの意識を「東夷の小中華」という人もいる。圧倒的な中国（行政・記録・技術）・天竺（仏教・宗教哲学）文明を認識しつつ、自らを文明国として位置付けたいという願望のなせる業である。海外に出ることは、圧倒的に強力な異世界で冒険する（『吉備大臣入唐絵巻』）か、野蛮で理解のできない国々をめぐるか（『御曹司島渡』）で、いずれも非現実で常識の通じない異世界、つまり神話の黄泉国や地獄にも通じる認識で描かれているのが特色と言える。

その点において、日本人の意識は、さらに西方のイスラーム文化圏、そしてさらに西のキリスト教文化圏の「驚異」意識とは大きく異なる。現代日本語の「驚異」にあたる古語はそもそも存在しない。

中世イスラーム社会において、驚異に近い意味で使われるアラビア語に「アジャーイブ」という単語があった。これは「人知を超えた神の御業」という意味で、西洋キリスト教社会における「ミラビリア」（ラテン語）に対応する。「ミラビリア」はmiracle, marvelの原語である。中世イスラームの時代には数多くの旅行記やその中の驚異的な報告を集成した文献が書かれた。カズヴィーニー（一二〇三―一二八三？）『被造物の驚異と万物の珍奇』はその代表的なものだが、彼らの旅行の大きな問題関心は辺境に中央の常識（キリスト教世界とイスラム教世界の世界認識）が通用するかであった。イスラム教とキリスト教、そしてユダヤ教は同一の神を違う形で崇める一神教であり、基本的な考え方として、一神教ではすべてのものが神の被造物とされるので、実は「不思議とは人間が知らないだけ」と説明される、つまり不思議を知ることは神の偉大さを知る事であり、敬虔な信仰者には必要なことだったのである。(6)

そのためこの種の文献には「人間がそれまで知らなかっただけの珍しい被造物」が数多く現れる。

・実際にはいないけれど実在すると信じられていた生物　竜、一角獣、人魚など
・見たこともないような景観　サハラ砂漠やマッターホルンなど
・造り方が忘れられ、神との関わりで理解される過去の文物　ピラミッドやバベルの塔など

といったものである。そして人も悪魔も魔神も神の被造物で意味があって存在しているものとされるので、「わからないことがある」ことで人間の弱さを知る、というツールとなっている。

それは逆にいうと、世界のどこに行っても、神の御業で説明できないことはない、という発想である。先述のカズヴィーニーは言う。「(因果関係を)知ってしまえば驚異ではなくなる」、一神教的社会では世界は「因果論」で説明される、ただしその因果は、無謬絶対の神に帰属するものなのである。

その意味で、現実を超えた神の偉大さを知る「驚異」と、日常の中での神々のメッセージを知る日本の「恠異」は、同じく神仏に帰属するとは言いながら、随分異なるものである。まだ国の滅亡に関わる、唯一の真理である天が下す警告として起こる中国の「恠異」の方が意識としてはそれに

近いとも言えるかもしれない。日本の「恠異」は場当たり的で、恐怖を催しても、神の偉大さには繋がらないのである。

では一方、そうした日常的恐怖に関連した概念、つまり日本の「恠異」に近いものはイスラームやキリスト教社会にはないのだろうか。イスラーム社会で日常的恐怖として起こる「恠異」に当たるのは「魔神」や「妖精」の仕業として語られるものではないかと複数のイスラーム研究者から聞いた(7)。一例を挙げてみよう。『千夜一夜物語』(バートン版一七〇夜〜二四九夜)の『カマル・アル・ザマンの物語』である。

この物語は二世代にわたる『千夜一夜』屈指の長編だが、その冒頭部は、

ジニー(魔女神)のマイムナーはペルシャの東あたりの大国の王者リーマンの王子、カマル・アル・ザマンがお気に入りで、ジン(魔神)のダーナッシュは中国あたりの内海にある大国のガーユル王の王女ブドゥル姫がお気に入りだった。ある夜出会った二人は、どちらが美しいか比べるため夜陰にまぎれて誘拐して並べて寝かせ、一人ずつ起こしてどちらが相手に深く惹かれるかを競わせる。翌朝、それぞれの宮殿で目覚めた二人は、互いに誰か知らないまま恋の病に落ちる。

と言うものである。

我々の感覚では、魔神や魔女神は神に敵対するものだが、『千夜一夜物語』の世界では、その属性も含めて被造物の一つとされ、「最もすぐれたる造物主、アラーに祝福あれ！」などと言うのが当然とされている。しかしこのように、日常の中にいて、人間に対して大小の悪さをする。実際、メンタル系の病気や体調不良はジンの仕業と信じている人は今も多いと言う。

このように、どうも日本で言う「恠異」に近い現象は「ジンの仕業」と理解されているようなのである。ではジンとは何か、様々な説明が可能だが、イスラーム以前の多神教時代の神の名残と見られる要素もある。それはキリスト教世界における「妖精」「ドワーフ」「悪魔」と同様な解釈が可能なものと理解できるだろう。カトリック世界ではキリスト教以前の神に由来するシンデレラの名付け親の妖精、取り替え子をする妖精など、サンタクロース（ペール・ノエル＝クリスマスのお父さん）のようにローカルな聖人として生きている場合もある。ロシア正教におけるゴーゴリの小説「ヴィイ」の精霊観もそれに通じる。これらを「スーフィズム」的心理＝日常の中の怪異現象の認知と一括して括ることが許されるなら、それは一神教の底部に残る基層信仰で説明することが可能なのかもしれない。

おわりに――「怪異」と「驚異」

読む事数行にして、博士はにわかに慄然たる様子で、「ホー、怪異《ミラクルス》！怪異《ミラクルス》！怪異《ミラクルス》！」と、あたかも一大秘密でも見出せしごとく……

（押川春浪『南極の怪事』『青空文庫』より）

日本SF小説の父と言われる押川春浪（一八七六―一九一四）は、ミラクルスという言葉に「怪異」をいう日本語を当てた。

「驚異」は現在ではMarvelに充てられる。他にwonder、miracleなどもそれに当たる。「怪異」はStrangeであることが多い、他にmystery、curiosity、strangeness、monstrosityなどが訳語とされる。つまり「ミラクル」は怪異ではない。日本語「驚異」は、十九世紀末期にはまだ定まっていなかった近代語なのである。

一方、平安時代の日本社会は、革命思想に代わり百王思想や末法思想を作り出したため、その関連事象としての「恠異」を定着させ、王権擁護の役割の一端を担わせ、やがてその因果もミクロな次元に拡散し、単なる恐怖的事象に展開していった。

一神教的世界の「驚異」認識が、科学的な世界理解の契機となったのに対し、日本の「恠異」は近代的思惟には繋がらなかったのである。

この、怪異意識の民間（怪談）化の持つ意味は何であるのか、また、ほとんど記録が残されていないが、実は日本人が最も海外渡航していた時代である鎌倉・室町時代の驚異に類する意識はどのようなものだったのか、イスラーム・キリスト教社会における日常の怪異（スーフィズムや妖精譚）の研究もほとんど手がつけられていない分野のようである。

怪異と驚異の関係については、まだまだ課題は多いのである。

注

(1) 中国の祥瑞災異思想とその展開については、佐々木聡「異と常――漢魏六朝における祥瑞災異と博物学――」(『怪異学の地平』臨川書店、二〇一八年参照)。
(2) 山下克明「災害・怪異と天皇」(『岩波講座 天皇と王権を考える』第八巻、岩波書店、二〇〇二年)、榎村「奈良・平安時代のフシギなコト」(『怪異学の可能性』角川書店、二〇〇九年)、丸山由美子「日本の古代王権と神獣」(『共生の文化研究』7、愛知県立大学、二〇一二年)など古代史研究者の説。
(3) 榎村「記紀神話・伝承における素材・文学性・政治性」、久禮旦雄「神話の形成と日本書紀の編纂」(いずれも遠藤慶太他編『日本書紀の誕生――編纂と受容の歴史――』八木書店、二〇一八年)。
(4) 榎村「元・斎王井上内親王廃后事件と八世紀王権の転成」(『国立歴史民俗博物館研究報告 一三四』所収、二〇〇七年)。
(5) 榎村『古代の都と神々――怪異を吸い取る神社――』(吉川弘文館、二〇〇八年)。
(6) 一神教世界における「驚異」については、山中由里子編『〈驚異〉の文化史 中東とヨーロッパを中心に』(名古屋大学出版会、二〇一五年)、特に序章の山中「驚異考」、第1部「驚異とは何か」、第2部「驚異の編纂と視覚化」の諸論文を参照。
(7) この情報については、国立民族学博物館の研究プロジェクトで行った『〈驚異〉の文化史』書評に参加された方々、及び近藤久美子氏にはお世話になった。記して感謝する。

国家統治と怪異

久禮旦雄 ● KURE Asao

はじめに――「怪異」という言葉をめぐって

東アジア恠異学会が提唱する「怪異学」とは何か。

それは当然「怪異」を研究する学問ということになるのだが、ではその「怪異」を具体的に説明しようとすると、これが意外にも困難であることに気づく。

日本最大の国語辞典である『日本国語大辞典』（現在の最新版であるジャパンナレッジ版）では「怪異」を「（1）現実にはあり得ないと思われるような不思議な事柄。また、そのさま。あやしいこと。（2）（―する）変だと思うこと。不審。（3）ばけもの。へんげ。」とする。（1）から（2）は派生したものであり、（3）は（1）が「事柄」を指すのに対して、より人格的な存在を示す表現であろう。

◉怪異の意味するもの

歴史学・国文学などの人文科学において、東アジア恠異学会の創立以前及び、その前後において「怪異」をそのテーマとして掲げたものとしてはいくつかあるが、その対象とするものはおおむね『日本国語大辞典』の（1）の範囲に含まれる。

たとえば鈴木紀子・野村幸一郎・林久美子編著『女の怪異学』が恠異学会のもの以外で「怪異学」をタイトルとした、おそらくはじめての研究成果であると思われる。その巻頭論文「王朝文学における怪異」は、「平安文学は怪異の宝庫である。…貴族たちの暮らしの裏側には、鬼、妖怪、怨霊、物の怪が飛び交う闇がある。…天災、疫病、死、貧困などの社会不安は、貴族にも民衆にもあまねく襲い、恐怖と不安に満ちた時代でもあった」とする〔鈴木 二〇〇七：三〕。ここでの「怪異」は『日本国語大辞典』の（1）と（3）にほぼ含まれる。

また、小松和彦責任編集『怪異の民俗学』は「憑き物」「妖怪」「河童」「鬼」「天狗と山姥」「幽霊」「異人・生贄」といったテーマごとに、民俗学を中心とした研究論文を集成したものであり、ここでの「怪異」は「妖怪」を包含する概念として提示されている〔小松 二〇〇〇～二〇〇一〕。『怪異の民俗学』の編者である小松和彦を代表とする共同研究グループはその後、「怪異・妖怪伝承データベース」を公開するが、そこでは「…「河童の仕業だ」とか「それは狐火だ」といった判断（より正確に言えば「名づけ」）ができるような現象もある一方で、判断ができないような現象、すなわち「その形はかくかくしかじかの異様なものであった」としか説明できない現象もあります。

……こうした現象をも幅広く拾い上げるためめに、「怪異」という語を採用することにしたわけです。」としている〔小松 二〇〇二〕。つまり、「名づけ」が伴うとされる「妖怪」より更に広い範囲の現象を指す概念として、小松氏は「怪異」を採用したのである〔京極 二〇〇七〕。

このような、ある程度の広がりを持つ「怪異」に対して、東アジア恠異学会は「怪異」という言葉を、歴史的観点から限定して用いるところにその出発点があった。

恠異学会の初代代表である西山克は、中世史料にみえる「怪異」について、「単なる現象ではなく、それに対する解釈を含みこんだ概念」」とした〔西山 二〇〇二：四八〕。その上で、中国に由来する天人相関説が日本の神祇信仰と結合し、「近未来に王権を危機に陥れるはずの禍事が卜占によって焙り出されてくる……国家や王権はそうした怪異への対処、すなわち不可視の危機管理を通して逆説的に王権の正当性を主張しえる」という構造を指摘している〔西山 二〇〇三：一〇〕。つまり、現代人が使う「怪異」でも、研究上の概念としての「怪異」でもなく、前近代の史料にみえる「怪異」という言葉をもとに、歴史学を中心とした学問における「怪異」の概念を構築しようとしたところに東アジア恠異学会の「怪異学」の独自性があると言えるだろう。

◉拡散する怪異

もっとも、これは恠異学会設立（平成十三年＝二〇〇一年）前後の時代状況の中で構築されたものである。今や現代社会の「怪異」は小松氏が述べたように「現象」を指すことで、「妖怪」との区別を図るものではない。また、学問・研究の場においても、もはや「怪異」という言葉は、その本質の追求や概念の規定が行われることなく、通俗娯楽の世界と同じく野放図に広がり、使用されている。しかし、その意味を拡散させ続けるならば、「怪異」を学術的用語として用いる意味はない。人文科学において「怪異」という言葉を用いるためには、改めて歴史的にその言葉がどのように用いられてきたのかを考え、そしてそれをもとに学術的な概念を構築する必要がある。

一　日本古代における「怪異」の受容と変質

日本における「怪異」という言葉の源流は、漢字を生んだ国である中国に求められる。前漢の儒学者・董仲舒は君主の失政に際して「災害」に次いで「怪異」が現れるとし、この警告を受けても改めない場合は「傷敗」、すなわち易姓革命（王朝・君主が交替する）というかたちの破局が現れると論じている（『漢書』巻五十六「董仲舒伝」）。ここでは怪異は、君主の政治に対して天が行う業績評価の一つとして扱われており、政治的な意味を持つ言葉であった。

◉六国史の怪異

しかし、日本の古代史において史料に現れる「怪異」は、董仲舒が述べたような中国の「怪異」とは異なる要素を含んでいる。

日本古代の正史である六国史のひとつ『日本後紀』の延暦十六年（七九七）五月甲辰条には、「禁中并びに東宮に於いて金剛般若経を転読す。恠異有るを以て也。」（『日本紀略』所引逸文）とある。その三日前の同五月戊戌条には「雉有り、禁中正殿に集まる」（同上）と記されているので、それを「怪異」と判断し、対応策として経典の転読が行われたのであろう。また『続日本後紀』の承和七年（八四〇）九月乙未条には、伊豆国の「上津島」（神津島）の噴火に際して、現地で祝・刀禰を集めてその「祟」を「卜ひ求」めると、三嶋大社の神の本后である阿波神（阿波命社）が冠位に預かっていないことを不満として「殊に恠異を示」したという記事があり、その後、阿波神には従五位下が授けられている。「怪異」と「祟」はともに神が示すもので、その判断は「卜」（亀卜）によると認識されていたのである〔大江 二〇一九：二八〕。

◉『類聚符宣抄』と『本朝世紀』の怪異

平安時代中期の法令集で、源経頼の編纂とされる『類聚符宣抄』には「怪異」という項目が設けられ、関連する宣旨・官符が集められている。そこでは、六国史の段階より、さらに整備されたかたちで処理が行われていた。

『類聚符宣抄』にみえる「長保三年正月十七日宣旨」には、東大寺からの「大仏の身より、水湿出づること汗の如し」という報告を受けて、神祇官と陰陽寮が「恠」について卜占を行い、「兵革」「天下兵賊」の前兆との判断を示し、朝廷が東大寺に大仏の前で転読を行うこと、その財源は東大寺が負担することが命じられたことが記されている。

ここでの「怪」（怪異）は「現実にはあり得ないと思われるような不思議な事柄」でもなければ、「妖怪」の上位概念というべきものでもない、今日から見れば些細な自然現象であり、『類聚符宣抄』の「怪異」全般をみても同様である。

榎村寛之は、『類聚符宣抄』で語られる「怪異」は、現代における「怪異」の意味する広義の「フシギナコト」（それは『日本国語大辞典』の記述や小松和彦の指摘に現れるような広い意味を持つ）よりも、はるかに限定的な意味で用いられているとする。その上で、「フシギナコト」の中から、寺社や地方の国司から報告が行われ、神仏による「サトシ」（警告・指示・要求）であるとして軒廊御卜）で判断され、太政官において寺社における奉幣や読経などの対応が決定された場合、その現象に対して行政手続きにおいて「怪異」というラベリングが行われたと指摘している〔榎村 二〇〇九：四三―四八〕。つまり、ここでの「怪異」は行政用語なのである。

榎村氏はさらに、十二世紀の『本朝世紀』という、藤原通憲（信西）が編纂した歴史書のうち、通憲のほぼ同時代の執務記録である『外記日記』などをもとに書かれた部分に神社の帳（カーテン）を鼠がかじったとか、木の上に朝夕に鳥が集まっていたというような、さらに些末なことも「怪異」とされていることを指摘し、神社が積極的に朝廷に「怪異」ではないかと報告してきた結果であろうと推測している。そして国家が判断すべき「怪異」を、先回りして神社や地方社会の中で判断して報告して来る、というこの段階にこそ、「怪異」の意味が無制限に拡大してしまう結果となる、最初の第一歩であったと論じている〔榎村前掲論文：四九―五一〕。

◉読み換えられた「天」

現在の「怪異」とは違う、学術的な「怪異」の概念を考える場合、このような行政用語として史料にみえる「怪異」をもとに考える必要があるだろう。では、その史料にみえる「怪異」はいかなるものか。ここでは漢字を用いて「怪異」と書かれること自体と、その判断基準となる卜占によって構成されることに注目したい。

「怪異」という言葉は、先に述べたように、皇帝の徳性と統治の成功・失敗、そして自然現象を連動させて考えるという、中国の天人相関説・祥瑞災異思想において用いられる言葉である。しかし、すでに多くの人が指摘するように、中国における災害・怪異を下す「天」は日本においては「神」に読み替えられた〔関一九七七〕。

中国の皇帝が常に世界の主宰者である「天」によってその業績を監視され、評価が下されるのに対して、日本で天皇に統治の権限を委ねたとされる天照大神は、歴代の天皇と血統で結ばれている。そして天神地祇は天照大神の支配に基本的に服し、天皇の祭祀を受ける存在である。

この思想的な読み替えを明確に示すのは、中国において災異と表裏一体のものとして考えられた祥瑞についての理解である。董仲舒は前述した災異についての記述とともに、以下のようにも述べている。

「臣聞く、天の大いに奉じて之れをして王たらしむる所は、必ず人力の能く致す所に非ずして自ずから至る者有ればなり。此れ受命の符なり。天下の人、心を同じくして之れに帰すこと、父母に帰するが若し。故に天瑞、誠に應じて至る。」（前掲『漢書』）

すなわち、皇帝（王・君主）にふさわしい人に対し、天は自らの命（天命）を受けた（受命）しるしとして祥瑞を下すとする。だが、もしその統治が的確なものでなければ災害・怪異が起こり、新しい人物が皇帝となる（天命が革る＝革命）のである。

しかし、日本において祥瑞の理解は大きく異なる。和銅元年（七〇八）、元明天皇は武蔵国から報告された銅について、これを祥瑞として慶び、「…此の物は、天に坐す神、地に坐す神の相ひうづなひ奉り、福はひ奉る事に依りて、顕しく出でたる宝に在るらしとなも、神ながら念し行す。是を以て、天地の神の顕し奉れる瑞宝に依りて、御世の年号を改め賜ひ換へ賜はく…」（『続日本紀』和銅元年正月乙巳条）として、和銅改元を行う宣命を発した。これは有名な「和同開珎」の鋳造と関係する事件であるが、この前年即位の元明天皇にとっては、自らが天皇にふさわしいことを示す絶好の機会でもあっただろう。

それから九年後の霊亀三年（七一七）には、元正天皇の美濃国行幸に際して「美泉」を覧じたことから、これを「美泉即ち大瑞に合へり…朕、庸虚なりと雖も、何ぞ天の貺に違はむ」として、「養老」改元が行われている（『続日本紀』養老元年十一月癸丑条）。

「養老」改元の詔には、中国的な、君主の徳に対して天から下される祥瑞という思想が語られて

図1　『扶桑皇統記図絵』「養老滝湧出」
（『日本歴史図絵』第1輯、国立国会図書館デジタルコレクション）

いるが、「和銅」の改元の際の宣命には祥瑞を天が下すものではなく、天神地祇が奉るものとしていることは注目される〔北 二〇一七：三〇三〕。その裏返しとしての「怪異」もまた、神々の意志の発現として、より古くから使われる「祟」と同じく、神々の天皇に対する祭祀要求の範囲を出ることはない。

◉独占された卜占の技術

だが、そのような徹底的な換骨奪胎を行ってさえなお、「怪異」という言葉を使う必要はどこにあったのか。「怪異」を、同時代のその他のさまざまな「フシギなコト」とそれに伴う判断と区別するのは、軒廊御卜における亀卜・式占という技術である。

軒廊御卜と呼称される、陰陽寮と神祇官が並んで卜占を行うかたちは九世紀にはすでにあったと考えられている〔西岡 二〇〇二・勝山 二〇一四〕。しかし、そこで用いられる技術と、その国家的運用は七世紀までさかのぼることができる。

亀卜は、神祇官に所属する卜部が行う卜いである。八世紀に編纂された律令〔天平宝字元年（七五七）施行の養老律令、先行する大宝元年（七〇一）撰上の大宝律令も共通する部分が多い〕の職員令神祇官条には、神祇伯（神祇官の長官）の職掌に「卜兆」と規定されている。平安時代初期の公的注釈書『令義解』は「凡そ亀を灼き、吉凶を占うは是れ卜部の執業」とし、神祇伯は長官としてその管理の責任を負う、としている。また同職員令神祇官条は「卜部廿人」とその数を規定しているが、令の諸注釈をまとめた『令集解』職員令神祇官条にみえる「古記」（大宝令の注釈書）に引かれた官員令別記から「津島上県」「（同）下県」「伊岐国」「伊豆国」から卜部が供給されていたことがわかる。そしてその際には「卜術優長なる者を取」ることが定められていた（延喜神祇式臨時祭宮主卜部条）。

このように、亀卜を行う卜部は対馬・壱岐・伊豆半島からのみ選ばれて朝廷に仕えることになっていた。これについて、大江篤は考古史料・民俗事例においても、日本列島に多い事例は骨卜であり、亀卜は対馬・壱岐、その後伊豆において限定的に海人集団により行われていたことを指摘し、「王権の危機管理を目的とした卜占であるため、当時広範囲で行われていた卜占法、つまり骨卜では用をなさなかったのであろう。……そこで古代王権が選択した卜占法がウミガメの亀卜であった。……卜占法が……島嶼部に限定されていることは、知と技の独占という王権の危機管理にとって好都合であった」と論じている〔大江篤 二〇一四：六二〕。

陰陽寮が行っていた式占についても、同様の「知と技の独占」という状況が確認できる。式占とは元来中国で行われていた「式盤」という器具を用いた占いであり、遁甲・太乙・六壬の三種類が存在した〔瀧川 一九八〇・西岡前掲論文〕。

律令国家のもとでは、大陸からもたらされたこのような知識の流通・習得について、一定の制限が加えられていた。養老雑令の秘書玄象条には「凡そ秘書、玄象器物、天文図書は輙く出すことを得ず。」とあり、『令義解』はこれを「秘書は遁甲・太一式の類也。玄象器物は銅渾儀の類也。天文図書は星官簿讃の類也」と解説を加えている。また、養老職制律の玄象器物条には「凡そ玄象器物、天文、図書、讖書、兵書、七曜暦、太一雷公式は私家に有つこと得じ」と規定されている。これは唐制をほぼそのまま模倣したものであるが、西岡芳文によれば、平安時代半ばまで、式占が民間で行われた様子はない〔西岡前掲論文〕。

つまり、亀卜にせよ、式占にせよ、その知識の流通は限られたものであり、更に国家により管理されていた。そしてその卜占の判断は、大陸からの知識であり、国家〔王権〕の判断であり、その知識の習得は限られた者にしか許されないというかたちから、民間で行われていたさまざまな卜占の技術、「フシギなコト」への判断とは隔絶した権威を有していたと考えられる。これは「怪異」という漢字で書かれた文字についても同様のことが言えるだろう。

まとめるならば、「怪異」は、その内実は日本的なものに変化しつつも、その判断を大陸からもたらされた、制限された知識・技術により行われたとし、また「怪異」という漢字によりその判断を呼称することで、古代社会において一定の権威を獲得することが出来た、といえる。

それは、日本の古代国家が行った大陸からの知識の独占、中央と地方の知識の格差を用いた統治の、一つのあり方であった。

次章では、このような知識の流通を制限しつつ、国家・王権による支配を支える制度としての神祇官・陰陽寮について見ていくこととしたい。

二 「怪異」の形成――知識の受容と独占

◉陰陽寮の成立と式占

陰陽寮の初見は『日本書紀』天武天皇四年（六七五）春正月朔条にみえる「大学寮学生・陰陽寮・外薬寮、及舎衛女・墮羅女・百済王善光・新羅仕丁等、捧薬及び珍異等物を進る」とする記事である。そして同持統天皇六年（六九二）六年二月丁未条には、「陰陽博士沙門法蔵・道基に銀人廿両を賜ふ」という記事がみえる。陰陽寮をその最初期において支えていたのは僧侶であった。

これは、陰陽寮において用いられる天文や式占などの知識をもたらし、伝えたのが僧侶であったことによる。

『日本書紀』推古天皇十年（六〇二）十月条には、百済僧観勒が暦本・天文地理書と遁甲方術之書を献じ、さらに陽胡玉陳に暦法を、大友村主高聰に天文遁甲を、山背日立に方術を、観勒に付けて学ばせたとある。観勒は、飛鳥池遺跡からその名を記した木簡が出土したことから、同遺跡に隣接した飛鳥寺（法興寺）への居住が推測されている。

このような技術や知識を伝える役割を僧侶・寺院が果たした例としては、すでに敏達天皇六年（五七七）に百済国王が百済から帰還する大別王等につけて経論若干巻、併せて律師・禅師・比丘尼・呪禁師・造仏工・造寺工の六人を献上し、これを難波の大別王の寺に置いた例がある（『日本書紀』敏達天皇六年十一月庚午条）。

また、推古天皇朝に派遣された遣唐使に従って渡唐した僧旻は、帰国後は「群公の子」、即ち皇族・豪族の子弟を『周易』を読んで教育したとされる（『藤氏家伝』）。また『日本書紀』には舒明天皇九年（六三七）の出来事として「大星東より西に流る」ことがあった際に僧旻が「流星に非ず。是れ天狗也。其吠声雷に似るのみ」と言ったと記す（『日本書紀』舒明天皇九年二月戊寅条）。その二年後の舒明天皇十一年（六三九）には、「長き星西北に見ゆ。時に旻師曰く「彗星也。見れば則ち飢ゆ」」として（『日本書紀』舒明天皇十一年正月己巳条）、天文の知識を披露し、未来の予知を伴う発言をしていたことがわかる。

その後、大化改新の際には国博士として孝徳天皇に仕え、白雉元年（六五〇）に穴戸国（長門国）から白い雉が献上された時には、百済国の王子である余豊璋や道登とともにその意味するところを問われ、「此れ、休祥と謂ひて希物と為すに足れり」と答えている（『日本書紀』白雉元年正月辛丑条）。その死に際しては、孝徳天皇がその手を取り、嘆いたという（『日本書紀』白雉四年夏五月壬戌条）。

このほか、『日本書紀』天智天皇元年四月条には「鼠が馬の尾に産す」ことを高句麗の僧侶である道顕が占い、「北国の人将に南国に附かむ。蓋し高麗破れて日本に属すか」と述べたという記事もみえる。

また、天武天皇自身も、「天文遁甲を能くす」と『日本書紀』に記された人物であるが、兄の天智天皇からの譲位の申し出を断り、吉野に入る時に出家している（『日本書紀』天武天皇即位前紀）。その後、壬申の乱に際し、東国に赴く際の出来事として、黒雲が広がっているのを見て、自ら式盤を用いて占い、「天下両分の祥也。然れども朕遂に天下を得るか」と語ったという（『日本書紀』天武天皇元年三月壬子条）。

更に、天武天皇崩御後、大津皇子の謀反に連座し、「飛騨国伽藍」（寿楽寺廃寺とされる）に移された（『日本書紀』）新羅僧の行心（幸甚）は、『懐風藻』では「天文卜筮を解し」、大津皇子に「太子の骨法これ人臣の相にあらず、これをもって久しく下位に在るは恐らくは身を全うせざらむ」と告げたとある。

このような卜占も含む予言を行い、時として政治に関わった僧侶たちは、律令国家の成立とともに国家機構に組み込まれていく。その最初の世代は僧侶のままでその職務にあたったが、文武天皇朝における大宝律令の制定と相前後して彼らは還俗し、官僚として勤務することとなった（田中一九五四・橋本一九七八）。

大宝元年（七〇一）、僧恵耀・信成・東楼は勅命により還俗し、それぞれ録（角）兄麻呂・高金蔵・王仲文となった（『続日本紀』大宝元年（七〇一）八月壬寅条）。彼らは天平年間の「官人考試帳」にはそれぞれ陰陽博士・陰陽師・天文博士として名前があげられている。

和銅七年（七一四）には僧義法が「占術を用ゐるが為」に還俗し、大津首（意毘登）となっており（『続日本紀』和銅七年三月丁酉条）、その名は『懐風藻』に「陰陽頭」として見える。また、大宝二年（七〇二）、飛驒国から献上され、「祥瑞」とされた「神馬」の発見者である隆観は先述した行心の子で、この功績により入京を許された（『続日本紀』大宝二年四月乙巳条）。そして翌年「頗りに芸術に渉り、兼ねて算暦を知る」ことにより還俗して金財と名乗った（『続日本紀』大宝三年十月甲戌条）。金財は神亀元年（七二四）に「国看連」の氏姓を賜った金宅良と同一人物である可能性が高く、その息子は奈良時代後期の天文博士国看連今虫とされる（『続日本紀』神亀元年五月辛未条・同神護景雲元年八月癸巳条）。

このような大宝年間以降の僧侶の還俗事例を考える上でもうひとつ重要なのは、養老僧尼令の観玄象条に「凡そ僧尼は、上づかた玄象を観、假つて災祥を説き、語国家に及び、百姓を妖惑し、并せて兵書を習ひ読み……並に法律に依りて、官司に付けて、罪科せよ」とあり、また卜相吉凶条には「凡そ僧尼、吉凶を卜ひ相り、及び小道、巫術して病癒せらば、皆還俗」と規定されていることである。大宝元年（七〇一）の大宝令もほぼ同文だったと考えられるので、律令国家は、卜占の技術を持つ僧侶を還俗させ、官僚機構に取り込むのと同時期に、僧侶が独自に卜占や予言を行うことを禁じたことになる。

◉陰陽寮の成立の意味

田村圓澄はこの政策について「……観勒の時代から、陰陽道は「政治」と結合していた。……律令政府は、陰陽道を管理するための機構として陰陽寮を設置し、……僧尼令によって、陰陽道の担い手である僧から、陰陽道を遮断した」とし、陰陽寮の成立は卜占技術の国家機構への組み込みと独占を意味したと論じている〔田村 一九九一：五八〕。では、ここで田村氏がいう「政治」とは何か。

新川登亀男は観勒や旻などの事例から、敏達天皇朝の大別王の寺のような、皇族の家（宅）に置かれる渡来僧を媒介とした知識の継受が広く行われていたとする。具体的には、観勒が居住したとされる飛鳥寺は蘇我氏系の皇族たちの教育の場であり、僧旻もそこで孝徳天皇（軽皇子）との関係が構築されたのではないかとしている〔新川 一九九四〕。細井浩志は、この新川説を踏まえ、持統・文武天皇の競争相手となり得る皇族の支持基盤となる氏寺の技術体系の解体と国家機構への吸収こそが、陰陽寮の設置など一連の政策の目的であるとした〔細井 二〇一五〕。皇族に仕え、その宮に居住し、その知識によって予言を行い、時として政治にも関わる僧侶たちと、そしてそれを国家に吸収しようとする政府の動きの緊張関係の中で、陰陽寮は成立したのである。

◉神祇官の成立と亀卜

神祇官の成立は陰陽寮に比べると明確ではない。平安初期に斎部広成が著した『古語拾遺』には「難波長柄豊前朝に至り白鳳四年、小花下諱・斎部首作賀斯を以て祠官頭〔今の神祇伯〕を拝す。

叙王族・宮内礼儀・婚姻・卜筮事を掌せしむ。夏冬二季の御卜の式、此の時起り始む」とあり、孝徳天皇朝に「祠官」という官司があり、そこでは卜筮が行われていたことがわかる。「夏冬二季の御卜」というのは年に二回、六月と十二月天皇に対する神々の祟りがないかを亀卜で調査・報告する御体御卜のことを指すとされる（『延喜式』太政官式御体卜条）、

大化改新と呼ばれる諸改革を、中大兄皇子らの補佐を受けて行った孝徳天皇は、『日本書紀』に「仏法を尊び、神道を軽んじたまふ〔生國魂社の樹を斮りたまふの類、是れ也〕」（『日本書紀』孝徳天皇即位前紀）と記される。孝徳天皇の後に即位（重祚）した斉明天皇も、白村江の戦いに先立ち、九州に赴いた際の出来事として「天皇、朝倉橘廣庭宮に遷居したまふ。是の時、朝倉社の木を斮り除くは此宮を作るの故なり、神忿りて殿を壊ち、亦宮中に鬼火見ゆ。是れに由りて、大舎人及び諸の近侍病死する者衆し」と『日本書紀』は記す（『日本書紀』斉明天皇七年正月壬寅条）。このような天皇と神との緊張関係は、難波長柄豊碕宮や九州の朝倉宮といった大規模造営に伴う自然開発のもとで従来の祭祀の在り方が否定されつつ、新しい律令制祭祀が構築される途上であったことを示すものであろう〔西宮 二〇〇六：久禮 二〇一三〕。『古語拾遺』が記す国家による亀卜の採用は、このような律令制祭祀の形成過程において行われたものと思われる。

更に、天武天皇朝において、亀卜は大嘗祭に際して悠紀国・主基国を選ぶ斎田卜定の技術として採用された。これは全国統治の理念を具体的に示すために、地方からの奉仕を制度化したものであった〔高森 二〇一九、久禮前掲論文〕。さらに文武天皇朝において大宝律令における神祇令と、それ

に基づき祭祀を行う神祇官が成立すると、亀卜はその管理下に行われることとなった。

◉神祇官の成立の意味

従来の自然神祭祀を克服した律令制祭祀、畿内に限定された地域性を克服する際に、いずれも亀卜が用いられていることは、先述したように、亀卜が大陸の知識をもとに、更に王権の管理下に地域的な限定のもとで継承された技術であったことによるものであろう。独占された隔絶された技術であるがゆえに、新しい祭祀の在り方を正当化する知識と技術として、亀卜は位置づけられたのである。

式占にしろ、亀卜にしろ、その知識と技術は神祇官・陰陽寮に独占されるかたちで律令制の中に位置づけられた。十世紀の軒廊御卜はこの延長線上に成立したと言えよう。

三 「怪異」の変質と拡散――判断から不安へ

神祇官・陰陽寮の軒廊御卜において、国家の管理下に置かれていた「怪異」が徐々に変質していく過程については、法令集である『類聚符宣抄』と史書の『本朝世紀』からみた変化を榎村寛之が論じ、その内容を既に紹介した。ここではその変化を、別の史料（古記録・説話集）の観点から見ていくこととしたい。

◉『小右記』の怪異

藤原実資の日記である『小右記』には、寛弘二年（一〇〇五）三月二十六日の出来事として、当時大納言であった実資のもとに、伊予守の高階明順が訪ねてきたときの会話が記されている。それによれば、藤原伊周の昇殿が許されたことに関して、牛車の供である車副を四人ではなく、二人にするべきだと藤原斉信・行成らに言われ、反論すると二人から「左府（藤原道長）の気色」について言及された、と明順が言うので、実資は「指したる気色はない」と伝えたという。その後、明順は「雉宅に入る、重ねて怪也」と語ったと実資は記している。

藤原道長と伊周はかつて政権をめぐるライバルであったが、既に長徳二年（九九六）、伊周は政争に敗れて失脚しており、寛弘二年に政界に復帰したものの、道長との差は明らかであった。実資のもとを訪ねてきた高階明順は、伊周の叔父にあたる。この頃は道隆の子・伊周が失脚後、復権しつつある時期であり、道長の側近である斉信・行成は、あくまでそれが道長の黙認のもとでのことであることを強調するために、車副の人数などについて注意を行い、明順は道長・伊周いずれとも違う立場にあった実資のもとに、道長が本当にそんなことを気にしているのか、確認に来たのであろう。その際に、自らの邸宅に雉が飛び込んだことを「怪」であるとしているというのも、その不安の現れであろうが、ここで注意したいのは、その判断は卜占を伴うものではなく、また伊周・明順らの派閥の未来を予兆するものではないか、という推測により、発言されていることである。

また同年の九月一日には同じく高階明順に関わる事件として、以下のような記事が知るされている。

図2　『前太平記』「洛中変異」
（『日本歴史図絵』第6輯、国立国会図書館蔵デジタルコレクション）

「伊予守（高階）明順宅より数千の石を以て右府（右大臣藤原顕光）〔宅〕に投げ入る。右府、明順の宅中を捜検せしむるに、木守一人有りて又人無しと云々。明順国に在り。右府怒ると云々。或は云ふ、怪異か。将に故有るべしと云々。」

藤原顕光は伊周が失脚した後、道長が左大臣になった際に、右大臣となった人物である。その邸宅に隣接する明順の邸宅から大量の石が投げ入れられた。顕光がその邸宅を捜索させたが誰もいなかったという事件である。後世の「天狗つぶて」などを連想させる現象だが、これもおそらくは伊周の復権の中で発生した政治的な緊張関係がもたらした、いわば貴族間の嫌がらせが原因であろう。そしてこれについて実資は「或は怪異か」と語られたとしている。ここにおいても卜占が行われた形跡はない。「怪異」はもはや貴族が、「フシギなコト」が起こった時に、若干の不安とともに語る言葉となっているのである。

◉『古今著聞集』の怪異

更に鎌倉時代前期、橘成季が貴族社会の記録や伝承をもとに記したとされる『古今著聞集』には「怪異」という章立てが行われているが、それはもはや卜占・祭祀と無関係な、流星や怪雲、大風あるいは島の消失や大石や氷塔の出現、天皇や貴族の病や崩御・死去の予兆などの現象である。

例えば、五八三話では、後朱雀天皇が屏風の向こうから覗く「大きなる人」を見て、病となり、崩御されたと語られ、その「人」は八幡神ではないか、とされながらも卜占や祭祀への言及はない。また、五八七話では蔵人頭の藤原清長が殿上人とともに船岡山に虫を捕りにいった際に、風に飛ばされた冠がたまたま転がっていた頭蓋骨にかぶさったのを、奇妙に思いながらも拾い上げて着けたところ、四、五年して死んだという話が記されている。

これらは「王権の対応が認められない」「対応がなされず不吉なまま放置された説話が収載された」〔久留島 二〇一九：一三二〕と評されている。

ここにおいて「怪異」は国家による判断を示す「法令用語」から、一般的な、不安を伴う「フシギなコト」を指す言葉への道を、ゆっくりと歩み始める。それは国家が独占していた知識が流出し、より広い範囲へと拡散していく道でもあったと言えよう。

参考文献

新川登亀男 一九九四 『日本古代文化史の構想　祖父殴打伝承を読む』名著刊行会

榎村寛之 二〇〇九 「奈良・平安時代の人々とフシギなコト」東アジア怪異学会『怪異学の可能性』角川書店

大江篤 二〇一四 「〈媒介者〉としての卜部」水口幹記編『古代東アジアの「祈り」宗教・習俗・占術』森話社

大江篤 二〇一九 「日本古代の「怪」と「怪異」」東アジア怪異学会『怪異学の地平』臨川書店

勝山清次 二〇一四 「神社の災異と軒廊御卜」『史林』九七巻六号

北康宏 二〇一七 「律令法典・山陵と王権の正当化」同『日本古代君主制成立史の研究』塙書房、初出二〇〇〇

京極夏彦 二〇〇七 「講演録 通俗的妖怪と近代的怪異」同『妖怪の理 妖怪の檻』角川書店→『文庫版妖怪の理　妖怪の檻』角川文庫、二〇一一、初出二〇〇七

久禮旦雄 二〇一三 「神祇令・神祇官の成立　古代王権と祭祀の論理」『ヒストリア』二四一号

久留島元 二〇一九 「妖怪・怪異・異界――中世説話集を事例に」東アジア怪異学会『怪異学の地平』臨川書店

小松和彦 二〇〇二 「怪異・妖怪とは」国際日本文化研究センター「怪異・妖怪伝承データベース」https://www.nichibun.ac.jp/YoukaiDB/kwaii.html

小松和彦責任編集 二〇〇〇～二〇〇一 『怪異の民俗学』全八巻、河出書房新社

鈴木紀子 二〇〇七 「王朝物語における怪異――六条御息所を中心に」鈴木紀子・野村幸一郎・林久美子編著『女の怪異学』晃洋書房

関晃 一九九七 「律令国家と天命思想」同『関晃著作集 第四巻 日本古代の国家と社会』吉川弘文館、初出一九七七
高森明勅 二〇一九 『天皇と国民をつなぐ大嘗祭』展転社
瀧川政次郎 一九八〇 「日唐律玄象器物条考」『国学院法学』一八巻一号
田中卓 一九八五 「還俗」『田中卓著作集5 壬申の乱とその前後』国書刊行会、初出一九五四
田村圓澄 一九九一 「陰陽寮成立以前」村山修一他編『陰陽道叢書1 古代』名著出版、初出一九六〇
西岡芳文 二〇〇二 「六壬式占と軒廊御卜」今谷明編『王権と神祇』思文閣出版
西宮秀紀 二〇〇六 「神祇祭祀」上原真人・吉川真司・白石太一郎・吉村武彦『列島の古代史――ひと・もの・こと7信仰と世界観』岩波書店
西山克 二〇〇二 「怪異学研究序説」『関西学院史学』二九号
西山克 二〇〇三 「序章――怪異のポリティックス」東アジア怪異学会編『怪異学の技法』臨川書店
橋本政良 一九九一 「勅命還俗と方技官僚の形成」村山修一他編『陰陽道叢書1 古代』名著出版、初出一九七八
細井浩志 二〇一五 「七、八世紀における文化複合体としての日本仏教と僧尼令 卜相吉凶条を中心に」新川登亀男編『仏教文明と世俗秩序 国家・社会・聖地の形成』勉誠出版

通俗信仰と怪異——前近代中国の基層社会における災異受容史

佐々木 聡 ● SASAKI Satoshi

はじめに——怪異をめぐる社会通念

漢代に体系化された祥瑞災異説・天人相関思想は、後に日本に伝わり、変容しつつ受容されていった。一方、中国でも祥瑞災異説は、儒教理念に組み込まれて受け継がれてゆく。そのためか、祥瑞災異をめぐる思想・観念は、儒教的なものと見られがちだが、実際には、道教や通俗信仰などの中にも、その思想や観念が濃厚に表れている。したがって、国家・王権と怪異の関わりを重視する怪異学も、同時に通俗的文脈を含む社会通念としての怪異に目を向ける必要がある。そこで本章では、特に通俗文献に見える怪異に着目し、それに対する人々の営みを明らかにしてゆく。

一　天変地異をうらなう「天文五行占書」の成立

漢代以降、災異は祥瑞と並んで国家理念となっていった。これにより天変・地異の記録が独立して作られるようになる。天変については『史記』天官書と『漢書』以降の天文志、地異については、『漢書』以降の五行志が、それに当たる（ただし天変と地異の線引きは必ずしも明確ではない）。

一方、こうした天文志・五行志とは別に、天変地異についての理念や占辞・占験を集成した類書形式の占書が魏晋南北朝頃から編纂されるようになる。筆者はこれを「天文五行占書」と総称している（以下「占書」と略称）。その典型例として唐代に玄宗の勅命を奉じて編纂された『開元占経』一二〇巻などが挙げられるが、その後も清朝まで各王朝で占書の編纂が行われてゆく。こうした勅撰占書やそれに類する官撰の占書は、多くが禁書として宮中の秘府に収められた〔佐々木 二〇一三・二〇一四〕。

一方で、これに類する占書は一部の学者らにも読まれていた。例えば、山下克明氏も取りあげるように〔小林・山下 二〇〇七〕、『史記』巻八四・賈生列伝に次のような記述がある。

> 単閼《たんあつ》（卯）の歳、四月孟夏。庚子の日施《ひぐれ》に、服予《ふくちょう》が舎に集《とど》まる。坐の隅に止るに、貌甚だ間《おっ》暇《とり》なり。異物来りて集まれば、私《ひそ》かに其の故を怪しむ。書を発《ひら》きて之を占うに、筴《ちっかん》に其の度《よそく》を言う。曰く「野鳥の入る処、主人将《まさ》に去らんとす」と。
>
> （中華書局標点本）

これは賈誼《かぎ》（生）が自宅に侵入してきた鵩鳥《ふくちょう》を目の当たりにし、不吉を嘆いて作ったという「鵩鳥の賦」の一節である。その中で、野鳥の怪異を、賈誼みずから占書を開いてうらなったと述べる

（傍線部はその占辞）。賈誼の作品の中にこうした書物が登場することは、災異説を体系化したとされる董仲舒以前から、既に怪異をうらなう営みがあったことを示唆する。実際、戦国末期の王家台秦《おうかたいしん》墓《ぼ》からは、怪異から未来の禍福をうらなう文献が出土しており、整理者により「災異占」と名付けられて紹介された〔王 二〇〇四〕。その中には、「凡《およ》そ邦に大畜の小畜を生むこと有れば、是れ大昌と胃《い》（謂）う。」「邦に木の冬に生ずること有れば、外《がいてき》入りて倶に乱し、王国平らかならず。」などといった占辞が見える。これらは災異説やその後の占書の源流に当たる。

そもそも、勅撰占書やそれに類する官撰占書など（以下両者を合わせて「勅撰系占書」と呼ぶ）は、内容の大半が天変（天文気象の異変）について記事であり、それ故に禁書となった。所謂「私習天文」の禁止である。一方、官民を問わず広く流布した非勅撰系占書では、地異（地上で起こる怪異）の割合が多くなる。この点は前近代中国の皇帝権力と天の関係を考えれば、おのずと了解できることだが、後述の通俗占書を理解する上でも重要なので敢えて強調しておきたい。

二　中世の通俗占書

中世では民間でも占書が流布したが、その中には通俗的な性格が強く出たものもあった。その実態を今に伝えるのが、敦煌莫高窟から発見された『白沢精怪図』（ペリオ二六八二等）や『百怪図』（ペリオ三一〇六・羽四四等）などといった唐・五代頃の通俗占書である。ここでは両書についての専論〔岩本 二〇一一、佐々木 二〇一二、游 二〇一二・二〇一三、王 二〇一三等〕を下敷きとしながらも、特に勅撰系占書との違いについて見てゆきたい。

通俗占書は、怪異から吉凶禍福をうらなうという点では勅撰系占書と同様だが、勅撰系占書が君主・皇族や異民族の襲来、異常気象など国家レベルの未来をうらなうのに対し、通俗占書がうらなうのは個人や家レベルの禍福が中心である。例えば、次のような占辞が挙げられる。

・巳日に釜鳴れば、聚衆獄訟の事を憂う。（ペリオ二六八二）
・蚍虫《へびやむし》螫蔵《かく》るるの時（啓蟄以前）にして人家に見《あら》われれば、必ず喪亡す。（同）
・印綬光ること有れば、必ず官を免ぜらる。（同）
・犬人の衣物に尿《にょう》すれば、仇怨有り、亦た夫婦離別す。（ペリオ三一〇六）
・犬嗥《ほ》ゆるに天を向けば、必ず家破る。（同）
・狐鳴きて人の門戸を守れば、家に移ること及び遠行すること有り。（羽四四）
・日中（正午）に（釜鳴れば）、奴婢の事を憂う。（同）
・日昳《にってつ》（日が傾きだす時間）に（釜鳴れば）、財・鶏のことを憂い、遠行の事を憂う。（同）

このように、訴訟や免官、家庭内の問題事など、個人的な吉凶をうらなう占辞が多い。

もうひとつ通俗占書にのみ見える特徴として、祭祀儀礼や呪術、呪符などにより未来の災禍を避け、不祥を鎮めようとする点が挙げられる。これを一般に「辟邪《へきじゃ》」と言うが、試みに両書に見える辟邪方法を怪異と合わせて何例か挙げてみよう。（傍線は辟邪方法）

辰日に（狐）鳴けば、東家に官事・失火あり、少子 死を憂い、婦女 死を憂う。七日を出《い》でず。解かざれば、凶。之を解かんとすれば、桐木の長さ七寸四枚もて、天文符を丹書し、酒・脯《ほしにく》を以て星下に於いて之を祭れば、吉。（羽四四）

これは狐が鳴く怪異についての占辞だが、冒頭には「凡そ是れ狐鳴なれば、妖鬼の精・亡鬼一切の物を打ちて以て声鳴を為す」とあり、妖精や亡者のしわざとされる。これらに対して酒や乾し肉を供えて祭祀し、慰霊することで、不祥を祓《はら》えると考えたのである。もっとも狐鳴の場合、辰日以外は呪符を書き、呪物を埋めるなど祭祀以外の対応が多い。この傾向は「鬼呼人」（外から鬼が家人の名前を呼ぶ怪異）条でより顕著である。例えば次のような占辞が見える。

酉日に（鬼の）人を呼ぶは、呼びて来り食を索《もと》め、人を害せんと欲す。桃木の長さ七寸七枚を用い、鶏血もて天文符を戸上に書けば、吉。（羽四四）

このように「鬼呼人」の怪異は、どの日に起きた場合でも、桃の板に描いた「天文符」により辟邪を行った。星図に独特な文字を合わせた「天文符」は敦煌文献に多く見えている（図1）。
また辟邪儀礼においては、家の主人が武器などをもって鬼神を嚇《おど》す場合もあった。

釜鳴れば、家長をして剣を帯《おび》て之に応ぜしむ。曰く「未だ鳴くべからず、息《や》みて止まれ！」と。
大いに家富みて、咎《わざわい》無からしむ。（ペリオ二六八二）

このほか顕著に見られる辟邪呪術としては、香薬や調味料、酒水、鶏血、土などを和合した呪物を特定の場所に塗ったり、埋めたりするという方法が挙げられる。

狐の故無く人の家宅に入ること及び舎を遶《めぐ》りて去ること、其の声向《こえ》〈響〉を作すことは、必ず
喪亡・官事を憂う。一に酒を以て黄土に［和］し、竈上に泥《ぬ》ること方員五寸。又た壁上に泥る

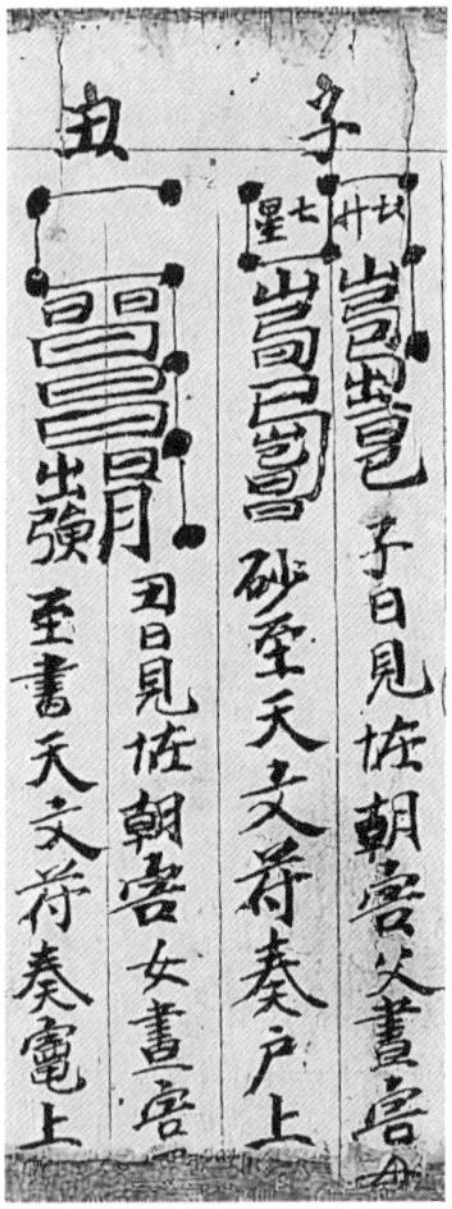
図1　『百怪図』所載の「天文符」（P.4793、BnF所蔵、Gallicaより）

こと方寸なれば、吉。（羽四四）

釜鳴を厭せんとすれば、後の甲上（甲の方位）の土を取り、五香に合わせ、竈の額上に塗れば、吉、咎無し。（ペリオ二六八二）

最後の「五香」は直後に「蘇合・爵金・青木・都梁・木蜜各おの一両」とあるように、五種の香料を合わせた香薬であり、道教・仏教を問わず宗教儀礼に広く用いられた。これらの辟邪方法以外にも、鬼神の名前を呼ぶ、呪言を唱える、あるいは陰陽五行の論理に基づく呪術儀礼を行うなど、通俗占書には、多種多様な呪術的対応が記されている。

ところで、こうした通俗占書の辟邪呪術が特徴的と言えるのは、勅撰系占書には、凶兆や不祥を呪術や祭祀により辟邪するという記述がほとんど見られないからである。これについては『春秋左伝』昭公二十六年伝に、

斉に彗星有り、斉侯 之を禳《はら》わしめんとす。晏子《あんし》曰く「無益なり。祇《た》だ誣《あざむき》を取るのみ。天道諂《うたが》わず、其の命を貳《ふたつ》にせず、之を若何《いかん》して之を禳わんや。……（十三経注疏上海古籍出版社影印本）

とあるように、儒教は不祥を祭祀や呪術により祓うことを戒める。あるいは、『史記』殷本紀に「妖は徳に勝たず」と言うように、不祥は「修徳」により退けることが第一とされた。

しかし、このような記事があることこそ、不祥を祓う祭祀や呪術が官民問わず広く行われていたことを暗示している。その痕跡が『白沢精怪図』や『百怪図』には濃厚に遺されているのである。例えば、王晶波氏は、怪異とその吉凶を見分け、それを禳《はら》うことは安全に暮らすための「必要手段」だったと指摘する〔王 二〇一三〕。また游自勇氏は、特に雑多な呪術を載録する『白沢精怪図』について「純粋に実用のために編纂された」ものと述べている〔游 二〇一二〕。つまり実際の社会生活では、「修徳」などはただのタテマエに過ぎず、怪異に遭遇した人々が心から求めたのは、現世利益的な辟邪呪術であった。筆者がこれらを通俗占書と呼称する所以である。

三　近世の怪異占と辟邪

宋代以降、唐代のような通俗占書がどのように流布していたのか、実はあまりよく分かっていない。なぜなら、この時代の通俗占書が伝存していないからである。ただし、怪異をうらない、凶兆であれば、辟邪を行うという営みが宋代以降も行われていたことは間違いない。そうした状況を間接的に伝える史料が次の『事林広記』己集・巻十・禳鎮門「禳諸怪法」である。

赤蛇の地に落つること、鬼名は大扶。蛇の相い交わるを見ること、鬼名は神道。蛇の人家に入ること、鬼名は壁孔。狗の人家に上がること、鬼名は春女。狗の行くに耳を反らすこと、鬼名は大陽。狗の床に上りて臥《ふ》すこと、鬼名は神霞。鼠の声喞喞《しょくしょく》なること、鬼名は余曹。鼠の耕して地を破ること、鬼名は金光。屋上に声を作すこと、鬼名は夜庭。飯甑《こしき》の声を作すこと、鬼名は吹女。夜に不祥を夢みること、鬼名は臨月。夜に鬼を夢見ること、鬼名は天光。鶏の軟子を生むこと、鬼名は彩女。夜に鶏の声を聞くこと、鬼名は賊吏。鳥の屎《くそ》して衣を汚すこと、鬼名は飛遊。雌の雄声を作すこと、鬼名は死龍。野鳥の室に入ること、鬼名は石穴。狐狸の声を作すこと、鬼名は懐珠。血の人衣を汚すこと、鬼名は遊光。凡そ是れらの怪有れば、即ち鬼を呼ぶこと七声、其の怪自滅して地に入ること三尺、禍を転じて福と為す。（和刻本類書集成本）

『事林広記』は南宋末元初に成立したとされる日用類書（日常の諸事をまとめた生活百科全書）だが〔金 二〇〇五〕、ここでは様々な怪異とそれを起こす鬼の名前を列挙する。こうした辟邪方法が述べられる背景に、怪異が何らかの不祥を意味しており、その怪異を特定の鬼神が起こしているという観念があることは明らかである〔王 二〇一三〕。あるいは游自勇氏も取り上げているように、鳥鳴や目潤、耳鳴など一部の怪異占は、『事林広記』やほぼ同時期の『居家必要事類全集』に見える〔游 二〇一三〕。こうした記事が日用類書の中に見えることは、怪異をうらなうという営みが官民を問わず人々に広く浸透していたことを物語っている。

さらに時代が下り、明末になると、日用類書はより多くの種類が出版されるようになるが、『五車抜錦』『万書淵海』『万用正宗』など、この時期の典型的な日用類書の大半には、怪異をうらなう占辞を集めた部門が設けられている。それが「法病門」である。

例えば『五車抜錦』巻三十二・法病門「百怪書法」には、逐日干支諸怪第一、屋宅船車諸怪第二、床帳衣冠鞋履怪第三、竈釜甑家具怪第四、牛馬六畜野禽獣第五、鼠鳴并啣物第六、禽鳥鶏鴨飛鳴第七、蛇虫汚衣蜂蛛第八、魚鱉蟹亀第九、身体声音第十、鬼怪施風第十一、血光汚染物色第十二、竹木花果蚕怪第十三の諸篇（中国日用類書集成本、以下同）があり、カテゴリ毎に占辞を集成する。

このうち最初の逐日干支諸怪第一は、暦上の日付を八もしくは十二に区分し、それぞれの日に怪異に遭遇した場合の吉凶を述べるという、やや特異な占法である。一方、第二以降は先に見たような中世の通俗占書に近く、特定の怪異に対する占辞を列挙する。

例えば「凡そ人家の屋内の梁木上に忽として飛蟻を生じて起《とびた》てば、家長の死亡を主る。柱上に忽として白き螻蟻《けらやあり》生ずることは、左辺なれば長子の亡《しぼう》を主り、右辺なれば、小口《みせいねん》の亡を主る。」（第二）、「鼠或は夜に或は昼に忽として自ら地に落ちて鳥〈鳴〉叫すれば、横財（思わぬ収入）を得るを主り、大吉。」（第六）、「宅院内の竹木自ら死すれば、子孫の分居・拋離《べつり》を主る」（第十三）など、一家や個人の吉凶をうらなう点は中世の通俗占書と共通する。なお、占辞に言う「主《つかさど》る」とは、その怪異の有無が以下の吉凶をつかさどる、つまり「〜という未来の予兆である」ことを意味する。

一方、中世の通俗占書とは異なり、辟邪呪術に言及する占辞は少ない。例えば占辞を検証してゆくと「凡そ羊の忽として人の屋舎に入ること及び厨房に入ることあれば、須《すべから》く火盗を防ぐべし」（第五）、「凡そ諸般の野禽・走獣人家に進《はい》れば、大いに不祥あり。僧・道に請いて禳災すべし。則ち吉。」（第五）、「樹木の宅院に背きて順ならざるは、枝柯《えだ》外に朝《む》けば返枝と名づく。枝蔭《かげ》に朝けば家と別る。必ず須く之を伐るべし」（第十三）などのように、簡単な対応策に言及するのみである。

実は辟邪呪術ついては、百怪書法の末尾に詳しい記述がある。

①凡そ人家に怪を見るに、好悪《こうあく》説く莫《な》かれ。古えの言に「怪《かいい》を見るに怪《あや》しむ莫かれ。其《も》し怪めば自《みずか》ら害す。」と。凡そ人家に但《た》だ怪《かいい》を見る者は、虔心《けんしん》もて香灯《こうとう》・浄水《じょうすい》を備え、静夜に潔浄にして、門に当たりて供養すること、宅の大小に合す。啓《もう》すらく「北斗第六・輪怪真君・天神地祇・日月三光に請う。伏《ふ》して望《のぞ》まん、昭鑑《かくにん》して放赦《ほうめん》し、人に随いて自ら已《や》まんことを。」と。祝神《しゅくしん》已《すで》に畢《おわ》りて其《そ》の後、照依《かくにん》して後に小符を書画し、怪を見たる人に与えて之を帯ばしめ、大符を書画して壓《おさ》えて怪処に帖《は》れ。三日の後、浄水の碗の内に化《もや》し、流水の処に送りて去れば、自然と吉なり。

さらに続く「伝授鎮諸怪符法」では、次のように述べる。

②歯を叩くこと三通《たび》、浄水を含むこと一口、東方を向きて之を噀《ふ》き、呪《まじな》いて曰く「咄《こりゃ》、赦赦陽陽として日 東方より出でん。吾れ此の符に勅して、普《あまね》く不祥を掃わん。口は三昧《さんまい》の火を吐き、眼は門邑の光を飛ばさん。怪を捉うるに天蓬力士を使《つか》わし、疾を破るに穢跡金剛を用てす。妖

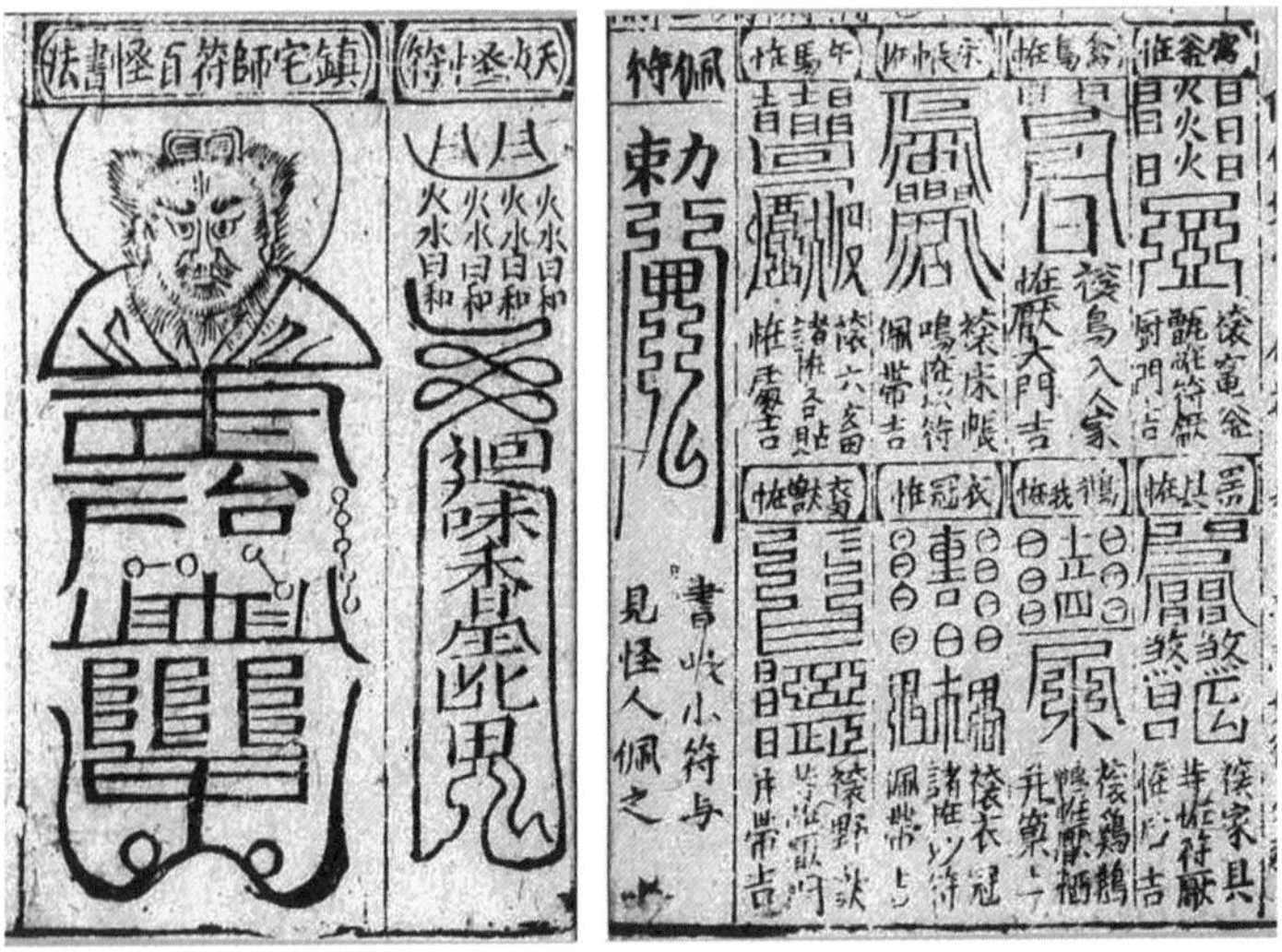

図2　『五車抜錦』巻32法病門「百怪書法」の呪符（『中国日用類書集成』より）

怪を降伏すれば、化して吉祥と為る。急ぎ急げ律令勅の如くせよ。」と。

この両条はいずれも道教的要素を持つ辟邪儀礼である。つまり、ここでは辟邪呪術を占辞ごとに記すのではなく、諸神への誓願や呪語など、辟邪方法を一括して掲載するのである。

また両条とも呪符に言及するが、それらは後掲の大一枚・中二枚・小八枚を指すと考えられる（図2）。①の辟邪儀礼では「佩符」と「妖怪符」、もしくは怪異に合わせて「竈釜怪」符以下の八符から適当なものを選んで用いたのだろう。②はやや判然としないものの、おそらく左端にある「鎮宅師符百怪書法」の呪符を用いたのではないか。呪符を携帯したり貼ることで、邪悪なものを遠ざけ、その場を鎮めると考えられたのである。あるいは「百怪書法」という名称も呪符にちなんだものだろう。

ところで、ここまで見てきた限りでは、この百怪書法には、怪異を起こす鬼神への言及がなかったが、実は冒頭の逐日干支諸怪第一に言及がある。この篇の後半では、日を十二支で分け、それぞれの日に特定の怪異を見た場合の吉凶を述べるが、各日には怪異を起こす鬼神が配当されていた。例えば、子の日の場合は次の通りである。

> 子の日に怪《かいい》を見れば、乃ち人神・司命 妖《かいい》を為す。父母の衰患を主り、九十［日］内に凶を至す。蛇の怪は官事・口舌を主る。狐狸の怪は死亡有るを主る。鼠雀の怪は行人の信《てがみ》至るを主る。甑鳴は家神の願を欠くを主る。母鶏の啼くは春蚕の旺《さか》んなるを主る。犬の怪あれば家に不明の事有り。鵲屎して衣に沃《そそ》ぐは孝服を主る。六畜の怪あれば牛馬 興旺す。猪狗の怪あれば大財を失うを防ぐ。虫鼠鳥の怪は財を得るを主る。鼠 衣服を咬《か》めば［財を得］。

傍線部に見える鬼神は、あくまで直後の占辞に言う父母の災禍のみをつかさどるとも考えられるが、冒頭で言及する以上、ほかの怪異への関与も連想されたことだろう。

以上、宋代以降では、単独で流布した通俗占書を見いだすことはできないが、人々の社会生活に合わせて書かれた日用類書の中に、通俗占書の内容が色濃く反映されていた。それは敦煌の通俗占書と比べてやや洗練された印象を受けるものの、その性格や特徴は大きくは変わってはいない。怪異をうらなう営みは、通俗信仰を通じて人々に広く浸透し、社会通念となっていたのである。

四　通俗占書の利用と宗教者の関与

ここまで前近代の通俗占書について見てきた。怪異を予兆と見なす観念は、古代社会において成立し、占辞の変遷や多様化を経ながらも、その営み自体は近世まで受け継がれてゆく。

しかし、一方で怪異をめぐり人々は様々な対応を強いられることとなった。既に第一章で見たように、漢代では怪異に遭遇した賈誼が自ら占書を開いてうらなっていた。しかし、怪異は多種多様であり、必ずしも占書《マニュアル》を読めば解決するようなものばかりではなかった。そこで怪異に遭遇した人々は専門家を頼ることとなった。ここでは『旧唐書』巻五十七・劉文静伝の記事を取り上げてみたい。劉文静は裴寂《はいじゃく》とともに唐建国に尽力した功臣であった。しかし、このときは裴寂の方が重用され、また朝議においても対立することが多かったため、二人の関係は悪化していた。

（劉）文静嘗《かつ》て其の弟たる通直散騎常侍の文起と酣宴するに、怨望を出言し、刀を抜き柱を撃ちて曰く「必ず当に裴寂を斬るべきのみ！」と。家中に妖怪数《しば》しば見《あらわ》る。文起之を憂い、遂に巫者を召して星下に於いて被髪もて刀を銜《くわ》えて、厭勝《ようしょう》の法を為す。……（中華書局標点本）

傍線部に言う「妖怪」はここでは怪異現象を意味する。裴寂を強く恨んだ劉文静の邸宅では、詳細は不明だが、何らかの怪異がたびたび起こっていた。それを不吉と感じた文起は、巫を呼び、夜に被髪《ざんばらがみ》で刀をくわえて厭勝が行われたという。巫とは、民間の宗教職能者のことであり、社や祠廟、街中などで活動した一方、唐代では占卜を掌る太卜署にも巫師の官があった。彼らは人々の求めに応じて（ときには自ら売り込み）、占卜《うらない》や厭勝《まじない》等を行った〔中村一九九二〕。

ここでは、不吉を感じた文起が巫を呼び、呪術儀礼を行ったという。文起らも多少の怪異知識を持っていたろうが、不安を感じた折には、やはり専門家の判断を仰ぐべきと考えたらしい。そこでおそらく、巫が改めて怪異をうらない、その結果により行うべき呪術儀礼を決めたのだろう。次の史料スタイン四四〇〇もこうした怪異への不安から専門家を頼った一例である。

維《こ》れ大宋太平興国九年、歳次甲申、二月壬午朔《ついたち》の廿一日壬寅、勅帰義軍節度使・特進検校太師兼中書令・敦煌王曹〔延禄〕、謹んで①百尺の池の畔《ほとり》に於いて、地に孔穴自ら生ずること有り、時に常に水入りて停る無く、旬《とおか》を経ても亦た断絶せず。遂に心中をして驚愕せしめ、意内をして惶忙《おそれ》せしむ。是れ上天の禍を降すかを知らず、是れ土地の変出づるかを知らず。伏して斯《か》くの如き災の現るを観《み》るも、所事《もろもろのこと》は吉凶を暁《あき》らかにし難し。怪異は多般《さまざま》なれば、只《た》だ暗《ひそか》に来りて攪擾《こんらんさせる》するを恐る。②遣《や》りて陰陽師に卜《うらない》を問わしむるに、『百怪書図』を検看《にてらしあわせて》して、或いは宅中に病患ありと言い、或いは家内に死亡ありと言い、或いは口舌相連《あいつら》ぬと言い、或いは官府に事起くと言う。処避逃に無ければ《のがれることもできないので》、其の殃祟を解かん。謹んで良月吉日を択び、法に依りて、書符、清酒雑菓、乾魚鹿肉、銭財米飯を備具し、是れらの事は皆な新にす。敬んで五方五帝、土地陰公、山川の百霊、一切の諸神を祭りて已後《いご》、伏して《つつしんで》願わん、東方の怪は其の東方に還り、南方の怪は其の南方に還り、西方の怪は其の西方に還り、中央の怪は其の中央に還り、天上の怪は其の天梁に還り、地下の怪は地に入り深く蔵《かく》れんことを。怪は符に随いて滅び、地に入りて妨げ無きことを。更に望まん、府主の遐受《ちょうじゅ》〈寿〉、永く災祥無きこと、宮人安楽せんこと、勢力康強ならんこと、社稷興晟《さかえ》せんこと、万代に吉昌あらんことを。或いは異心《ふたごころ》悪意有れば、自ら其の殃《わざわい》を受けん。妖精邪魅は、害傷《ひとをきずつける》せしむること勿かれ。兼ねて城人の喜慶、内外の恒康《ながくやすらかなること》に及ばん。病疾は遠く離れ、福は本郷《ここ》に来たれ。更に邪魔の悪寇《よこしまなこうげき》有れば、密かに欽伏の当方に投ぜん。今、単礼を将《もっ》て、神王に献奉す。災を転じて福と成せ。特だ降りて嘗せんことを請う。伏して惟《た》だ饗を尚《こいねが》うのみ。

唐末五代から宋の初めにかけて、敦煌一帯は帰義軍節度使の支配下となっていた。文中に見える曹延禄は、吐蕃を駆逐した張氏に代わってこの地域を支配した曹氏帰義軍節度使の一人である。史料によれば、池のほとりに忽然と穴が空き、そこに池の水が流れ込んで十日すぎても止まらなかった（傍線部①）。この怪異を恐れた延禄が「陰陽師」に占断を依頼したという。「陰陽師」は、『百怪書図』という絵入りの占書を検索して、この怪異が家中の病気や死亡、舌禍や諍い事、官署での変事などの予兆だと述べた(傍線部②)。そこで曹延禄が主人となり、五方五帝以下の諸神に対する祭祀が行われた。右の文は、諸神に供物を捧げて饗応の場に就くことを求める。そして神々に請願して怪異を鎮めさせ、予見された凶事や災禍が現実のものとならないことを祈ったわけである。

さらに曹延禄はこの約一か月後も同様な祭祀を行っており、怪異への言及はないものの五方五帝以下の諸神に宅舎の安寧や凶神悪鬼の消滅などを祈願した祭文が残る(ペリオ二六四九)。劉永明氏は二度にわたる祭祀儀礼の目的を、前者は、怪異を「天地の神霊の譴告とみな」し、「神霊に贔屓を求め、家内を鎮撫して各種の禍を消去」しようとしたため、後者は、府内や一帯の不安、軍内部の恐怖などに対し、これらを守護する神霊を通じて安定化をはかったためだと指摘する〔劉 二〇〇二〕。

問題はこの「陰陽師」の存在やその知識の由来である。「陰陽師」については、岩本篤志氏が「伎術院の構成員や州学の陰陽学生」であった可能性を指摘する〔岩本 二〇一一〕。また、この時代は、帰義軍の参謀に「陰陽・五行・天文・暦法・占卜・葬喪等の専門知識に精通」した学者を採用していた〔馮 二〇一三〕。したがって、いずれにしても、曹氏帰義軍政権は、怪異をうらない、辟邪儀礼を行う専門家を擁していたと考えられる。

一方、ここで行われた儀礼は、道教の醮祭に由来しつつも、通俗信仰と混淆したものとされる〔劉 二〇〇二・余 二〇〇六・岩本 二〇一一〕。道教の正統な醮祭とはやや異なるとはいえ、先に通俗占書で見たような素朴なまじないからすれば、より体系的かつ洗練された儀礼形式と言える。右の史料の中でも『百怪書図』なる通俗占書が使われており、おそらくその中にも簡単な辟邪呪術への言及が

図3　『陰陽備用選択成書』巻10・疾病門・醮祭図（広島市立中央図書館所蔵）

あったと思われるが、大々的に怪異を鎮めようとした場合には、このように専門家の主導の下に本格的な祭祀儀礼が営まれたのである。

最後に取り上げる図3は元代の通書（諸事の吉日を選び、凶日を避けるための書物）である『陰陽備用選択成書』巻十・疾病門に載録された醮祭の図である。その説明に次のように言う。

凡そ人の息《あんそく》を祈り福を請うこと、或は過《あやまち》を謝して災を禳《はら》うこと、亥の後より丑の前（午後九時〜午前三時頃）に清浄の処に於いて、一香卓を設け、紙銭・駞馬・清茶・酒菓等の物を用て、一醮疏《しょうそ》（神々に上奏する文章）を書きて、道士或は巫流に命じて、虔《つつし》んで請いて謝を修めしめば、則ち其の病自《おのずか》ら能く消釈す。……

これは怪異の鎮圧ではなく、治病祈願のための醮祭だが、冒頭に言うように辟邪儀礼の一種であるから、これまで見てきた儀礼とも通底する。画中で祭壇の前に跪く男性は、祭祀の依頼主であり、その傍らに立つのが文中に見える「道士」であろう。彼らは専門家として儀礼全体を取り仕切った。祭祀は亥から丑の刻、つまり夜中に星下で行われた。この点はこれまで見てきた儀礼とも共通する。また実は、図の下段には醮疏のテンプレートが引かれ、昊天金闕玉皇大帝を筆頭に、星主北極紫微大帝・上清十一曜星君といった星神の名も見える。つまり、これらの星神の霊験・加護を得るために、夜間に行われる必要があったのだろう。

注目すべきは、ここで道士と並んで巫者（「巫流」）も挙げられている点である。つまり、こうした儀礼は、教団を背景に持つ道士のみならず、在野の巫者にも受容されていた。彼らもまた官民の求めに応じて儀礼を行っていたのである。

おわりに

本章では、通俗信仰の文脈における怪異とそれに対する人々の営みについて見てきた。祥瑞災異思想を受容した通俗占書には、勅撰系占書と共通する怪異が多く載録されているが、占断結果が家や個人の範囲にとどまることや、鬼神の関与、凶兆に対する辟邪呪術など、勅撰系占書にはない特徴を見いだすことができる。勅撰系占書にこうした内容が見られない背景には、鬼神を語ることを戒めたり、まじないによる消災を批判し、修徳により怪異の解消を第一とする儒教理念があった。つまるところ、勅撰系占書は、国家が掲げる儒教理念にそってまとめられた占書であった。

それに対して、通俗占書は、儒教理念を超えた社会通念レベルのニーズに対応した占書と言える。通俗占書が実際どれほど読まれていたのかははっきりしないが、近世の日用類書に見えることから、その知識は官民を問わず広く受容されていたと考えられる。それはおそらく識字層を媒介として非識層にまで浸透していたであろう。人々が怪異に遭遇したとき、こうした知識はある程度不安の解消に役立ったはずである。しかし、置かれた境遇や状況により強い不安を感じれば、さらに手厚い対応を求めて専門家を頼ることもあった。それが第四節で見た道士や巫、「陰陽師」らである。彼らは宗教施設や市中で活動したり、ときに官僚制度の中に取り込まれながら、怪異を鎮めるための本格的な祭祀儀礼を主導した。

このような怪異をめぐる営みを見てくると、怪異知識は、単に占辞やそれに関する記事のみで捉えられるものではなく、こうした知識を享受する人々、さらにより深く実践する専門家の存在まで多角的・多層的に捉えねばならないものだと総括できる。そこから、儒教理念とはまた異なる、基層社会における人と怪異のあり方が見えてくるだろう。そして、そのあり方は、隋の文帝に取り入った蕭吉《しょうきつ》の例に見られるように皇族や王侯階層においても見出しうる〔余 二〇一五〕。本章では、それを通俗信仰という基底から説き起こしてみた。

参考文献

岩本篤志 二〇一一 「敦煌占怪書「百怪図」考――杏雨書屋敦煌秘笈本とフランス国立図書館蔵本の関係を中心に」『敦煌写本研究年報』第五号

王晶波 二〇一三 『敦煌占卜文献与社会生活』甘粛教育出版社

王明欽 二〇〇四 「王家台秦墓竹簡概述」艾蘭・邢文編『新出簡帛研究』文物出版社

関長龍 二〇一九 『敦煌本数術文献輯校』中華書局

金文京 二〇〇七 「『事林広記』の編者、陳元靚について」『汲古』第四七号

呉蕙芳 二〇〇一 『萬宝全書――明清時期的民間生活実録』国立政治大学歴史学系

小林春樹・山下克明 二〇〇七 『「若杉家文書」中国天文・五行占資料の研究』大東文化大学東洋研究所

酒井忠夫監修・坂出祥伸・小川陽一編 一九九九 『五車抜錦（中国日用類書集成一・二）』汲古書院

佐佐木聡 二〇一二 「法蔵『白沢精恠図』（P.2682）考」『敦煌研究』第三期

佐々木聡 二〇一三 『『開元占経』閣本の資料と解説』東北大学東北アジア研究センター

佐々木聡 二〇一四 「災異思想と『開元占経』」水口幹記『古代東アジアの「祈り」』森話社

武田科学振興財団杏雨書屋編 二〇〇九～二〇一三 『敦煌秘笈』武田科学振興財団

長沢規矩也編 一九七六 『和刻本類書集成 第一輯』汲古書院

中村治兵衛 一九九二 『中国シャーマニズムの研究』刀水書房

馮培紅 二〇一三 「唐五代参謀考略」『復旦学報（社会科学版）』第六期

松本浩一 二〇〇一 『中国の呪術』大修館書店

游自勇 二〇一二 「『白沢精怪図』所見的物怪」黄正建主編『中国社会科学院敦煌学研究回顧与前瞻学

術研討会論文集』上海古籍出版社
游自勇二〇一三「敦煌写本『百怪図』補考」『復旦学報（社会科学版）』第六期
余欣 二〇〇六「唐宋敦煌醮祭鎮宅法考索」『敦煌研究』第二期
余欣 二〇一五「中国中世における陰陽家の第一人者——蕭吉の学と術」佐々木聡・大野裕司訳、東アジア恠異学会編『怪異を媒介するもの』勉誠出版
劉永明 二〇〇二「試論曹延禄的醮祭活動——道教与民間宗教相結合的典型」『敦煌学輯刊』第一期
Gallica(BnF), https://gallica.bnf.fr/（最終閲覧日二〇二一年八月二六日）
IDP(国際敦煌項目), http://idp.bl.uk/（最終閲覧日二〇一三年三月八日）

附記一　史料は全て書き下しとしたが、読み易さを考慮して適宜ふりがなを付した。その際、通常の音訓ではなく、語や句の意味をふりがなで示した箇所もある。また、底本の脱字は［　］で補い、訂正して読むべき字は〈　〉で示した。なお、特に敦煌文献の校訂の際には、岩本 二〇一一・王 二〇一三・関 二〇一九・游 二〇一三・劉 二〇〇二を適宜参照した。

附記二　本章の執筆・修正の過程において、大東文化大学・山下克明氏より多くの御教示を賜ったこと、ここに御礼申し上げます。

附記三　本章は、科研費18H03573、同18K00978、同20K13207による成果の一部である。

怪異から考える

◉各論

王権と怪異

◎第1部

久禮旦雄● KURE Asao

東アジア怪異学会の最初の論文集『怪異学の技法』において、初代代表の西山克は「物言う墓」と題して、多武峰・水無瀬神宮・多田院という宗教施設が中世においてしばしば「鳴動」したことを論じた〔西山 二〇〇三〕。それに先立つ論文「中世王権と鳴動」では、多武峰とともに石清水八幡宮や将軍塚の「鳴動」について論じ、「王権の危機の予兆として鳴動する」「始祖の神霊が暴虐な子孫に警告を発する音、あるいは声」「始祖の神霊が子孫の危機の予兆として鳴動する」という特徴があるとし、「それは董仲舒的な天人相関説の範疇からは逸脱している。…日本中世の鳴動に際しては、始祖神の存在が反復して想起されている」と指摘した〔西山 二〇〇二：一三一〕。

一　警告する始祖たち

このような始祖の神霊による子孫への警告というあり方の拡大は、日本中世に特有の現象といえる。古代においては、天皇の山陵がしばしば現在の天皇に対して「祟」「怪異」のかたちをとって警告を発した。例えば、『続日本後紀』承和七年（八四〇）六月己酉条には、「物恠、内裏に見ゆ。柏原山陵（桓武天皇陵）崇を為す」とある。また、同承和十年（八四三）四月己卯条によれば、去る三月十八日より「奇異」のことがあり、調査させると、神功皇后の陵と成務天皇の陵を「口伝」に従って祭祀していたところ、取り違えており、神功皇后陵の「祟」を招いたため、改めて祭祀を行わせたという記事が見える。有名な早良親王（崇道天皇）のような非業の死を遂げた人物の「怨霊」とは違う、山陵に宿る過去の天皇・皇族による「祟」を示す「物恠」「奇異」の例である。しかし、この段階では藤原氏の墓、例えば藤原鎌足や不比等の霊の働きというものは確認出来ず、その後も良房や基経の霊も活動した様子は見られない。

中世に入り、古代においては歴代天皇の山陵のみに限定されていた子孫たちへ警告する権利が、多武峰の藤原鎌足（藤原氏の始祖）、多田院の多田満仲（摂津源氏の始祖）のような有力公家・武家の始祖の墓と、それに宿る神霊たちにも認められるのである。平安京の危機に際して鳴動するという将軍塚も、西山氏が指摘するように、『平家物語』では福原遷都に際して活動し、桓武天皇が造った都を子孫である桓武平氏の平清盛が放棄しようとすることへの、桓武天皇の霊の警告とみなされていた。また後鳥羽院を隠岐において崩御せしめた鎌倉幕府を倒し、同時に後鳥羽院の倒幕の遺志を継いだ後醍醐天皇の勢力を吉野に追いやった足利氏の室町幕府にとって、水無瀬神宮に祭られる後鳥羽院の神霊は常に緊張感をもって祭祀を行わなければならない守護神であった〔西山前掲 二〇〇二・二〇〇三〕。

このような、有力公家・武家の始祖たちの子孫たちへの警告という、中世の怪異の代表的なかたちはなぜ生まれたのか。それは中世社会自体の成立の経緯とそのあり方を視野に入れることで明確になる。

吉川真司によれば、九世紀後半以降、律令国家の税制である調庸制が衰退し、国家財政は危機に瀕することとなった。それにより、中下級官人への給与の支払いは停滞し、彼らは「院宮王臣家」と呼ばれる有力貴族の庇護を受けたり、諸官司に特定の職能により結合したりすることにより、生き残りをはかることとなる。これにより「一握りの門閥貴族が王権を囲繞し、特定の官司と受領と世襲的家業が実務に携わる」社会が到来したのである〔吉川 二〇〇二：四九―五〇〕。その過程において、国家が掌握していた知識や財源は、例えば陰陽道の安倍・賀茂氏や算道の三善・小槻氏のような、それを担っていた人々とともに拡散・分配されていくこととなる〔佐藤 一九八三〕。

このような社会のあり方は、十一世紀後半の荘園制の成立とともに、よりそれぞれの勢力の独立性を高めたかたちに発展していく。黒田俊雄はこれを「権門体制」と称し、「公家・武家それに大寺社などの権門勢家が対抗しながら並立して一つの支配秩序を形づく」り、「天皇を国王の地位に据えながらも最有力な権門が国政の実権を掌握する政治形態が…国家体制の基調となる」時代としている〔黒田 一九八三：一二三―一二四〕。

まさにその時代にこそ、国家の中に重要な地位を占めることとなった有力公家・武家＝権門の始祖たちの警告は、国家的危機の予兆として評価されることになったのである。それは朝廷（王権）が陰陽寮・神祇官により独占していた「怪異」の判断のシステムを残しながらも、そこに既に予兆と見なしうるものを報告してくるということによって、その内容を変質させていくものであった。

二　神々の合議

『平家物語』巻一「願立」には嘉保二年（一〇九六）の出来事として、比叡山延暦寺の僧侶の強訴に対して、関白藤原師通が武士を派遣し、それを撃退させたところ、まもなく師通は夭折し、これを比叡山の呪詛と、それによる日吉山王や八王子権現の「とがめ」によるものであったと述べている。比叡山や興福寺の強訴が恐れられたのは、その直接的な武力ではなく、このような「とがめ」によることを物語る一節である。

また、院政期に藤原氏の閑院流から出た徳大寺家は、のちに太政大臣を極位とする清華家とされるが、もともとはその祖実能の妹である待賢門院璋子が鳥羽天皇に入内したことにより、その政治的地位を固めた。佐伯智広は、徳大寺家の家領となる荘園がしばしば賀茂別宮の所領とされていることに注目し、もともと鳥羽天皇の出生の時に祈願した賀茂社を閑院流が勧請し、さらに徳大寺家が別宮とすることで経済的基盤の構築にも利用されたとする。さらに仁安元年（一一六六）に、賀茂大明神が天下の政治が悪いため、日本から立ち去るという夢告があったと天皇・摂政に報告されたこと（『百練抄』『古今著聞集』）について、当時不遇であった徳大寺家が、自らの政治的要求のために夢告の報告をさせたのではないかとしている〔佐伯 二〇〇三〕。つまりこの時期の神社は特定の家と結合し、その政治的・経済的な基盤を築くために様々な活動をしていたのである。

さて、このような公家・武家の始祖神や氏神としては藤原摂関家の多武峰（藤原鎌足）と春日社、清和源氏の多田院（源満仲）と石清水八幡宮、さらに比叡山延暦寺の守護神の山王権現、園城寺（三井寺）の新羅明神などがあげられる。それらの神々は時に鳴動を行い、時に「とがめ」を発して、朝廷や、自らの子孫などの守護対象者に警告を行い、あるいはその権益を拡大するために活動をした。また神仏による「仏罰」「神罰」は、荘園を侵略する武士や税を納めない荘民に対しても向けられ、中世の寺社勢力の権威を支えた〔平 二〇〇五・衣川 二〇一九〕。

しかし、そのような神々の活動も、その多くが一度朝廷に報告され、何らかの対応を引き出す必要があったことに注意したい。ここに分権的である中世社会において、諸権門が天皇と朝廷を尊重しているという状況を見て取る事ができるのである。

再び『平家物語』を引こう。巻五「物怪之沙汰」には、中納言源雅頼に仕えていた侍が見た夢として、大内裏の神祇官に神々が集い、日本の未来について協議している。平家の氏神である厳島明神はその場から追い払われ、軍事力の象徴である節刀を、八幡大菩薩が自らの子孫の頼朝に授けようとし、それに対して藤原氏の氏神である春日明神が、その後は私の子孫にも…と発言したと語っている。これは平家を滅ぼした源氏の将軍が三代で絶えた後、摂関家出身の九条頼経が四代将軍となったことを予知した夢、ということであろう。まさに諸権門の代表者の如く、神々は内裏に集い、国家の未来を協議していると考えられていたのである。

比叡山延暦寺の座主を務めた慈円は、摂関家の九条家出身であり、将軍九条頼経とも縁戚であり、『平家物語』の成立にも関わったとされるが、その著書『愚管抄』には「トホクハ 大神宮ト鹿島ノ大明神ト、チカクハ八幡大菩薩ト春日ノ大明神ト、昔今ヒシト議定シテ世ヲバモタセ給フナリ」（巻七）とあり、また大職冠（藤原鎌足）を「臣下ノハカラヒニ仏法ノ力ヲ合テ」国家の統治を行うべきとした人物（巻三）としている。伊勢神宮（皇室）・八幡大菩薩（伊勢神宮に次ぐ皇室の祖先神であり、源氏の氏神）、天児屋根命（藤原氏の氏神である春日明神）の一体化、そして国家・朝廷と仏教の一体化が、神話として語られている。その上で慈円は、後鳥羽上皇が傾斜していく鎌倉幕府との対立を避けるべきことを主張した〔大隅 一九八六〕。それは果たされなかったのだが、諸権門の調停の神話化というべき神々の合議というかたちは、政治的意味合いをもって主張し、一定の広がりをもっていたことは事実である〔笠井 二〇〇五：一四―一五〕。

三　もう一つの国家

鎌倉幕府を開いた源頼朝を出した清和源氏は、元来武力を扱う中規模の権門であった、しかし頼朝以降、幕府がその勢力を拡大し、執権北条氏のもとで承久の乱に勝利し、西日本までその支配を及ぼすと、その勢力は朝廷に匹敵する、もう一つの国家の様相を呈してくる。執権北条泰時は、自らが制定した『御成敗式目』を「この式目は…武家の人へのはからひのためばかりに候。これによりて、京都の御沙汰、律令のおきて、聊もあらたまるべきにあらず候也」（北条重時宛北条泰時書簡）としたが、鎌倉時代後期になると、例えば『十六夜日記』の著者である阿仏尼のように、京都の貴族の相続に関する訴訟にために鎌倉に向かう者も現れた。人々が自らの権利の主張のために鎌倉に向かう時代に、神々はどのように行動したのだろうか。それを論じたのが本章の赤澤・山田論文である。

赤澤春彦「鎌倉幕府と怪異――『吾妻鏡』の怪異を読む」は、鎌倉幕府の歴史書である『吾妻鏡』にみえる「怪異」記事を分析し、初代将軍の頼朝の時代には、その挙兵を正当化するために鶴岡八幡宮や鹿島社といった東国の有力社が託宣や怪異を示したとされていること、さらに四代将軍頼経の時代には、京から頼経とともに下向した陰陽師（のちの「鎌倉陰陽師」の源流）の活動により、怪異記事が増加することが指摘されている。神祇官を持たず、八幡大菩薩を氏神とする権門であり、同時に准国家的な性格も有していた鎌倉幕府の成立と展開が「怪異」にいかに反映しているのかについては、今後も検討の余地が多いに残されている。

一方、山田雄司「社寺と怪異――春日社の山木枯槁を中心に」は、鎌倉時代に形成された春日社特有の「怪異」である「山木枯槁」について論じている。「山木枯槁」は春日山の木が枯れるという現象であり、軒廊御卜の対象ではなく、藤原氏の氏長者により春日社で神楽が行われるというこれもまた独自の対応が行われている。また『春日権現験記絵』では鎌倉幕府の支配下にある地頭と興福寺(春日社と一体の関係にあった)が対立した際に「瑞火」が西を指して飛び去り、神楽を行ったところ再び戻ってきたと記す。これは春日明神が社から立ち去ろうとし、そのために春日山の木が枯れたという「怪異」であり、幕府はこれにより大和国の地頭職を廃止したという。武士との対立の中で、より強力な「神の退去」という事態が主張されたことは注目される。

平安時代以降、京を中心に形成された「怪異」のあり方は、鎌倉幕府の成立・発展とあわせて、関東に移植される。その一方で、京の近くではより大きな影響力をもたせるために、その「神々がこの地を立ち去る」というより衝撃的な内容を伴う「山木枯槁」が主張され、さらにその視覚化として『春日権現縁起絵』に描かれることになる。日本国内の「怪異」の東西比較というテーマも興味深い。

また、細井浩志「古代日本への「天」の思想の伝来」は、日本における「天」の思想の受容について論じ、古代において、個別の地域や氏の神を超える存在としての「天」に相当するものを日本が構築しなかったことが、中世に入り儒教が本格的に受容され、朝廷を凌駕する権力を行使する勢力が出てきても、王朝交替を成立させなかったと指摘している。

四　分裂する怪異

室町・戦国時代になると、摂関家や室町将軍家だけではなく守護大名や国人領主といったさらに小規模な「家」も怪異と関わりを持つようになる〔西山 二〇一〇、高谷 二〇一〇〕。それは国家権力の分裂がもたらした事態であった。近世に入ると、統一権力は再び新たな神々と権力との関係を構築することとなる。それは例えば、新たに豊臣姓を賜って家を興し、自ら始祖神となった豊臣秀吉＝豊国大明神であり、新たな徳川将軍家を創出し、同じく始祖神となった徳川家康＝東照大権現であった〔西山 一九九三・曽根原 二〇〇八〕。しかし、それらの始祖神・守護神とその子孫との関係は、室町以前のような警告を行う存在とは異なっていた。むしろかつてのような神や霊と人との緊張関係は、より小規模な家において確認できるようになる。それを考える上で重要な視点を与えてくれるのが、南郷晃子「奇談と武家家伝――雷になった松江家家老について」である。松江藩の武士である乙部九郎兵衛が死後雷神となったという『本朝故事因縁集』にみえる説話を論じたものである。そして乙部九郎兵衛の話は、本来奇妙な話として語られていたのを、その子孫である松江藩家老乙部家において家の由緒を語る伝承として再構成し、継承していったのに対し、その他の類似の伝承は、書き手・語り手によって異なる意味付けが与えられたとしている。

また、杉岳志「幕末の陰陽頭・朝廷と天変」では、安倍晴明の末裔である幕末の陰陽頭・土御門晴雄が朝廷に提出した勘文を分析し、彗星の出現を陰陽頭が凶兆としていないのに対して、公家たちはその判断をよしとせず、最終的には朝廷は祈祷を命じていることを指摘している。平安時代以来、天文・陰陽道の「家」である土御門家の知識のもとで、また現実的な判断も加味された勘文でありながら、公家たちは当時の「常識」をもとに否定的にとらえたのである。その後、幕末の社会的混乱の中で、現れた彗星を「凶兆」とする理解が朝廷で力を持ち、結局土御門家もそれに沿った勘文を出すことになる。近世公家の「家」の「知識」が近世末期から近代にかけて、社会の中でいかなる役割を果たしたかは今後も重要な研究課題であろう。

このほか、江戸の武家や地方の農家の「家」の問題も考える必要があるだろう。例えば『東海道四谷怪談』と、その原型とされる『四谷雑談集』、そして累の死霊と祐天上人との対峙を語る『死霊解脱物語』ではそれぞれ、入り婿による武家・農家の家の乗っ取りと、それに伴う妻の虐待・殺害が語られる。また、いわゆる「皿屋敷」伝承はいくつかバリエーションがあるが、いずれも武士による使用人の殺害が語られるが、これは中世ならば下人として、その屋敷内部での生殺与奪は主人の自由であった（石井、一九七六）。皿屋敷の物語は、主人の下人への生殺与奪の権の中世と近世の意識のずれから生まれたともいえるのである（榎村寛之氏の示唆による）。

五　霊は沈黙する

近代に入ると、明治民法においてヨーロッパ近代の法体系と、日本の「家」のあり方の接合が行われ、国民全てが「家」に所属し、「国民」として編成されることとなる。明治民法編纂の中心人物の一人である穂積陳重は、死者に対する対応として「幽霊愛慕」と「幽霊恐怖」があり、より古くから存在する「幽霊愛慕」に基づく祖先祭祀を結びついた日本の「家」制度は、キリスト教に基礎を置くヨーロッパの民法に対して決して後進的なものではない、と論じた〔村上一九八二〕。ここにおいて「家」とそれに結び付いた「霊」は人々を恐怖させるものではなく、守護するものという位置づけを与えられたのである。

参考文献
石井進　二〇〇五　「中世社会論」『石井進著作集　第六巻』岩波書店、初出一九七六
大隅和雄　一九八六　『愚管抄を読む　中世日本の歴史観』平凡社→一九九九、講談社学術文庫
笠井昌昭　二〇〇五　「〔改稿〕神話と歴史叙述――記・紀から『太平記』へ」同編『文化史学の挑戦』思文閣出版
衣川仁　二〇一九　『神仏と中世人　宗教をめぐるホンネとタテマエ』吉川弘文館
黒田俊雄　一九八三　「「院政期」の表象」同『王法と仏法　中世史の構図』法蔵館→二〇二〇、法蔵館

文庫、初出一九七六
佐伯智広　二〇〇三　「賀茂別宮と徳大寺家　家と怪異」東アジア恠異学会編『怪異学の技法』臨川書店
佐藤進一　一九八三　『日本の中世国家』岩波書店→二〇〇七、岩波現代文庫
曽根原理　二〇〇八　『神君家康の誕生　東照宮と権現様』吉川弘文館
平雅行　二〇〇五　「中世寺院の暴力とその正当化」『九州史学』一四〇号
高谷知佳　二〇一〇　「室町期の大織冠像破裂——中世における宗教的法理の射程」『法学論叢』一六七巻三号
西山克　一九九三　「豊臣「始祖」神話の風景」『思想』八二九号
西山克　二〇〇二　「中世王権と鳴動」今谷明編『王権と神祇』思文閣出版
西山克　二〇〇三　「物言う墓」東アジア恠異学会編『怪異学の技法』臨川書店
西山克　二〇一〇　「再論・室町将軍の死と怪異」『人文論究』五九巻四号
村上一博　一九八二　「穂積陳重博士の相続制度論　相続進化論と明治民法における「家」」『同志社法学』三四巻四号
吉川真司　二〇〇二　「平安京」同編『日本の時代史5　平安京』吉川弘文館

山田雄司 ◉ YAMADA yuji

社寺と怪異——春日社の山木枯槁を中心に

はじめに

◉中世社寺の怪異

中世の社寺で発生する怪異については、これまで東アジア恠異学会編の諸論考のなかで繰り返し考察されてきた。怪異の発生は病気や戦争などの予兆であるとされ、怪異を国家が管理して対処するというシステムが古代律令国家によって確立され、それは中世末まで続いた。怪異を管理し、支配下に置くことは王権の重要な役割の一つであり、国家と関わる場所においての怪異発生は、天皇や国家に災害をもたらす予兆ととらえられた。そのため、伊勢神宮・石清水八幡宮の二所宗廟をはじめとした神社や内裏、大寺院、特定の山や池などで発生する怪異は朝廷に奏上され、神祇官と陰陽寮による軒廊御卜や蔵人所御占などによって占断され、対応がなされた。

伊勢神宮・石清水八幡宮は、他の神社とは異なる宗廟として王権によって保護され、勅使による奉幣が行われ、様々な国家祈祷がなされ、そこで発生する怪異には細心の注意が払われた。また、そうした意識に応えるかのように、両所で発生した怪異は他の社寺と比べて格段に多い〔山田　二〇一四〕。

しかし、両所の怪異は質的に異なっており、伊勢神宮の場合は心御柱の違例、千木の頽落、葺萱の退落といった社殿の頽廃に基づく怪異が多いのに対し、石清水八幡宮の場合は社殿や八幡宮の鎮座する男山の鳴動が多くなっている。これは、伊勢神宮では式年遷宮が国家によって執り行われるため、社殿は常に整っていることが当然であり、一部でも崩壊していることは許されず、そこに神意のあらわれを読みとったからである。一方、石清水八幡宮をはじめ他の神社での怪異は鳴動である場合が多い。鳴動はいわば第三者が発生を確認することのできない怪異で、鳴動したと主張したならばそれを信じるしかないため、恣意的に怪異が「発生」している例も少なからずある。

◉多武峯の鳴動と鎌足木像の破裂

宗廟に次いで、藤原氏に関連する神社・廟での怪異も多い。春日社は藤原氏の氏神であり、多武峯には始祖鎌足の墓所があることから、これらの場所での怪異発生は、藤原氏さらには国家にとって大きな変調を来すものと考えられていた。多武峯での鳴動が山の東辺であれば国王に、南辺であれば藤原氏の長者に、北辺であれば藤原氏の氏人に、西辺であれば万民に、中央であるときは多武峯寺に異変があるものと信じられていた。

一方、奈良においては狼の吠える声が凶事の予兆であるとみなされていたことは興味深い。『大乗院寺社雑事記』明応七年（一四九八）六月四日条に以下の記述がある。

去朔日夜狼二三疋社頭之御供所ニ入吠畢、前代未聞希有事也、祇候神人以下令二迷惑一云々、権預祐松説也、惣而自二社頭一南方ニ村狼吠者、国中之大事凶也、自二社頭一北ハ寺門凶之由申習、只今事ハ寺社凶也、珍事可二如何題目出来一哉、

春日社の南方で狼が吠えると大和国中に大事が起こり、北方で吠えると興福寺・春日社に凶事が起きる予兆だという。

多武峯には固有の怪異が存在した。聖霊院に安置される鎌足木像が「破裂」すると、氏長者に注進され、占形が依頼され、陰陽師によって卜占がなされ勘申が行われる。そして、氏長者邸の庭上で長者が告文を懐中にして多武峯を遙拝し、告文使は下向して鎌足木像の前で奉幣と告文読誦を行い、氏長者邸では仁王経・大般若経の修法や維摩経の写経・奉納などが行われる。そして、鎌足木像の破裂は遅くとも十一世紀中葉には見られ、鳴動・光物とともに多武峯の示威の手段としての政治性を不可分にもっていたことが指摘されている〔黒田 二〇〇七〕。

本稿では伊勢神宮・石清水八幡宮についで国家にとって重要な神社であった春日社における怪異、その中でも山木枯槁という特殊な怪異に焦点をあてて考察してみたい。

一　山木枯槁の発生

春日社の怪異

春日社は藤原氏の氏神を祀り、平城京鎮護の官社でもある。そこでは国家鎮護的な役割をもち、神霊の咎め、移座の凶兆は、氏人はもちろん、春日社・興福寺にとっても、さらには国家鎮護の上からも等閑視できぬ重大な異変として畏怖された〔黒沢 一九八七〕。

春日社での怪異は、鳴動、虹立、鹿鳴、社殿・樹木の顛倒、神鏡落御、落雷、金・銀花開花、光物・穴・蛇・羽蟻出現、山木枯槁、神火、鍋鳴、狼吠など、多種多様な現象が起きたことが確認できる。これまで春日社の怪異については鳴動については考察されており、藤原鎌足が葬られているとされる多武峯御破裂山や鎌足神像の破裂との関係について言及されている〔松本 一九九五〕。鳴動については他所でもしばしば見うけられる怪異であるが、春日社で最も特徴的な怪異といえば山木枯槁であろう〔瀬田 一九九五、二〇〇〇〕。山木枯槁は春日社の東に聳える春日山の木々が一気に枯れることをさし、これが怪異とみなされて春日社では御神楽が奏された。この怪異は平安時代から確認することができるが、どのような対応がとられているか、以下具体的史料から見ていきたい。なお、春日山とは、現在は御蓋山（三笠山）の東にある山をさすが、花山、香山、御蓋山を含めて春日山と称された。

管見の限り、春日山の山木枯槁の記事の初見は、『百錬抄』文暦二年（一二三五）七月二十七日条の「此一両月、春日山木二千四百余本枯損云々、尤有二其恐一歟」という記事である。鳴動や神木顛倒など平安時代には見られる他の怪異と比べて、初見は古くないと言える。その時の枯槁について、『辰市家旧記』（『大日本史料』五―一〇―二〇三）には次のように記されている。

文暦二年乙未七月、当山樹木二千百四十八本枯凋云々、任二神護景雲御託宣記一、仰二中臣祠官正預能基一、七日七夜被二祈精〔請〕一之処、及二十月上旬一、枯木萌二青葉一、御山復二本気一了、於二御神楽一者、長者殿下東山殿家、御沙汰也、

また、『教言卿記』応永十二年（一四〇五）六月十四日条にも、「嘉禎元年（一二三五）閏六月之比、山木二千三百余本枯云々」と記されている。

◉春日社と石清水八幡宮との対立

春日山の山木枯槁が起きたとき、春日社では重大な事件が発生していた。興福寺領大住荘と石清水八幡宮領薪荘との間で用水に関する相論が起こり、大住荘民が薪荘民に打ち殺された報復として、興福寺衆徒が薪荘の在家六十余宇を焼打ちにして石清水八幡宮神人二名を殺害したのである。これにより六波羅から武士が遣わされ、大住荘官等が捕らえられた（『百錬抄』『明月記』六月三日条等）。そうしたところ、閏六月十四日には春日一殿の神鏡が破れ落ちるという怪異が発生、二十五日に興福

寺衆徒は再び蜂起し、興福寺別当円実は職を辞した（『明月記』）。そして、七月二十七日には衆徒らが訴訟を起こそうと神木を本殿から移殿に遷した。そうしたときに春日山の山木枯槁という現象が起きたのである。

ここで神鏡落御という怪異が発生していることにも注意したい。春日社には大宮四殿と若宮一殿の神前御簾上部に「六面之御正体」と呼ばれる六枚の神鏡が絹糸で奉吊されており、これが切れて神鏡が落下すると、国家に怪事凶事がふりかかる前兆として恐れられて朝廷へ報告され、御神楽が勅命により差遣された（岡本 二〇〇三、二〇一六）。春日大社蔵『文久二歳之記』文久二年（一八六二）正月十九日条にはその勘例が記されている。(1)

そして、嘉禎元年（一二三五）九月二十五日には、九条道家は氏長者として告文を春日・大原野・吉田という藤原氏の氏神を祀る三社に納め、春日神木動座および春日山山木枯損等のことを祈謝した。(2) これは、「且為レ貢二大明神之威光一免、且為レ増二法相宗之勝利一免」であった。

◉春日社の御神楽

また、春日山木枯槁により御神楽が催行されるのもこのときが初めてであった。天和二年（一六八二）五月日「新祐俊山木枯槁祈謝神楽催行勘例」によると、文暦二年三千四百本、嘉元二年（一三〇四）九月二十四日千余本、延慶二年（一三〇九）十一月八日二千八百本、観応三年（一三五二）六月二十六日八千二十本余、貞治五年（一三六六）九月二十日二千五百六十余本、応永十二年（一四〇五）六月六日六千四百余本、応永十四年二月十八日三千百余本、明応二年（一四九三）十二月九日八百四十余本、永正三年（一五〇六）九月十三日七千五百余本、大永五年（一五二五）六月二十日六百九十余本の枯槁があり、それぞれ御神楽が一七ヶ日遂行され、大永五年以後天和二年までは無沙汰となり、このほか恒例の御神楽はたびたび遂行された旨が記されている(3)。

春日大宮で執り行われる御神楽は、皇家国家の安寧を祈る「恒例御神楽」と変異・怪異が起こったときに執行される「臨時御神楽」があり、前者は一ヶ夜で勤めるもので、十世紀初頭から行われ、十一世紀になって恒例二季御神楽、十三世紀に恒例四季御神楽となるが、十六世紀中葉以降中絶した。一方後者は七ヶ夜にわたって行われ、幕末まで続いた。

臨時御神楽は大治二年（一一二七）十月十三日に執行されたのが初見で、七日七夜の御神楽が奏上されたのは文暦二年七月が最初とされる。しかし、その前後にも小規模の枯槁とそれに伴う九条道家による臨時御神楽が催されていたことが指摘されている〔池和田 二〇〇〇〕。木が枯れるという現象はこれ以前にも起こっているはずであるが、史料には見られない。おそらくはこのときに神の意思の現れとしての山木枯槁が「発見」されたのだろう。そして、枯木が再び青葉を取り戻すことは、去ってしまった神が再び戻ってきたと認識され、それは神木動座の際にも引き継がれ、神人たちは奈良から進発の際には枯れた榊を捧げ持ち、京都から帰座の際には青榊を奉持したのであった(4)。

二　由緒の形成

◉嘉元二年の山木枯槁

文暦二年の後は、嘉禎二年七月十九日（『春日社司祐茂日記』大日本史料五―一〇―八二四）、嘉禎三年二月十二日（『春日社司記』大日本史料五―一一―一四五）に山木枯槁の記事を見出すことができる。そして、嘉元二年（一三〇四）七月の山木枯槁は春日社にとって非常に重要な意味をもっている。春日社の由緒を語る最も重要な『春日権現験記』全二十巻の最後尾巻二十には、地頭設置という興福寺・春日社を揺るがした事件と関連して山木枯槁のことが記されている。その大意は以下のようである。(5)

嘉元二年興福寺寺僧の中に、大和国の地頭を追放した者がいた。これに対して鎌倉幕府は衆徒・神人など多くを捕らえて、当国に地頭を置いた。興福寺では歎き悲しみ、僧は皆逐電し、七月はじめから、春日山の木は、たちまち黄葉して葉が散ってしまった。神護景雲二年の御託宣に、藤氏繁昌、法相護持のために神が御笠山に跡を垂れ、もし神事に違例があり、政治がそれに対してなにもしないようなことがあると、樹木はたちまち枯れ、神は春日を去って天城に帰ってしまうという。人々の神が帰ってしまうと嘆く声が関東にも聞こえ、幕府はあわてて地頭設置を取りやめた。この沙汰がまだ南都に届かぬ前に、九月二十八日の夜、誰言うとなく、大明神がお還りになったと言って見てみると、四方の雲の色が光って涼風が吹くなどの奇瑞が起こり、神火が出現して社の中に入り、社頭では御帰座のように松明が二行に見え、また人が消さぬのに宝前の燈爐の火が一度に消え、それは御神楽を行っているときだったので皆驚いた。

◉神護景雲二年の御託宣

ここに記されている神護景雲二年の御託宣とは、『園太暦』観応三年（一三五三）五月十五日条に記される、春日社創建の際に鹿島から武甕槌命に付き従ってきた中臣秀行・時風にあったとされる託宣のことである。

神護景雲御託宣記
秀行、時風爾御託宣云、
汝等他〔多〕生劫之間、従レ吾天神慮不レ違須、依レ之託宣須、吾為二藤氏繁昌、法相護持一爾、御笠山爾
垂迹、而及二末代一天神事違例、政不レ受之時、樹忽可レ枯志、然者吾避二当山一天、天城爾還御登可
レ知志、其時氏人可二慎懼一也、但汝等子孫中臣殖栗連、致二潔済〔斎〕一凝二信心一、備二供物一天、七日七
夜令二祈年〔念〕一者、令二帰坐一給也、
神護景雲二年十一月二日

これは『春日権現験記』に記される内容と同じだが、中臣殖栗連の子孫が潔斎して信心を凝らし、供物を供えて七日七夜の祈念をしたなら、去っていった神が帰坐するとした部分が付け加わっている。神護景雲二年に春日社が創建されたときから、「神事違例、政不受」の際には、樹木が枯れて神が「天城に還御」することを宣言したことになっているが、それは逆で、山木枯槁という状況に直面して、さかのぼって御蓋山の麓に神が鎮座したときからそうした託宣があったと記したのだろう。つまり、御蓋山の山木枯槁は春日社の創建と関わる重要な怪異とみなされたのである。

◉時風置文

それならば、この託宣はいつまで遡ることができるだろうか。文暦元年（一二三四）具注暦紙背に記された社家大東家旧蔵『古社記』（永島福太郎校注『神道大系　春日』神道大系編纂会、一九八五）には、「時風置文」として、春日の神の御蓋山への鎮座について記されている。その内容は以下のとおりである。

建雷命が鹿島を旅立ち、中臣連時風・秀行がそれに従い、伊賀国夏見・薦生、大和国安倍山を経て三笠山に御垂迹、天児屋命・斎主命も集まった。そして、山の麓に南向きに居を定めるよう称徳天皇に託宣し、神護景雲二年十一月九日に御殿を造立した。時風・秀行が山上から神を移そうとしたとき託宣があり、後代に我が御正体として崇めるために、榊を乗物として移すようにとのことなので、榊に乗せて神を移した。神は、中臣殖栗連らが供えた御調物は請けるが、他氏の調物は決して請けない。もしさらに供えるようなことがあれば、その色は変じてしまうだろう。また我が山木が枯槁するようなときは氏人らは恐れなければならない。我が天に上っていなくなってしまったと知るがよい。もしもとに遷ってほしければ、中臣殖栗連らが供物を供え、七日間一心に祈念したならばもとに戻るだろう。

この「時風置文」について瀬田勝哉は、文暦二年閏六月、七月の春日・八幡の騒動の最中、春日山の木が枯れるのとほぼ時期を同じくして記されたもので、春日山枯槁の部分だけを取り出し、独立させた霊託記も同時に作られたに違いないと述べている〔瀬田 一九九五〕。そして、神祇官から下って神主を務めている大中臣氏に対抗し、正預である中臣殖栗連がこのような由緒を書き上げ、氏長者九条道家に示したとしている。なお、時風は正預の辰市流、秀行は大東流の祖とされる。

鎌倉時代は諸社寺においてさまざまな奇瑞が示され、祖師絵伝や社寺縁起としてまとめられ、絵巻などとして残されていくが、春日社における縁起の形成と『春日権現験記』の成立も、そうしたものの一つとして位置づけることができよう。そして、これを図像化させたのが、鎌倉時代以降描かれていく鹿曼荼羅そして鹿島立神影図であり、春日社にとって最も重要な縁起として、視覚的にも認知されるようになっていく〔赤田 二〇〇三〕。それにあわせて鹿が神聖視されるようになり、春日の神が鹿に乗って鹿島から奈良へ来たことが鎌倉時代に入るころから一般にいわれるようになったとされる〔大東 一九九五〕。

◉山木枯槁と神木動座

さらには、『実隆公記』永正三年（一五〇六）九月十九日条所収の「先人御記」嘉元二年九月三十日条に、『春日権現験記』に書かれる内容とほぼ同様のことが書かれる。

南都の学道・衆徒が同心して神人を大和国の寺領にさしつかわし、地頭を追放した。これに対して鎌倉幕府は張本人を捕らえて遠流にし、寺領に地頭を補した。すると七月下旬ころから春日山木が二千五百本余枯れ、八月十七日夜深に雨大風の時、社頭から瑞火が現れ、西を指して飛び去り、長者の沙汰として二十四日から社頭において七日間の御神楽を始めたところ、二十六日に関東からの使者が上洛して地頭を止めることを告げたため、寺家は愁眉を開き、二十八日子の刻に瑞火がまた現れ、はるか西方から春日山に入り、それは松明の火のようであり、あたかも数十町を満たすごとくであり、厳重殊勝の事として注進した。(6)

そして、「先人御記」とは、語句が同一であることから三条実躬の『実躬卿記』のことだと考えられる。(7) 実際、九月二十六日には鎌倉幕府は興福寺僧徒の訴えにより、大和国地頭職を廃止している（『興福寺略年代記』『歴代皇記』『続史愚抄』）。

大住荘と薪荘をめぐる石清水八幡宮との対立の中で、春日社が持ち出した切り札が、山木枯槁という怪異だった。これまで春日・興福寺による示威行為は神木動座により行われていた。神木とは榊に御正体と呼ばれる鏡を結びつけたものであり、春日社では榊のみを神木と呼び、他の木を山木として区別している。その神木を春日社の本殿から、脇の移殿に移し、それでも主張が受け入れられないと興福寺金堂前に移した。さらに受け入れられないと、衆徒・社司・神人らが木津、宇治平等院、最終的には洛中に持ち込んで放置した。(8) その間、藤原氏の廷臣は謹慎し、従わないと興福寺大衆から放氏などの対象とされた。この神木動座は安和元年（九六八）七月を嚆矢として、文亀元年（一五〇一）二月まで確認することができる。(9)

一方石清水八幡宮では御殿が鳴動して宝蔵の扉がひとりでに開き、神輿を入洛させようとしていた。こういう状況にあって、春日社においては神木動座という神人たちによる示威行為でなく、神が春日山から去って天に上っていなくなってしまい、それが山木枯槁として現れるという、人ではなく神威が示されたとする怪異の論理が考え出されて主張されたのではないだろうか。

三　中世最後の山木枯槁

◉元亀三年山木枯槁

嘉元二年以降に発生した山木枯槁についても多分に大和国における政治的状況と関連している。

そして、山木枯槁の特徴として、一般的な怪異の場合には発生するとその状況が朝廷に報告されて、原因が何なのか、何の予兆なのか、そしてどのように対処すべきか、軒廊御卜が行われて決定されるが、山木枯槁の場合はそれが氏長者に報告されて、卜占は行われることなく、氏長者の命で七日七夜の御神楽が春日社において執り行われる。なぜ山木枯槁の際は神意が何であるか卜占が行われないのか、それは興福寺・春日社と関わる事象に対して発生する限定された怪異であり、神が何を言わんとしているか自明だからではないだろうか。そして、対処方法も春日社での七日七夜の御神楽奏上として完結することがパターン化している。

しかし、中世最後の山木枯槁である元亀三年（一五七二）に発生した山木枯槁は春日社だけでは完結しなかった(10)。『多聞院日記』『春日社司祐金記』『年代記抄節』などによると、五月五日には本宮近辺は枯れずに、余所のモミ・トガなどの山木が一円に枯れ、その数は七千五百二十五本に達した。若葉はことごとく枯れしぼみ、野山も火で焼けたようになったが、その原因は三寸ほどの虫で、背が五色で後前に角があり、この虫が木を食う音は山を響かすほどだという。この状況は「一寺頓滅ノ期至歟、武家入国旁々心細者也」のように、春日・興福寺の滅びる危機で、奈良が戦場になることが危惧された。元亀三年は松永久秀の織田信長に対する謀叛が明らかになってきたため、五月に信長の大軍が奈良に攻め寄せ、若草山から多聞山の北を包囲し、これに呼応した筒井順慶軍は興福寺南大門を本陣として多聞城を圧迫するという状況だった。

図1　若草山山頂から春日山を望む

◉虫の発生

山木枯槁については天皇に奏上され、土御門有脩による占いが行われ、六月・十一月に天下の者に病事がとりわけ起きる由が占断された。そして綸旨によって伊勢神宮・賀茂下上社・松尾社・稲荷社・広田社・吉田社・仁和寺・青蓮院・妙法院・曼殊院・聖護院・大覚寺・三宝院などに祈祷が命じられたほか、今回は春日社での御神楽ではなく禁裏の内侍所で御神楽が奏された。なぜ今回のみこのような対応が行われたのかといえば、「かすか山のきにむしつき候事、ありなかに御うらなわせられ候へハ」（『御湯殿上日記』元亀三年五月二十二日条）とあるように、枯槁自体でなく虫が発生したことが問題にされたためではないだろうか。無名虫の発生などは多の神社においても怪異とされて朝廷に報告されているので、今回の場合は山木枯槁としての対応でなく、虫の大量発生として怪異に位置づけられて対応がなされたのであろう。

おわりに

◉謡曲「采女」

春日社が登場する世阿弥作とされる謡曲に「采女」という作品がある。その梗概は次のとおりである。

諸国一見の旅僧が、京から南都をめざし、春日の里にたどり着く。春日社で一人の里女と出会い、茂っている森にさらに木を植えている里女を不思議に思った旅僧は、そのわけを尋ねると、里女は、春日の神の由来を語り、木を植えている理由を説明し、神を信心するよう旅僧に語る。ついで女は旅僧を猿沢の池に案内し、昔、帝に寵愛されながらも、帝の心変わりを恨んで池に身を投げたことを語り、自らが采女の亡霊であることを語って池の底へ消えていく。旅僧は池のほとりで亡魂を弔っていると、采女の霊が美しい舞姿で現れ、成仏を遂げた喜びを語り、歌舞を奏し、国土長久・天下安穏を言祝いで再び池底に消えてゆく。

この前半では、春日山草木縁起に基づいて、シテの語りがなされる。春日山はもとは木陰一つないはげ山であったが、神護景雲二年に春日社が勧請されて以来、藤原一門の氏人らが春日明神の加護を願って植樹したので深山となり、参詣者もまた御神徳のあらんことを祈念して植樹するのだという〔中村 一九九三〕。

◉神棲まう春日山

春日山は承和八年（八四二）に「神明攸レ咎、恐及二国家一」として、狩猟伐木を禁ずる太政官符が出されて以来、[11]樹木が大切にされ、現在では「春日山原始林」として保護されている。そうした御山木だからこそ、一斉に枯れる山木枯槁という怪異が発生し、神が去ってしまったと認識されると、神の還御を願って氏長者主導で七日七夜の御神楽が春日社本殿で執り行われた。

『春日権現験記』末尾に記されるように、春日の神は朝廷を守り、摂関家を出した藤原氏からの崇拝を受け、興福寺を擁護してきたことから、これまでに多くの霊験を示し、その神の現す理を知り、大志を悟って、さらにはその神に引導されてこそ、現世の官禄も授けられ、後世への往生も可能となった〔五味 一九九八〕。

山木枯槁は鎌倉期に再構成される春日社の創建説話とも関わって認識されるようになった春日社に特有の怪異であった。本稿では春日社で発生する他の怪異について考察することができなかったが、今後そうした点も含めて春日社における怪異の全体像を探っていきたい。

注

（1）岡本彰夫「文久二年春日社神鏡落御始末」（『奈良学研究』一五～一七、二〇一三～一五）に翻刻される。文保二年（ママ）四月九日三御殿、保延二年（一一三六）十二月十八日四御殿、治承五年（一一八一）五月四日四御殿、文暦二年（一二三五）閏六月九日一御殿、嘉吉三年（一四四三）六月四日一御殿、正保三年（一六四六）三月三日一御殿、文久二年（一八六二）正月二日、若宮方として治承五年五月十五日、弘安八年（一二八五）三月四日、正応三年（一二九〇）十一月二十五日、観応元年（一三五〇）十月五日、貞治四年（一三六五）六月十二日、応永二十五年（一四一八）正月二十四日、享徳四年（一四五五）六月九日、延宝五年（一六七七）二月二日に神鏡落御があったことを記すが、これ以外にも落御はあり、例えば『十輪院内府記』文明十八年（一四八六）正月二十四日条には、正月二日に第三殿の神鏡が地に堕ちたため、官寮が占文を進め、御薬事と占っている。

（2）「八幡山陵末社告文起文等部類」（『石清水八幡宮史』史料第四輯祠官編（訴訟）、続々群書類従完成会、一九九四年）所収。

（3）大東家文書一五二（『春日神社文書』第三、春日神社社務所、一九四二年）。また、春日大社蔵『天保七丙申年之記』にはこのほか、嘉暦元年（一三二六）三千四百本、天和二年（一六八二）十一月一万二千三百余本、天保七年（一八三六）九月一万七百七十九本の例があげられ、現在まで山木枯槁の御神楽は歴史上十三ヶ度執行されたとされている（岡本二〇〇三論文）。

（4）神木動座の際の枯榊から青榊への転換は、春日山の山木枯槁が御神楽によって復元されることを象徴的に現すものとして、文暦二年以降に考え出された方法ではないかと私は考えている。

（5）このときは九条道家によって七ヶ夜の神楽が執り行われた。

（6）『興福寺略年代記』（『続群書類従』第二九輯雑部）には、嘉元二年七月には春日山木が三分の一枯れてしまい、八月七日夜大雨大風の最中、春日山から日輪のような光物が五つ乾方に飛び去り、九月二十三日殿下御願として御神楽が行われ、二十九日の結願の日に神火の奇瑞があったことを記している。

(7) 橋本正俊「枯槁と託宣」(神戸説話研究会編『春日権現験記絵注解』和泉書院、二〇〇五年)では、早稲田大学図書館蔵の断簡などから『実躬卿記』嘉元二年九月三十日条を復元している。そして、『実躬卿記』では二十六日に地頭撤廃の報が届いた上で、二十八日に「瑞火」が現れ春日山に入ったとしているのに対し、『春日権現験記』では地頭撤廃の報が届かないうちに二十八日に大明神が帰られたことを記していることから、事実の説話化がうかがえるとしている。

(8) 神木動座の様子は、二条良基『さかき葉の日記』(『群書類従』神祇部)に詳しく記されるほか、『春日権現験記』にも描かれる。

(9) 上野麻彩子・北村彰裕・黒田智・西尾知己「「神木御動座度々大乱類聚」の翻刻と紹介」(『早稲田大学高等研究所紀要』三、二〇一一年)に神木動座一覧が掲載されている。

(10) 元亀三年五月の山木枯槁については『大日本史料』一〇—九、元亀三年五月二十日条にまとまって史料が収載される。

(11) 『類聚三代格』巻一神社事所収承和八年三月一日太政官符。

参考文献

赤田光男 二〇〇三 「春日社神鹿考」『日本文化史研究』三五

池和田有紀 二〇〇〇 「春日社の御神楽——摂関家との関わりから」五味文彦編『芸能の中世』吉川弘文館

岡本彰夫 二〇〇三 「春日大社の陪従神楽について」『秋篠文化』創刊号
岡本彰夫 二〇一六 「春日御七夜御神楽図絵解き」『EURO-NARASIA Q』六
黒田智 二〇〇七 『中世肖像の文化史』ぺりかん社
五味文彦 一九九八 『絵巻を読む 歩く『春日験記絵』と中世』淡交社
是沢恭三 一九七八 「春日大明神の神威」『新修日本絵巻物全集16 春日権現験記絵』角川書店
瀬田勝哉 一九九五 『朝日百科日本の歴史別冊 歴史を読みなおす11 「木」の語る中世』朝日新聞社
瀬田勝哉 二〇〇〇 『木の語る中世』朝日新聞社
大東延和 一九九五 「春日史点描――最近の研究メモより」上田正昭監修『秘儀開封 春日大社』角川書店
中村格 一九九三 「「采女」と春日山木縁起」『日本文学』四二―四
松本俊吉 一九九五 「春日山の鳴動」『春日文化』三
山田雄司 二〇一四 『怨霊・怪異・伊勢神宮』思文閣出版
山田雄司 二〇一八 「室町時代石清水八幡宮の怪異」東アジア恠異学会編『怪異学の地平』臨川書店

附記 元春日大社権宮司岡本彰夫氏には、学生のころより大変お世話になり、本稿執筆にあたっても種々ご教示いただいたことを記して感謝いたします。

南郷晃子●NANGO Koko

奇談と武家家伝——雷になった松江藩家老について

はじめに

武家に関わる不思議な話は大変多くある。姫路城天守閣にオサカベ姫が棲むというよく知られた話は、池田家で起こった事件と密接に関わる。堀田正信は義民佐倉惣五郎に祟られ、松山城の俎石は、城主蒲生忠知が妊婦の腹をその上で裂いた場所で赤子の泣き声が聞こえるという。怪談はもちろん、予兆であったり、藩で祀られる神の由緒であったり、枚挙に遑がないほど様々な話がある。

これらはいったい誰が語るのだろう。城下の民が密やかに、というイメージが浮かぶかもしれないが、オサカベは近世期の版本や歌舞伎にも登場する。義民佐倉惣五郎の物語は実録物と呼ばれる写本で流布した。実録物は写され流布するものであって、貸本屋などを介し一般に読まれることになる。蒲生忠知の俎石伝承は、愛媛県立図書館が所蔵する大正末期から昭和初期と推察される写本『蒲生史料』に「口碑」とみえる。城下で囁かれたというイメージに近いかもしれない。

そして家の内部において受け継がれる話、家の「記録」に記される話も存在する。論者が調査を進めていた「おさご」という神霊は、池田家の系譜を引く家の記録において詳しく語られていた〔南郷 二〇一四〕。周囲の人々の噂ではなく、我が家に関することとして、家への神霊の憑依が記されている。当事者としての記録なのである。

武家に関わる奇談は藩主や家老など「有名人」の家の物語として読まれる一方で、私事としての受容があり、それが当家の物語であれば、家が管理するべき神霊の取り扱いに関わるものにもなる。そしてこれら異なる関心に基づく物語はしばしば互いに干渉し合う。話が広く流布すれば、無論当事者も知るところになる。

本稿では版本で知られた奇談が、当家の物語として意味を深めていく様を、松江藩松平家の重臣乙部《おとべ》家祖の雷電伝承を中心にみていく。

一　雷電になった乙部九郎兵衛

◉葬儀中の雷

雷伝承というとどういったものが浮かぶだろう。雷神菅原道真や捕まえられる雷の話、雷――火車が葬儀の最中悪人を捉えに来る話もある。

ここで読んでいくのは出雲国の武士「乙部九郎兵衛」が死後雷電になり、その証拠に葬儀中と忌日に雷が鳴るという話である。十七世紀後半の説話集『本朝故事因縁集』から引く。本題に入る前にこの話の不思議さを確認するため、同じく十七世紀後半に出版された仏教説話集に含まれる話に触れたい。元禄六年（一六九三）刊行の『真言礦石集《しんごんこうしゃくしゅう》』所収「猫火車ト成テ人ノ死骸ヲ取事」、年老いた猫が「火車」になり葬儀の最中に死者を奪おうとする話である。

長年可愛がってくれた和尚に恥をかかせまいと猫は自身の化身である火車の弱点を教えるという切ない恩返しをする。火車になった猫が棺を捉えに来る様は雷で表現される。

雷の声次第に近くなりて、空は暗夜の如く霹靂電光おそろしと云ばかりなし。大なる氷り雨《ふり》てグワタ〳〵ヒシャリと鳴て棺の上にぞ落ける。(1)

また猫が火車になって捉えるのは「平生邪見放逸にて慈愍の心なく、三宝を毀謗じ」ていた人物である。葬儀中の雷は死者が火車に狙われる悪人だったことを意味する。

『真言礦石集』編者蓮体は同話をこう括る。

世に邪見の人の死せるには、葬の時に雷電するあり。猫畚《ねこまた》の所為にや。一可畏《いとおそろ》しき事どもなり。

これは葬儀中の雷鳴に対する同時期の認識をよく表していよう。葬儀中の雷電は恐ろしく、また不名誉なことなのである。

●『本朝故事因縁集』「乙部氏為雷電」

では出雲の乙部九郎兵衛が雷電になった物語を紐解きたい。元禄二年（一六八九）刊行の説話集『本朝故事因縁集』に含まれる。

乙部氏為雷電
慶安年中、出雲ノ太守直政ノ家臣乙部九郎兵衛某ガ曰、世人皆ナ後世ヲ願テ成仏ヲ望ム。吾雷電ト成ベシ。若シ雷電ト成ル則ハ吾子孫必後世ヲ願ベシ。試ニ雷ト成ト云テ、法名動雲大竜ト号ス。最後ニ至ルマデ向空天、動雲ト唱テ死ス。頓テ葬礼ヲ営トキ、雷雨俄ニ発テ雲ヲ動ズ。其後三日、七日、三十五日、四十九日、百箇日ニ甚雷電ス。万民驚後世ヲ願。今ニ至テ動雲命日ニ雷動セシ故ニ、此日諸用ヲ止ム。
評曰、後世ヲ願フ人必ス仏トモ成ベシ。是後世願人ノ鑑ト成ベキ事ナリ

慶安年中（一六四八―一六五二）、出雲の太守直政の家臣乙部九郎兵衛某が「世の人は皆死後の成仏を願うが、私は雷電となる。雷電となることができれば、私の子孫は必ず後世を願いなさい」と、法名を動雲大竜として、最期に至るまで空に向かい動雲と唱えて死んだ。その葬礼のとき雷がにわかに起こった。その後、三日、七日、三十五日、四十九日百箇日と忌日ごとに雷が激しく鳴り、皆驚いて後世を願った。今に到るまで、動雲の命日に雷が鳴るために、この日は諸用を止める。

◉「乙部九郎兵衛某」

不思議な雷の話である。御霊伝承ではなく、火車の物語でもなく、雷を捕まえた話でもない。「評」は後世を願う人の鑑と言うがむしろそのような人を嘲笑うかのようでもある。「稲光」というように雷は稲の豊作をもたらすとされ、雷信仰にはしばしば雨乞祈願が伴う。農耕と雷は密接な関連を持っていた〔柳田 一九四〇：一〇八〕。雷のため「諸用」を止める、その「諸用」は外で行う作業になり、動雲の命日が農作業を休む日だったともみなせる。

「乙部九郎兵衛某」は出雲の太守直政の家臣であるという。この「直政」は結城秀康の子、徳川家康の孫の松平直政が相当しよう。越前大野藩から信濃松本藩を経、出雲松江藩主になった。松江松平家で代々家老職にあったのが乙部家である。「松平直政給帳」を見ると「乙部」姓を持つ「可正《よしまさ》」は家中二番目、五千石の家士である。九郎兵衛は乙部家当主代々の名であるが、直政家臣の乙部可正こそ、この九郎兵衛某だろう。直政の家臣である「乙部九郎兵衛」は慶安二年（一六四九）の六月八日に出雲で逝去しており〔島根県立図書館郷土資料 二〇〇四・二〇〇五〕、『本朝故事因縁集』が「乙部九郎兵衛某」は慶安年間に死去したというのとも符合する。

ではその法名は「動雲大竜」だろうか。乙部家の系図には可正の法名は「元徳院殿大龍道雪居士」とあり、後述する乙部家の資料「乙部家事跡」では「元徳院大龍道雲」である。同じではないがよく似ている。

この風変わりな話、死後雷電となることを叶えた松江武士の話は、実在した武将の姿に基づくものなのであった。

二　高野山と乙部可正雷電譚

◉「出雲国乙部氏檀縁由来」について

松江歴史館に寄託されている乙部家の文書のうちに「乙部姓檀縁由来」というものがある。慶安二年（一六四九）、実相院奥之坊の「清雄」が記した「出雲国乙部氏檀縁由来」の写しおよび「付記」からなる。高野山実相院の僧が松江藩家老乙部可正を高野山で弔う由来を記したものである。

当、慶安二年五月二十五日の夜、夢に衣冠正き眷麗の公家が一人来臨し当院主殿の上壇におり、私に告げるには、山陰道に一人篤実有信の道士がいる。常に三宝に帰依して専ら高祖弘法之徳を崇敬する。既にこの山に登りもうすぐ当院へ来る。よく親しみ廻施をせよ、と。そしてたちまちに夢が覚めた。奇異の夢だと思ったが、虚実を疑っていたところ「六月上旬」に再度武士が現れる夢をみた。武士は言った。

我是れ出雲国の住人即ち雲州公の家臣姓は乙部字は九郎兵衛尉諱道雲。(2)

この「乙部九郎兵衛道雲」を名乗る武士は、当院の道場での回向と自分の子孫長久の祈念を頼む。

九郎兵衛可正はすでに現世を去り道雲の法名を得ていよう。そしてその折柄「風雨頻りにして震動雷電囂《かまびすしく》」、清雄は驚き夢から覚める。

六月三十日を過ぎた頃、乙部家の家士が主人の納骨に訪れる。なぜ奥の院へという清雄の問に家士は主人の遺言だと答え、清雄は二度の不思議な夢のことを家士に語り懇ろに弔う。そして清雄は唐突に言う。「爰に当寺鎮守は古し。天満天神を勧請して境内山上に小社を構ふ」。高野山が天満天神を勧請しているという急な情報は、続いての「愚按」以下、清雄がこの一件を解釈する箇所に繫がっていく。

◉僧侶清雄による解釈

愚按に道雲居士後世菩提の為め生涯念弘法大師を念じ、現世安穏を（ママ）為め天満天神を信仰す。因て天神の感応篤く予夢想引入しめ玉ふ者也。夫れ天満天神に八万四千の眷屬在り。第三雷に乗じて往行す火雷気毒神を道雲居士に附す。自在ならしむるなり。然るは則道雲居士は弘法大師の引摂に都率天に往生、三会の下生に至るまで弘法大師に奉事すること疑べからず。誠に霧神の徳敬せずはあるべからず。仍て後代の為め記す而已

尓時慶安二年　実相院奥之坊　老比丘清雄謹誌

道雲は後世について弘法大師への信仰が篤く、現世については天満天神への信仰が篤かった。そ

図1　雲に乗る天神
（鎌倉期「北野天神縁起絵巻」The Metropolitan Museum of Art所蔵）

のため天神が感応し私の夢に引き入れたのだろう、清雄はそう言う。

つまり清雄は五月の夢に現れた公家を天神と考えている。天神は高野山に確かに祀られており『紀伊國名所図會』巻之五高野山部中や『高野山通念集』にも確認できる。

第三雷に乗り往行する「火雷気毒神」を可正に附け「自在」にさせたとはどういうことか。「火雷天気毒王」は『北野天神縁起絵巻』への影響で知られる『道賢上人冥途記』および『日蔵夢記』に、太政威徳天すなわち菅原道真の「第三」の使者として現れる。[3] それによると道真の怨霊の出現として名高い延長八年（九三〇）の清涼殿の落雷事件は、「火雷天気毒王」の仕業なのだという。清涼殿への落雷が「火雷天気毒王」によるのであれば『北野天神縁起絵巻』で黒雲に乗っているのは

「火雷天気毒王」で、雷に乗る神と言える。火雷気毒神はこれに類するものだろう。それを可正に付けたために可正は高野山の僧侶の夢中に入れ、故に霊夢中風雨激しく雷電が響いていたのだ。高野山の老僧清雄は、自身の知識に引き寄せる形で天神と可正、そして雷と可正の結びつきを語る。

それにしても慶安二年というこの話の記日を信じるならば、他界の年には既に可正は雷電と結びついていたことになる。葬礼の最中の雷電が実際にあった可能性もあろう。乙部可正と雷との繫がりは、高野山において檀家乙部家との「縁」の由来として語られ、高野山の天神と関連づけ解釈されているのである。

◉「附書」と『本朝故事因縁集』

また「清雄謹誌」の後ろに「附書」として以下のようにある。

道雲居士常に諸人に示して云く、人間は生死無常なり。専ら仏を念して、後世の菩提を求め神明を仰て、有為の難避べし。我れ常都率往生を願多年なり。思願成せば死後必ず雷電すべしと。遺命に違ず此の葬送時日雷電頻にして諸人感歎す。其の已往命日毎に必ず雷電す。是れ則道雲居士成仏得脱疑ひ無き者也。且此の忌日諸人関して出ず。唯道雲居士の霊徳を感、一た向仏徳を思念す云。

これは前述清雄の記に『本朝故事因縁集』を引き付けたものではないか。道雲の生前の言葉から始まること、葬送時の雷が可正の雷電に成ったことを証明する点は『本朝故事因縁集』と同じである。ただし実際の法名通り「道雲」であり、可正の雷に成りたいという願いは「兜率天」への往生を願う故である。人々はそれに思いを馳せ、外出を慎む。

成仏を願う世の人を嘲笑うかのような『本朝故事因縁集』の磊落さはなく、ひたすらに往生を念じる乙部九郎兵衛、道雲になっている。

三　乙部家の記録と雷神伝承

◉「慶安二己巳年六月八日」の記

では乙部家はこの話をどう受け取ったのか。乙部家文書には九代目可備の「祖先ノ事跡ヲ録シテ家訓トセンコトヲ願シ命」により内田遊絲が天保十二年（一八三七）にまとめた初代可正から九代目可備までの松江乙部家代々の事跡を綴る家伝（以降便宜上「乙部家事跡」と呼ぶ）が保存されている(4)。同書は『本朝故事因縁集』の引用も含むが、それに止まらぬ独自の可正雷電譚を展開する。まずは可正の最期である「慶安二己巳年六月八日」の記を見ていきたい(5)。

［前略］法名元徳院殿大龍道雲居士

一　伝云、可正常に申されけるは人死して君の守護致がたし。我は雷となり、事ある時は敵中打砕との願心によりて天倫寺東宣和尚に相談あり。和尚の答に仏には成がたし。雷にならんとはいと安しと返答これ有の由、仍て甲冑を着し引導を請らる。
此画像天倫寺にこれ有処、同寺退転いたし候ことこれ有、其節末寺極楽寺えこれ遺置候由也処今はこれ無、別に上下着用の画像これ有。
御詠歌
曇るとも君もろともに詠めなば心さへなん有明の月
一　最期に至りて空天に向ひ大龍道雲と唱て死せらる。頓而葬礼の刻雷電俄に発りて雲を動す。其後三日七日三十五日四十九日百ヶ日後年に至りて命日〳〵に必雷鳴すと云

『本朝故事因縁集』の話とよく似る。特に「最期に到て」以降は「頓而」という表現も、忌日を重ねる書き方も同じである。この後ろに「出雲国乙部氏檀縁由来」の写しとともに『本朝故事因縁集』の当該箇所の引用があり同書の影響を考えるべきだろう。

異なるのは①法名②「万民」が命日に諸用を止めるという箇所がない③雷になる理由④その経緯⑤関連する画像の存在、である。①は実際の法名に合わせたのだろう。②は十九世紀の乙部家ではその意味が不明瞭だったのではないか。③は後述する。まず④⑤について考えてたい。

◉忠誠心と雷電

④雷になる経緯だが、可正は死後雷に成りたいと願い天倫寺東宣和尚に相談する。和尚は「成仏は難しいが、雷になるのは容易い」と答え、可正は甲冑を着て和尚に引導を願った。そして⑤、このときの画像が天倫寺にあったが紛失した。上下着用の画像は残っているという。

高野山ではなく、天倫寺の僧侶が登場する。天倫寺は現在の松江市堂形町に位置する臨済宗妙心寺派の寺院である。僧侶の名は「東宣」だが、この時期の天倫寺住持は「東愚」である。

また甲冑を着た可正の画像が極楽寺にあったが紛失し、上下を着た絵のみ残されているとする。松江歴史館には乙部可正の上下着用の画像が所蔵されている〔西島 二〇二〇：一二三―一二四〕。ここでいう可正像と同一のものかは不明だが、家祖可正の画像が現存している。実在した絵から甲冑を着て引導を請う可正のイメージが膨らんだ可能性も十分にあろう。

そして最も注目されるのが③可正が雷電になることを願った理由である。『本朝故事因縁集』では、可正が雷電になろうとした理由ははっきりしない。強いていうならば「試みに」だろうか。対して「乙部家事跡」では、死んだのちには主君を護ることができず、何かあるときは敵を打ち砕くためだという。戦国の世を生きた武将らしい激しい忠誠心とともに、雷電に成る望みが語られる。

これこそが武家の記録である「乙部家事跡」にこの話が含まれる所以であり同書の真髄でさえある。「乙部家事跡」可正の段の末部では「雷となりて君を守護し玉ふは古今希なる」と称え、それが、楠正成正季の最期、後の世は七生まで人間に生まれて朝敵を滅ぼさばやと刺し違えて死んだことに等しいものだと言う。そして次のように述べる。

可正主の雷となり玉ふは、乙部家訓の骨髄と云べし。子々孫々可正の心を以心とし玉はば臣道何をか加へん

雷になったことが「乙部家訓の骨髄」とまで述べる。『太平記』、もしくは太平記読みに影響を受けた忠誠の物語に見事に読み替えられ、子孫の教訓として語られているのである。家訓とすることを願って編んだという「乙部家事跡」の編纂意図はここに結実している。

さらに可正雷電譚は同書の末部で思わぬ展開をみせる。その話をするため一度「乙部家事跡」から離れ『雲陽秘事記』「乙部氏天神御着想之事」をみたい。

四　可正雷神伝承の展開

◉『雲陽秘事記』における記載

松江に多く流布する『雲陽秘事記』という写本がある。松平初代直政から六代宗衍までの家中の出来事を藩主や重臣を中心に語るもので「乙部九郎兵衛宅敵討之事」「乙部九郎兵衛角矢倉江被出事」など乙部氏も登場する。七代治郷の時代、十八世紀後半から十九世紀初の頃作られたと推定さ

れるが〔田中 二〇〇九〕、諸本には、それより後の時期、八代斎恒（一七九一―一八二二）までの出来事を含むものもある。その後代の増補を含む『雲陽秘事記』に「乙部氏天神御着想之事」が載る。大まかに内容を述べたい。

中村一外という人がおり、正直の人物で老衰し耳が遠くなったが、ご家老中の囲碁や将棋の相手などをして乙部氏の元へ心安く通っていた。一外のある夜の夢に、衣冠正しい人物が現れ、乙部九郎兵衛家に伝わる天満宮であるという。数年暗いところに押し込められて陰気である、その方の計らいで「乙部の下屋敷稲荷之宮」に同社して欲しい、と告げ夢が覚める。一外は乙部家へ行きそのことを語るが、誰も天神の画像のことを知らず、古い箪笥の引き出しから天満宮の絵が見つかる。乙部氏はこの絵を下屋敷の稲荷の社に同殿し、祭礼を六月二十五日と定めた。不思議のことである。

現在も乙部家老中屋敷跡には乙部稲荷と呼ばれる稲荷がある。延享年間（一七四四―一七四八）の絵図では同所が「乙部下屋敷」と表記されており〔吉野編 一九七七〕、この場所のことと考えて良いだろう。この出来事が乙部家の家伝「乙部家事跡」にも記されている。

◉天神の発見と可正の神格化

「乙部家事跡」の最後は再度可正の話、正確には九代目可備が家長の期間に起こった可正に関連する話である。

中村氏の隠居に一外という人がいる。かねてから当家へ出入りをしている。彼が内々に申上たいことがあると「此間不思議之夢ヲ見候」ことを語る。それは「衣冠正敷神人」が枕上に立ち「自分ハ乙部九郎兵衛方ニ居候渡唐天神也」として「麁抹《そまつ》ニ取扱候ト申ニハ無之候ヘトモ別ニ小社ニ祭候様」申し伝えよというものであった。そのほうは正直のものであるから、と一外に夢告があったのだという。果たして乙部家には渡唐天神の画像が伝来しており文化十年（一八一三）六月二十五日に白浜天神の別当松林寺により下屋敷にお祭りをした。そして同時に「元祖可正ノ神霊」を同所に勧請し「雷霊神ト崇祭玉ヘリ」。文化十一年六月十八日を祭日と定めた。

『雲陽秘事記』の類話だが『雲陽秘事記』の天神は暗いところに押し込められていると苦言を呈し、古い箪笥から発見されるのに対し「乙部家事跡」の天神は、粗末に扱われているというわけではないが、とわざわざ付け加える。「乙部家事跡」は『雲陽秘事記』あるいは同書が踏まえる何を意識していよう。しかし同時に、白浜天神の別当松林寺により祀られたことなど、より詳細な情報が含まれる。

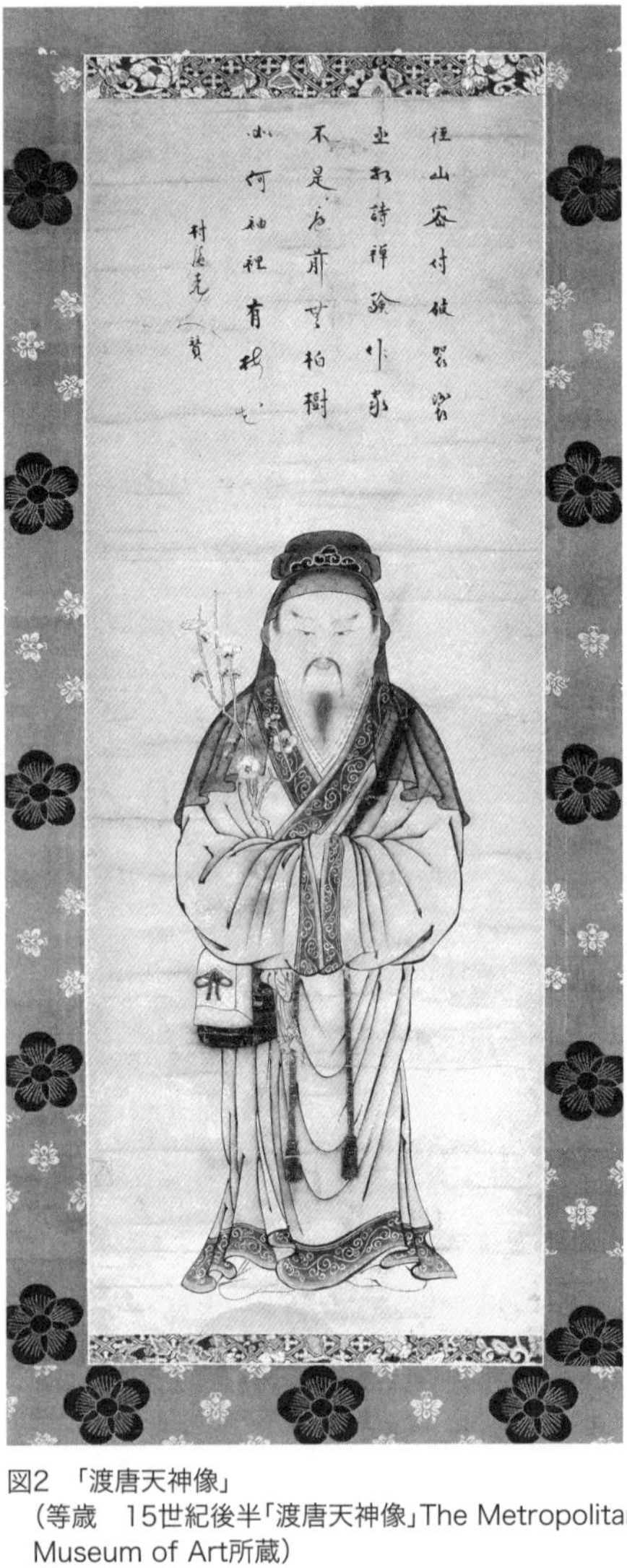

図2　「渡唐天神像」
（等歳　15世紀後半「渡唐天神像」The Metropolitan Museum of Art所蔵）

霊夢を見た「中村一外」についても「隠居」だとする点でこちらが詳しい。『列士録』を確認すると、中村民左衛門がその人であるとわかる。寛政四年（一七九二）に隠居を願い出て「一外」と号を得ており、文化十年時点で隠居一外として存命である。

また天神は「渡唐天神」だという。「渡唐天神」は、道服を着て梅の花を持つ姿で現される天神像であり、禅宗、臨済の寺院に多くみられる。天倫寺にも一時は所蔵されていた。「一時は」というのは、天明元年（一七八一）の天倫寺の画賛目録の「渡唐天神」には線が引かれ〔岡・椋木 二〇〇五〕、天倫寺から失くなっているのである。あるいは同寺から乙部家へ渡ったのかもしれない。

九代目乙部可備にとってこの渡唐天神発見の一件は、浅からぬ意味を持つ。「天神」という雷電につながる存在の出現が、初代可正を想起させたのである。可正は雷霊神なる存在として、天神とともに祀られることになる。祭日六月十八日は天神の縁日であり、分けても六月十八日は菅原道真の命日である。天神と可正が重ね合わされて行く。

おわりに

近世期の説話集において尋常でない出来事はしばしば強い興味を以って語られるが、当事者が語るときは、その「あるべき形」が追求されることになる。つまり高野山では、乙部可正の話は天神信仰と紐付けられた往生譚となり、乙部家の記録では、可正は忠義の士に他ならない。十九世紀の乙部家において説話は家訓であり、家が手放すべからざるもの、家の由緒そのものになっている。『本朝故事因縁集』は地域的な偏りや仏教説話集としての方向性はあるものの、基本的にはあくまで各地の奇談を広く紹介する諸国話である。また『雲陽秘事記』は、自らの生きる松江という地域への関心とともに写され、広がった書物である。

「乙部家事跡」はこれらにおける我が家の物語を取り込み、語り直す。可正の雷電譚は忠義の物語で、天神像の発見は可正の意思が可備の目前に立ち現れた出来事であった。

しかし可正の示現はこれに止まらない。天保八年（一八三七）事件が起こる。

天保八年六月廿七日亥中刻過書院庭前の松に雷あまれり。此時にあたって国中風俗花美に移り四民困窮に至んとす。是に桉ずるに是必す可正主の神霊降て上君を補佐し下子孫に忠義の志を励ましたまふならん歟

可正の命日も道真の命日たる「雷霊神」の祭日も六月、清涼殿の落雷は六月二十六日であることも影響したのかもしれない。世情の不安定さを背景に可備は六月二十七日の落雷に、可正さらには乙部家が祖とする多田満仲の叱咤を見出す。落雷は可正の神霊の降下とされ「赤龍霊神」なる神が新たに祀られる。この出来事の四年後「乙部家事跡」が成立する。雷神可正の現出は「可正主の雷となり玉ふは、乙部家訓の骨髄と云へし」として編まれたこの書につながる。

可備は可正を、忠義の家としての乙部家の始まりとして文字通り祀り上げていく。それは巷に流布する当家の物語を飲み込み行われたのである。家の外から好奇とともに語られた奇談は、乙部家において手放すべからざる由緒になり、家としての矜持を支えるものになる。説話を起点とする由緒を介し、乙部家は雷神たる忠義の祖に律される特別な家になったのである。

注

（1）読みやすさのため、一部を除いてカタカナをひらがなに改めている。また句読点を補っている。以下の同書の引用も同じ。
（2）私に書き下し、カタカナをひらがなに改め、異体字は可能な限り常用漢字に改め、句読点、濁点を補っている。また漢字と同意の仮名が重なる箇所は仮名のみ表記する。以下の同書の引用も同様。
（3）『道賢上人冥途記』は『扶桑略記』、『日蔵夢記』は『北野文叢』所収。
（4）松江歴史館は「乙部家祖先の事跡　元祖乙部九郎兵衛可正より九代目乙部可備まで」と仮題をつける。ほぼ同文の写しが「乙部家家譜内伝」として島根県立図書館で所蔵される。
（5）カタカナをひらがなに改め一部書き下し句読点、濁点を補った。また一部島根県立図書館所蔵「乙部家家譜内伝」を参照し意味の通らない箇所を改めた。以後の同書の引用も同様。

参考文献・資料

青柳智之　二〇〇七　『雷の民俗』大河書房
「出雲州天倫寺　開創及由来記」松ヶ岡文庫所蔵
一無軒道治　一九七〇　『高野山通念集』古板地誌叢書、すみや書房／寛文十二年（一六七二）
『雲陽秘事記』上中下、島根県立図書館所蔵
岡宏三・椋木賢治　二〇〇五　「天倫寺所蔵書画典籍類調査報告」『古代文化研究』一三、島根県古代文化センター
「乙部家家譜内伝」島根県立図書館所属

「乙部家系図」島根県立図書館所蔵
「乙部家祖先の事跡　元祖乙部九郎兵衛可正より九代目乙部可備まで」松江歴史館寄託、乙部家文書
「乙部姓檀縁由来」松江歴史館寄託、乙部家文書
京都大学文学部国語学国文学研究室　一九九五『本朝故事因縁集』京都大学蔵大惣本稀書集成『雑話II』臨川書店／元禄二年（一六八九）
黒板勝美編輯　一九九九『扶桑略記』『新訂増補国史大系』一二、吉川弘文館
島根県　一九六五「松平直政給帳」『新修島根県史』史料編（近世上）、島根県
島根県立図書館郷土資料　二〇〇四『松江藩列士録』二、島根県立図書館
島根県立図書館郷土資料　二〇〇五『松江藩列士録』四、島根県立図書館
神道大系編纂会　一九七八『神道大系』神社編十一北野、神道大系編纂会
竹居明男　二〇〇八『北野天神縁起を読む』、吉川弘文館
高市志友・加納諸平　一九九六『紀伊國名所図會』版本地誌大系九、臨川書店／天保九年（一八三八）
田中則雄　二〇〇九「文学としての『雲陽秘事記』」『島大言語文化』二六
田中則雄　二〇一一『雲陽秘事記と松江藩の人々』松江市ふるさと文庫一三、松江市教育委員会（文化財課・史料編纂室）
南郷晃子　二〇一二「『本朝故事因縁集』をめぐる考察：周防国を中心として」『国語と国文学』八九（十二）
南郷晃子　二〇一四「「おさご」伝承の考察：近世期における「御家」意識と伝承の変容」『説話・伝承学』二二
西島太郎　二〇二〇『松江・城下町ものがたり』戎光祥出版

村上修一 一九九六 『天神御霊信仰』 塙書房
柳田國男 一九四〇 「雷神信仰の変遷――母の神と子の神――」『妹の力』 創元社
蓮体 一八九四 『譬諭因縁通俗礦石集』 説教学全書第四篇（上） 法蔵館／元禄六年（一六九三）、『真言礦石集』 国立国会図書館所蔵
横山十四男 一九八五 『義民伝承の研究』 三一書房
吉野林次郎編 一九七七 「延享年間松江城下絵図」 吉野林次郎

附記 本研究はJSPC科研費18K12288「近世領主説話と地域社会の創生」の助成を受けたものです。また資料閲覧を許可して下さった松ヶ岡文庫、利用を許可して下さった乙部正人様、多大な便宜を図っていただきました松江歴史館に御礼申し上げます。

鎌倉幕府と怪異――『吾妻鏡』の怪異を読む

赤澤春彦 ● AKAZAWA Haruhiko

人の力が及ばない自然現象などの異変から様々な意思を読み取ろうとすることは日本に限らず人間社会に広く見られる普遍的な行為である。古代中国に起源を持つ「怪異」は人知の及ばない「天」からのメッセージとして受け止められ、こうした思想が日本にも伝わったのだが、本稿では鎌倉幕府を事例に武家の怪異に対する認識と対処、そして怪異が記録されることの意味について考えてみたい。

一　古代・中世の国家と怪異

日本では平安時代以降、怪異が発生すると京の朝廷に報告され、軒廊御卜《こんろうのみうら》によって占われた。軒廊御卜とは内裏紫宸殿の向かって右側に続く「軒廊」という回廊で、神祇官と陰陽寮《おんようりょう》の官人が参仕して行う当時の最高位の卜占である。神祇官の官人は亀卜《きぼく》、陰陽寮の官人（陰陽師）は六壬式占《りくじんしきせん》という占法をもってその現象が怪異に当たるのか否か、発信されたメッセージは何か、これに対する処置はどうしたら良いのかなどを判断した。西岡芳文氏は平安時代の軒廊御卜の占題を分析して怪異を、A：広範におよぶ自然災害、B：動物の異変、C：植物の異変、D：建物・器物の異変、E：人事の五つに分類している〔西岡 二〇〇二〕。Aは炎旱や霖雨などの異常気象や地震や噴火などの地殻変動である。Bは動物の群参や昆虫の大発生、御所や寺社への侵入・出産・死体遺棄、Cは神木の転倒や枯死を対象とし、人間界外の生き物が御所や寺社といった聖域を侵すことを恐れた。Dは御所や寺社における建造物の倒壊、調度の棄損・紛失・盗難、陵墓や神殿の鳴動であり、こうした「モノ」を通して何かしらのメッセージを受け取るものとされた。Eは天皇の病気や狂人が神域内に侵入するなど人を介在する異常事態を指す。なお、卜占の結果によっては凶事に限らず、吉事を兆すものと判断されることもあった。また、天からのメッセージという意味では怪異と類似する現象として天文異変〔天変〕もある。これは日蝕・月蝕、あるいは惑星が日月に重なる入犯、惑星と恒星が重なる合犯・重犯、白虹《はっこう》、赤気《せっき》といった天文・気候現象の異変を指し、天文道をつかさどる陰陽家安倍氏が観測し、異変があればこれを占い、天皇や院、摂関に報告した。

二　鎌倉幕府における怪異の認定

山田雄司氏が指摘するように鎌倉幕府では軒廊御卜は行われていない〔山田 二〇〇九〕。神祇官の官人が鎌倉にいなかったこともあるが、そもそも朝廷の専権事項である軒廊御卜を幕府が行うことはできなかったのである。とはいえ、当然ながら幕府が統治する東国にも怪異は発生する。幕府では主に陰陽師が怪異を占い、これに基づき対処した。

ただし、怪異が「発生すること」「認定されること」と怪異が「記録されること」は別の次元で考えなければならない。怪異が発生したからといって全て記録されていたわけではないし、記録されていない怪異が発生していた可能性もある。とりわけ、何らかの意図を持って編纂された史料の場合は注意を要する。それは本稿で扱う『吾妻鏡《あずまかがみ》』にも当てはまる。

『吾妻鏡』は鎌倉幕府を研究する上で欠かすことのできない史料である。源頼朝《みなもとのよりとも》の挙兵（一一八〇年四月）から六代将軍宗尊《むねたか》親王の途中（一二六六年七月）までにわたり、治承・寿永の内乱（源平合戦）、幕府の樹立、朝廷との交渉、東国や御家人の統治などについて詳述されたものであるが、日々の出来事をリアルタイムで記録した日記ではなく、鎌倉時代末期に編纂された編纂物である。編纂者は不明ながら北条氏の一門である金沢氏周辺や問注所を担った三善氏の関与が想定されている〔五味 二〇〇〇〕。加えて、幕府の官僚として実務に携わった大江氏、二階堂氏、清原氏などの日記や文書・記録類、あるいは京の公家の日記（例えば藤原定家の『明月記』）も情報源であったことが指摘されている。また、頼朝─頼家《よりいえ》─実朝《さねとも》の源氏三代期と九条頼経《くじょうよりつね》─頼嗣《よりつぐ》期の筆録が大きく異なっており、情報源となる史料が多様であったことも想定されている。つまり、怪異の記事が何らかの意図を持って『吾妻鏡』に組み込まれた可能性を常に考えておく必要がある。こうした点を頭の隅に置きつつ、鎌倉および東国で起きた怪異を幕府がどのように認識し、かつどのように対処したのかについて、「時」、「場所」、そして怪異の「種類」にわけて見てゆこう（なお、以下カッコ内に示す年月日は特に出典を示さない限り『吾妻鏡』を示す）。

三　鎌倉における怪異の「時」

◉偏りを見せる怪異の記事

『吾妻鏡』に記録された怪異を初代源頼朝から六代宗尊親王ごとにわけてみる（表1）。ちなみに将軍在任期間ではなく、鎌倉殿《かまくらどの》として事実上、鎌倉のトップであった期間を対象とし、炎旱・風雨・地震などの自然災害や鎌倉殿の病については怪異と認定された場合のみを取り上げている。

それぞれ在任期間が異なること、かつ先に述べた『吾妻鏡』の史料的性格を考慮すると、単純に数だけで測ることはできないが、それでも源氏将軍三代に比べ、頼経・頼嗣の時期に多くの怪異が書き留められていることが見てとれる。さらに参考までに同時期の天変の記事もあわせて見ると、頼経期が突出している。とするならば四代頼経の時期に何らかの画期があったとの仮説が成り立つだろう。

表1　『吾妻鏡』にみられる怪異・天変

鎌倉殿	怪異	天変
源頼朝（1180.4～1199.1）	14	9
源頼家（1999.1～1203.8）	4	1
源実朝（1203.8～1219.1）	12	20
九条頼経（1219.7～1244.4）	40	110
九条頼嗣（1244.4～1252.4）	25	29
宗尊親王（1252.4～1266.7）	13	24

＊なお、宗尊親王は『吾妻鏡』の終見まで。

◉幕府創設期の怪異

治承四年（一一八〇）八月十七日、伊豆国蛭ヶ島に逼塞していた源頼朝は以仁王《もちひとおう》の令旨《りょうじ》を掲げて挙兵した。直後の石橋山合戦に敗れて安房に逃れるが、態勢を整えて南関東の板東平氏を糾合して十月七日に鎌倉に入る。その後、平家軍や木曾義仲軍との抗争を繰り広げてゆくが、『吾妻鏡』では紙幅を割いてこれらの幕府創成譚を記している。頼朝期に記録された怪異記事はこうした幕府の成立にかかる物語の中で、頼朝の正当性を表象するものとして扱われている。例えば、寿永三年（一一八四）正月二十三日、鹿島社の禰宜《ねぎ》から使者が到来した。いわく、「十九日に社僧が「鹿島神が義仲と平家を罰するために京都に赴かれる」との夢告を受け、翌日戌刻には黒雲が社殿を覆い四方が暗くなり、御殿が大きく震動し、鹿や鶏が多く群集した。しばらくして黒雲は西方へ去り、鶏一羽がその雲の中にいるのを見た」とのことであった。前代未聞の奇瑞であるとして頼朝はすぐに庭におりて鹿島社の方角を拝した。社殿が鳴動した二十日はまさに義仲が討ち死にした日であった。

また、文治二年（一一八六）五月一日、鶴岡八幡宮に黄蝶《おうちょう》が群参したため供物と臨時神楽を奉じた。この時、八幡大菩薩が巫女に託していわく、「反逆者あり、西より南に廻り、南よりまた西に帰り、西からさらに南に至り、南から東に行こうとしている。日々頼朝の運をうかがっているが、神と君を崇め善政を行えば二、三年のうちにその者は消滅するだろう」と。これを受けた頼朝は神馬を奉納したが、当時頼朝は逃亡する義経の行方を捜索させていた最中であった。

頼朝の軍が当初は朝敵として扱われ、のちに後白河法皇から官軍として認められるに至った経緯が鎌倉幕府の成立に多大な影響を与えたことは川合康氏によって指摘されているが〔川合 一九九六〕、このように幕府創設期において東国の諸社で発生した怪異は朝敵である頼朝の行動が天の意思に叶うこと、すなわち頼朝軍の行動を正当化する逸話として利用されているのである。

◉頼経期はなぜ怪異が多いのか

四代頼経の時期に怪異の記事が急増するのは、いくつか理由が考えられる。単純に怪異の発生が増加しただけかもしれないが、別の可能性も考えてみよう。まず、この時期は怪異に対して幕府が過敏に反応するようになった。その事情を説明しよう。

怪異は誰に対するメッセージなのかと問えば、それは鎌倉では当然鎌倉殿ということとなる。承久元年（一二一九）にわずか二才で鎌倉に下向した頼経は幕府にとって大切な「玉」であった。幕府は実朝亡き後の鎌倉殿を迎えるにあたり当初は後鳥羽上皇の皇子を望んでいたが、後鳥羽の強い反対にあい、九条家と交渉の末、何とか頼経を鎌倉殿に戴くことができたのである。このように苦労して手に入れた「玉」を護ることは幕府にとって最も重要な政治的案件であり、そのため小侍《こさむらい》所《ところ》という鎌倉殿の番衆や供奉人を統轄する新たな機関を設けたほどである。さらに頼経は病気になることが多かった。赤班瘡《あかもがさ》や疱瘡に罹患し、その都度、幕府は医師による投薬や社寺・陰陽道に祈祷させて対処した。つまり、幕府は頼経の不調を予兆する怪異に神経をとがらせていたため、怪異が頻繁に記録されることになったのだろう。それを示すように頼経期の怪異記事の半数以上は御所や頼経周辺で起きたものである。そして頼経期に怪異の記事が増えたもう一つの理由は鎌倉に陰陽師が定住するようになったことである。

◉鎌倉における陰陽道の整備

正確には鎌倉に陰陽師が定住するようになったのは承元四年（一二一〇）、つまり実朝期である。そもそもこの当時、朝廷では賀茂氏と安倍氏が陰陽道を掌握し、陰陽道・暦道・天文道に関わる国家の公事を請け負っていた。両氏は院政期以降、一門を広げていき、嫡流家、庶流家などの家が林立するようになっていた（赤澤 二〇一二）。例えば、安倍氏では嫡流泰親《やすちか》流（晴明の五代後胤）と庶流の晴道《はれみち》党・宗明《むねあきら》流がしのぎを削っていたが、鎌倉に下ってきた陰陽師はこれら三流のさらに傍流に位置する者たちであった。承元四年に安倍泰貞《あべのやすさだ》という陰陽師が登場するが、それ以前は陰陽道の主流をなす賀茂・安倍氏から鎌倉に定住する者はいなかった（なお、頼朝挙兵時に佐伯昌長《さえきのまさなが》という人物が日次勘申と祭祀を行っているが、彼は筑前国住吉社の関係者で正確には陰陽師ではない）。つまり、鎌倉においてきちんと陰陽道の環境が整ったのは実朝期からであり、さらに承久の乱（一二二一年）以降、京の上級陰陽師たちが続々と鎌倉にやってきて鎌倉陰陽師という集団を形成するのである。頼朝・頼家期の怪異の記事には誰が占ったか定かではないが、これに対して承元四年以降は、陰陽師誰々が占うと明記されるようになる。

このように頼経の時期に怪異の記事が増えたのは、怪異を認定できる人的環境、すなわち陰陽師が鎌倉に定住した側面も大きかったのだろう。

四　鎌倉における怪異の「場」

◉鎌倉中の怪異

『吾妻鏡』には鎌倉で発生した怪異が多い。先の表で挙げた一〇八件のうち、鎌倉中が八十九件を数える。内訳は御所・幕府が二十九件、寺社が二十件、御家人の邸宅が十二件、それ以外の鎌倉中及び周辺が二十八件となる。御所・幕府で起きた怪異のほとんどは動物による怪異である。特に鳥の侵入が多く、このほか釜鳴や落雷が若干みられる。寺社は鶴岡八幡宮がほとんどを占める。御所と同様に動物による怪異が多く、特に鳩は重要な異変として認識されていた（後述）。このほか光物、降星、鳴動、建造物の不具合が見られる。鶴岡八幡宮以外では御霊社《ごりょうしゃ》の鳴動が見られる（文治元年八月二十七日、建保三年六月二十日条）。御家人の邸宅は北条氏が十例、そのほかは大庭景能《おおばかげよし》邸と工藤祐経《くどうすけつね》邸でいずれも頼朝期である。鎌倉中では光物《ひかりもの》と動物の群参、とくに黄蝶の大発生が目につく。このように鎌倉中では鎌倉殿の周辺に集中するが、前浜（由比ヶ浜）および三浦、腰越、和賀《わか》江津《えのつ》など周辺の海浜に出現しているのも特徴である。

◉海辺の怪異

海に面した鎌倉では海辺に出現した怪異がしばしば報告されている。これは内陸に位置する京にはない鎌倉の特質といえるだろう。例えば、貞応元年（一二二二）四月二十六日、前浜（由比ヶ浜）から腰越までの浜に死んだ鴨が打ち寄せられたので、由比ヶ浜で七座百怪祭《ひゃっけさい》なる祭祀を陰陽師（安倍国道《くにみち》・知輔《ともすけ》・親職《ちかもと》・忠業《ただなり》・惟宗文元《これむねのふみもと》）が修した。このように海鳥や魚などの動物の死骸が打ち寄せられることを怪異と捉え、このほか腰越や由比ヶ浜あたりの海水が赤く変色する怪異もたびたび起きている（嘉禄三年閏三月二十日条、宝治元年三月十一日条）。ただし、海水変色は占いの結果、吉事とされることもあった。建長四年正月二十七日未刻に由比ヶ浜から和賀江津にかけて海水が血のように赤く染まり、人々はこれを怪しんで占ったところ、吉とのことであった。この変事は翌日の暁には消滅したとあるが、このような海水の変色は建保年中（一二一三）以来、何度も出現しているという。おそらくプランクトンの異常増殖による赤潮であろう。

◉打つ寄せられる大魚

海辺の怪異として大魚の発生も記録されている。貞応三年（一二二四）五月十三日、鎌倉近国の浦々に多くの死んだ大魚が打ち寄せられ、三崎浦・六浦・前浜などが一杯になったとの報告があった。鎌倉中の人々はその肉を買い、煎って油を採ったため異臭が町中に満ち、人々はこれを旱魃の予兆ととらえたが、果たして六月まで日照りに見舞われたため、幕府は祈雨の祈祷や陰陽道祭を行った（同年五月十五日条、十八日条、六月六日条）。また、大魚の死体が打ち寄せられるのは兵革の凶事を兆すとされ、文治五年夏の藤原泰衡《ふじわらのやすひら》謀殺、建仁三年夏の将軍交代、建保元年の和田合戦など先例ありと三浦盛時《みうらもりとき》が語っている（宝治元年五月二十九日条）。さらに鎌倉近国の異変だけでなく、陸奥国津軽で同様の異変があったときも留守所が鎌倉に注進している（宝治二年十一月五日条）。

◉怪異を祓う境界、由比ヶ浜

このように海辺の怪異は近国の海岸や遠くは陸奥国の事例も報告されたが、その多くは鎌倉の眼前に広がる由比ヶ浜で起こった怪異であった。浜には和賀江津を整備して人工の港を築き、宋の貿易船が着岸するなど東アジアに連なる貿易の窓口として機能し、現在も陶磁器の破片を拾うことができる〔高橋 二〇〇五〕。一方で由比ヶ浜は都市鎌倉の境界としても意識されていた。鎌倉を守護する鶴岡八幡宮から真っ直ぐ伸びる若宮大路には、海に向かって一ノ鳥居、二ノ鳥居、そしてもっとも浜に近い所に「浜の大鳥居」があった（なお、現在は順序が逆である）。浜の大鳥居の脇では風害の攘災《じょうさい》と五穀豊穣を祈る風伯祭《ふうはくさい》という陰陽道祭祀がたびたび行われたが、先にみた七座百怪祭もここで行われたのであろう。つまり、由比ヶ浜は都市鎌倉と海とを結ぶ重要な場であるとともに、怪異を鎌倉から祓い出す境界でもあったのである。

◉東国における怪異

『吾妻鏡』には東国各地で起きた怪異も注進され、幕府が対応する記事がたびたびみられる。例えば、宝治二年（一二四八）六月に相模国内を流れる相模川の水の色が血の如く真っ赤に染まった。これを受けた幕府は急ぎ評定を開き、祈祷を開始した（同年六月九日条）。また、その六日後には常陸国関郡二木奈利郷で夏にもかかわらず白雪が舞った（六月十五日条）。さらに建長三年（一二五一）四月には上野国赤木岳（赤城山）が噴火し、先例では兵革の予兆であると在庁官人が注進している（四月二十六日条）。

同じく東国の諸社寺で発生した怪異も鎌倉に報告され、幕府が対応した。先にみた常陸国鹿島神宮のほか、武蔵国鷲宮、相模国氷川社、伊豆国走湯山《そうとうさん》、同国願成就院《がんじょうじゅいん》、駿河国惣社・富士新宮、信濃国諏訪社といった東国各地の社寺から怪異が注進されている。これに対して幕府では評定を行い、陰陽師に占わせ、奉幣や祈祷をもって対処していた。例えば、建久四年（一一九三）十一月十八日、武蔵国鷲宮の宝前で流血があったとの飛脚が到来した。頼朝は驚いて占わせたところ、兵乱の予兆とのことであった。また、宝治元年（一二四七）七月十日、相模国の一宮である氷川神社から、境内の杉数本が理由もなく焼失したとの報告を受け、幕府で評定が行われ、神馬・御剣を奉納して鎮めることにした。

このように東国の怪異は幕府に報告され、幕府が対処することになっていたと思われる。というのも、鎌倉幕府の成立以降、朝廷の軒廊御卜で東国の怪異は扱わなくなるのである。一〇七六年から幕府滅亡までの一三三三年までの間、軒廊御卜の記事は七六〇件あるが、天仁元年（一一〇八）九月の浅間山の噴火（『中右記』九月二十三日条）、天永三年（一一一二）十一月の伊豆国鳴動（海中火山の噴火、『殿暦』十一月十七日条、『中右記』十一月二十七日条）以降、東国の変異を占った事例は確認できなくなる。つまり、幕府への怪異の報告と対処を記録することは、幕府が東国を統治する正当性を示す意味を持っていたのである。

五　鎌倉における怪異の種類

●動物の怪異

『吾妻鏡』には様々な動物が登場することが谷口榮氏によって指摘されている〔谷口 二〇〇七〕。その種類は、馬、鹿、狐、犬、鼠といった哺乳類、鶏、鳩、鷺、烏、鳶、小鷹、海黒鳥、鴨、雀といった鳥類、黄蝶、羽蟻、蜂巣といった昆虫、また蛇や大魚など多様な動物が登場し、これらの群参、御所や寺社への侵入、死骸や糞の遺棄といった現象を怪異ととらえている。すべては紹介できないが、鎌倉に特徴的な鳩と黄蝶、そして動物以外の怪異として光物を取り上げる。

●源氏将軍と鳩

鎌倉では鳩の怪異に敏感だったが、それは鳩が八幡神の神意を伝える霊鳥であり、河内源氏にとって重要な動物であったことによる〔山田 二〇〇九〕。頼朝が奥州藤原氏を攻めた奥州合戦のおり、千葉常胤《ちばつねたね》が伊勢大神宮・八幡大菩薩の文字と向かい合った鳩二羽を縫いつけた軍旗を献上したが、これは頼朝の先祖頼義が前九年合戦で使用した旗と同じ寸法・デザインであったという〔文治五年七月八日条〕。

池田浩貴氏によれば『吾妻鏡』では「源氏将軍と鳩〔とその背景にある八幡神の神威〕の結びつき」を演出しているという〔池田 二〇一六〕。その指摘のごとく、鳩に関する怪異は頼朝・頼家・実朝の時期に集中し、それ以降はわずか一件のみである。特に建仁三年（一二〇三）に鳩の怪死が相次ぐと〔六月三十日条、七月四日条、九日条〕、七月二十日から頼家が急病に陥る。占いで霊神の祟りを暗示する結果がでると、二十七日に頼家は所領を子息一幡と弟千幡〔のちの実朝〕に分割譲与して将軍職を退いた。さらに建保七年（一二一九）正月二十五日、鶴岡八幡宮の境内で死んだ鳩が見つかり、陰陽師は不吉を示したが、その二日後、実朝は公暁《くぎょう》〔頼家子息〕によって殺害されるのである。このように『吾妻鏡』では頼家・実朝二代にわたる将軍の交代劇を示す予兆として鳩を用いている。

◉黄蝶乱舞

『吾妻鏡』には黄蝶が大量発生した記事がたびたび見られるが、京でも蝶の乱舞は軒廊御卜でたびたび占われている〔例えば、『玉葉』文治二年七月七日条〕。鎌倉では文治二年（一一八六）、建保元年（一二一三）、宝治元年（一二四七）、同二年に記録されている。谷口氏は黄蝶はモンキチョウかキチョウと推定し〔谷口 二〇〇七〕、その群飛は反乱や兵革を予兆した〔山田 二〇〇九〕〔池田 二〇一五〕。特に宝治元年三月十七日に鎌倉中を幅一丈（約三メートル）の群れが三段ほど並んで満ち溢れ、古老らは平将門の乱や前九年合戦を引き合いに兵革の予兆を疑ったが、これは六月五日に起きた北条氏と三浦氏の軍事衝突（宝治合戦）の前兆として書き留められている。

◉漂う魂魄「光物」

平安時代より京でもたびたび「光物」なる怪異が登場する。例えば、嘉保二年（一〇九五）十月二日の夜、禁中北中門に「大光物」が現れ、人々は「人魂」と疑った（『中右記』）。鎌倉でもたびたび光物が出現している。建暦三年（一二一三）八月十八日の丑刻、御所の南面に出た将軍実朝は若い女が庭を横切るのを見てこれを追いかけ、門外に出た所で光物が現れた。実朝は陰陽師安倍親職を召して占わせ、女が出現した御所の南庭で招魂祭《しょうこんさい》を行った。また、貞応二年（一二二三）に北条義時邸に光物が出現した時も大倉薬師堂で七座招魂祭を行った（十二月三日条）。招魂祭は陰陽道祭祀の一つで魂魄の遊離に対処するための呪術である〔斎藤 二〇一一〕。鎌倉時代後期に編纂された陰陽道祭の次第書『文肝抄《ぶんかんしょう》』（京都府立京都学・歴彩館所蔵「若杉家文書」）によれば、息災・病事・光物の時に行い、撫物《なでもの》の衣の褄《つま》を男性の場合は左に、女性は右に結ばせ、三魂七魄《さんこんしちはく》の呪文を唱えた。また、鎌倉では光物は黄蝶と同様に兵革の前兆としてとらえていたようで、和田合戦や宝治合戦の前にしきりに出現している（建暦三年三月十日条、寛元五年正月三十日条、五月十八日条）。

◉怪異を祓う祭祀、百怪祭

頼経期以降、怪異が発生すると鎌倉陰陽師がこれを占い、神馬の奉納、寺社の祈祷、陰陽師祭祀などの処置がとられた。怪異を祓うために行われた陰陽道祭祀の一つが百怪祭である。百怪祭の事例を博捜した太田まり子氏によれば百怪祭の事例は十二世紀から十六世紀まで二十三例あり、そのうち約半数にあたる十二例が『吾妻鏡』に登場するという〔太田 二〇二〇〕。つまり、鎌倉は百怪祭のメッカであった。また、同祭の特徴として、動物（主に鳥類）の怪異にまつわるものが多いこと、ほとんど安倍氏によって行われていたこと、怪所（怪異の発生した場所）で祭祀を行ったことなどが挙げられている。先述の『文肝抄』によれば、祭壇に魚味、撫物の鏡、白鶏一羽を供え、五方に座を設け、「百怪符」と呼ばれる朱書きの呪符を寝殿の五方に打った（なお、太田氏は百怪符は賀茂氏のみが使用したことを推定している）。百怪祭を怪所で行うのは怪異現象の消除と悪鬼侵入の厭却《えんきゃく》のためであり、とりわけ怪異が発生した場所が「悪所」にならないようにするための措置であったが〔小坂一九八一〕、こうした怪所に対する意識は室町時代になると薄れていき、怪異を撫物に移して陰陽師の邸宅で祭祀を行うようになった〔太田 二〇二〇〕。

◉怪異が「記録」されること

以上、『吾妻鏡』から鎌倉幕府と怪異の関係をみたが、「怪異が記録されること」は『吾妻鏡』という物語の文脈で様々な役割を果たしてきたことが読み取れた。それは幕府草創期においては頼朝軍の正当性を保証するものとして、幕府成立後は幕府が東国を統治する証左となすものとして、また、頼家から実朝への将軍交代、実朝暗殺といったアクシデントや宝治合戦などの兵革の予兆として意図的に物語の中に配置されたのである。このように『吾妻鏡』ではその都度、怪異を記録することの目的を変えているが、そこには怪異を政治的言説の一つとして利用する幕府の強かな姿が見てとれる。また、鎌倉殿をめぐる護持体制の強化や陰陽師の下向など政治的・宗教的環境の整備によって怪異が頻繁に記録されるようになったことも指摘できる。このように「怪異が記録されること」は政治性を帯びたものであることに注意しながら読み解く必要があるだろう。

参考文献

赤澤春彦 二〇一一 『鎌倉期官人陰陽師の研究』吉川弘文館
池田浩貴 二〇一五 「『吾妻鏡』の動物怪異と動乱予兆——黄蝶群飛と鷺怪に与えられた意味付け」『常民文化』三八
池田浩貴 二〇一六 「『吾妻鏡』における八幡神使としての鳩への意味付け」『常民文化』三九
太田まり子 二〇二一 「百怪祭——陰陽道祭祀からみた中世における怪異意識の変容」 赤澤春彦編『新陰陽道叢書 第二巻中世』名著出版
川合康 一九九六 『源平合戦の虚像を剥ぐ』講談社選書メチエ
小坂眞二 一九八一 「怪異祓と百怪祭」『民俗と歴史』十一

五味文彦　二〇〇〇　『増補吾妻鏡の方法――事実と神話にみる中世』吉川弘文館
斎藤英喜　二〇一一　「「招魂祭」をめぐる言説と儀礼――陰陽道祭祀研究のために」『鷹陵史学』三七
高橋慎一朗　二〇〇五　『武家の古都、鎌倉』山川出版社、日本史リブレット
谷口榮　二〇〇七　「鎌倉を取り巻く生き物たち」佐藤和彦・谷口榮編『吾妻鏡事典』東京堂出版
西岡芳文　二〇〇二　「六壬式占と軒廊御卜」今谷明編『王権と神祇』思文閣出版、のちに赤澤春彦編『新陰陽道叢書　第二巻中世』名著出版、二〇二一年に収録
山田雄司　二〇〇九　「鎌倉時代の怪異」東アジア恠異学会編『怪異学の可能性』角川書店、のちに山田雄司『怨霊・怪異・伊勢神宮』思文閣出版、二〇一四年に収録

幕末の陰陽頭・朝廷と天変

杉 岳志 ● SUGI Takeshi

はじめに

天変に対する態度、そしてその態度の基盤となる天変観には時代性があり、天変観は現実世界に影響を受けて変容する〔杉 二〇〇八③〕。本稿では、その具体的な様相を幕末の公家社会に即して示すことにしたい。

幕末の陰陽頭土御門晴雄（一八二七―一八六九）が編纂した史料の一つに、『天保十四年歳次癸卯天変地妖勘文之記』（以下『天変地妖勘文之記』と略記）がある。[1]「勘文」とは下問に答えて意見を上申した文書のことで、本史料には晴雄が陰陽頭として対応した十三の案件の勘文が書写されている。

史料名には「天変地妖」とあるが、十三件の勘文はすべて天変に関するものである。内訳は、彗星五件、日食・月食や日暈など太陽と月に関わるもの五件、天変発生の有無について二件、「白気」一件となっている。このうち彗星の四件は複数の勘文が収録されており、とりわけ彗星に関心が寄せられていたことがうかがえる。そこで本稿では対象を彗星にしぼり、晴雄が各彗星について示した見解とそれを受けた朝廷の対応を検討する。
なお、紙幅が限られていることから、勘文は内容を要約するにとどめた。勘文の原文に関心のある方は、拙稿〔杉二〇一五・二〇一九〕を参照していただければ幸いである。

一　天保十四年の彗星

◉天変の正体

『天変地妖勘文之記』に収録された勘文の中で最も古い年紀をもつのは、「白気」の出現を受けて作成された天保十四年（一八四三）二月二十一日の勘文である。天保十三年（一八四二）六月に父の跡を継いだ晴雄にとって、この白気が陰陽頭として初めて対峙する天変であった。晴雄が勘文でどのような見解を示したのか、みていくことにしよう。

勘文の冒頭、晴雄はこの天変は白気ではなく彗星であると主張する。この時発生した天変は実際に「一八四三年の大彗星」として知られる彗星であったが、二月二十一日の時点では星の部分を目にすることができなかった（図1・図2）。そのためこれが彗星であることは自明ではなく、この天変を白気とする記録が多くみられる。[2]それにもかかわらず晴雄がこの天変は彗星であると主張したのは、毎夜移動するその様子が過去に出現した彗星と類似しているからであった。晴雄は観察結果から類推するという科学的方法に基づき、これを白気とする当時の常識とは異なる見解を提示したのである。

◉晴雄の見解

この天変が彗星であるならどのように対処すべきなのだろうか。晴雄の結論は、特に対策をとる必要はなく、彗星が消滅するのを待てばよい、というものだった。その理由は以下のとおりである。

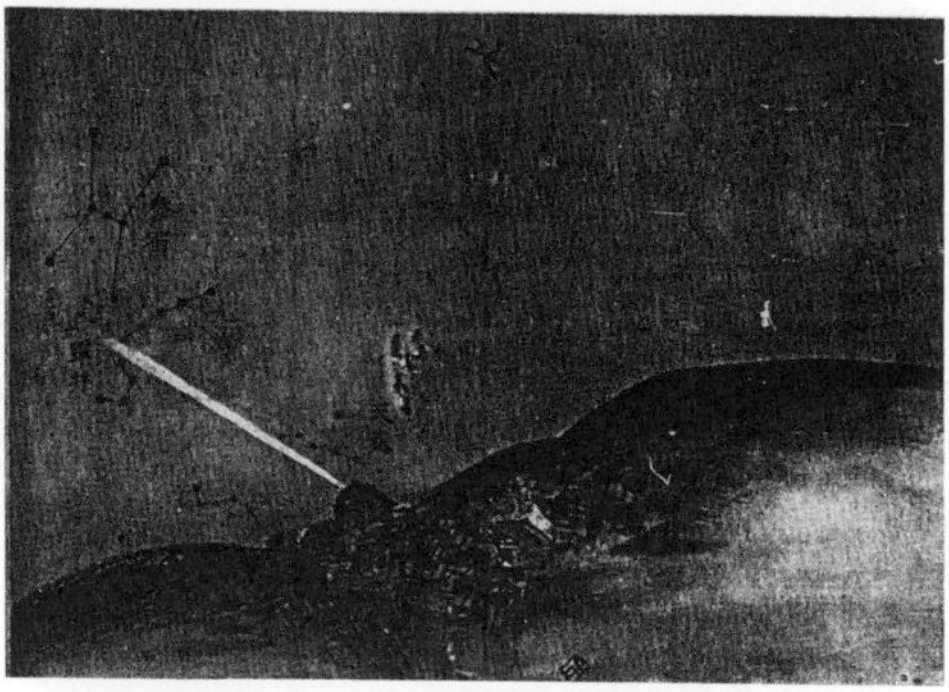

図1　「彗星弁談」（「天保十四年彗星出現一件」所収、宮内庁書陵部所蔵）

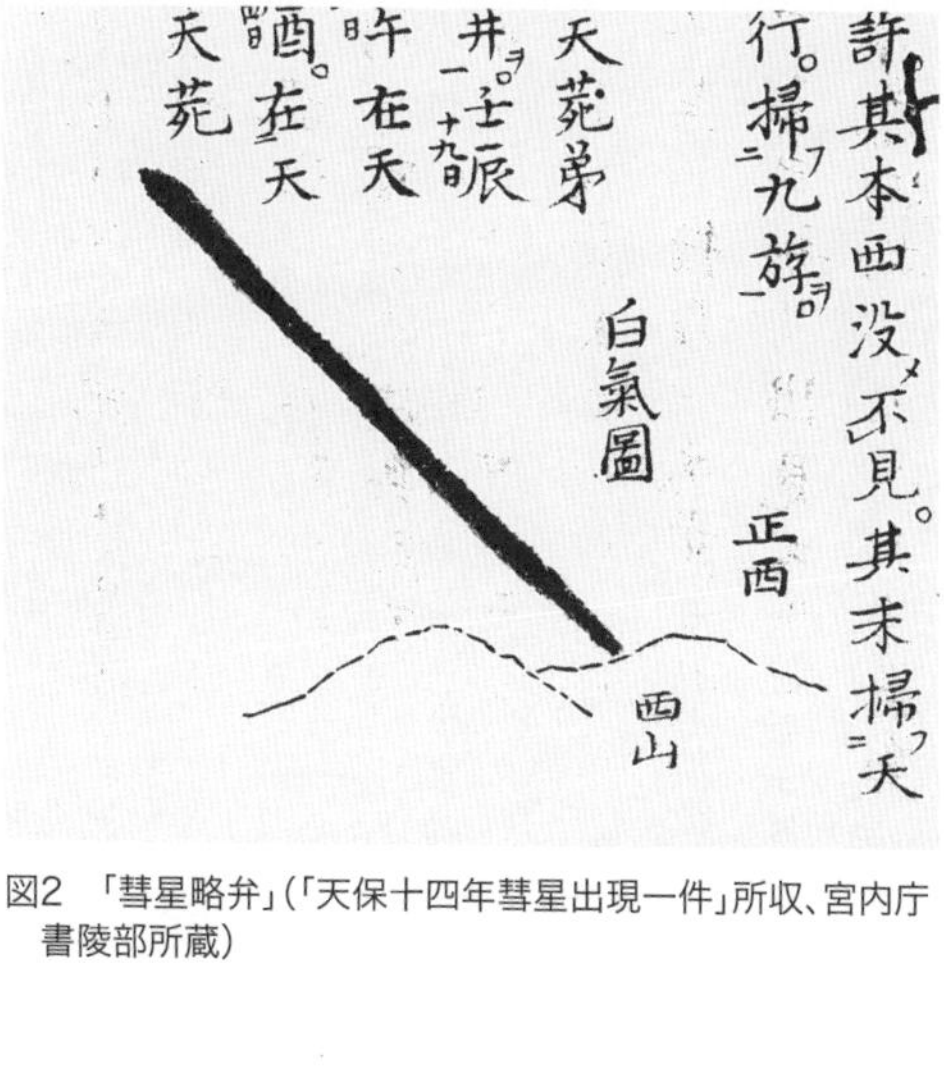

図2　「彗星略弁」（「天保十四年彗星出現一件」所収、宮内庁書陵部所蔵）

まず、彗星出現の原理上、彗星は時とともに消滅すると考えられた。晴雄によれば、この度の彗星は気候不順によって出現したものであり、気候が安定すれば自然と消滅するという。星であるはずの彗星が気候に起因して出現するとの説明に奇異な印象を受けるかもしれないが、これは明末清初の天文書『天経或問』に依拠したものである。近世日本において最も影響力をもった天文書とも評される『天経或問』では、彗星は星ではなく地表から上昇した火の気であるとされた〔杉　二〇〇八①〕。晴雄は「天経或問彗星の条に云く、彗は火気土を挟み上升し結聚して彗と成ると云々」（引用に際し、適宜通行の字体に改めた。読み下しは引用者による。以下同様）と書名を明示して引用し、自説の補強を図っている。

次に、「治の時代」である天保十四年（一八四三）当時において、彗星出現後に凶事が生じるとは考えにくかった。晴雄は彗星を気候不順によって出現する現象であると説明する一方で、彗星を凶事の前兆とする説も否定していない。しかし、彗星出現後の凶事の発生は治乱の時世次第であり、聖徳が四海に行き渡り恩光が万民に及ぶ現在は凶事が発生する恐れはないとして、対策の必要性に言及することはなかった。

◉親子二代の彗星観

以上、陰陽頭の土御門晴雄が天保十四年（一八四三）の白気出現時に作成した勘文を概観したが、その大枠は父親である先代の陰陽頭土御門晴親の勘文を踏襲したものであった。勘文に示された①

この天変は白気ではなく彗星である②彗星は気候不順によって出現する現象であり、気候が安定すれば彗星は自ずと消滅する③彗星出現後の凶事発生は治乱の時世次第であり、現在は治の時代であるから凶事が発生する恐れはない、という三つの要点のうち、②と③は晴親がかつて訴えた内容に他ならなかった。晴親は陰陽頭として初めて彗星に対処した文化四年（一八〇七）に新たな彗星観を打ち出し、彗星出現時に祈禱の実施を求めたそれまでの陰陽頭の先例を放棄した〔杉 二〇〇八②〕。晴雄はこの天保十四年（一八四三）の勘文で、父の彗星観を継承すると朝廷に対して表明したといえよう。

◉晴雄の見解に対する反応

この天変を彗星とする晴雄の見解は当時の常識とは異なるものであったため、公家の中には晴雄の見解に違和感を覚える者がいた。野宮定祥は、朝廷に召された晴雄がこの天変は「慧星《（ママ）》」であると説明したとの報に接し、「不審の者也」と記している。なぜかといえば、この白気は虹のような形状で両端が不鮮明であり、星が見えなかったからである（『野宮定祥日記』〈宮内庁書陵部所蔵〉天保十四年二月十七日条）。壬生輔世もまた、晴雄の説によれば「水星《（ママ）》」であると豊岡治資から聞かされ、星がなく気のみなのにどういうことであろうか、と疑問を呈している（『輔世卿記』〈宮内庁書陵部所蔵〉天保十四年二月十六日条）。

晴雄の見解に接した公家一人一人の反応を知るすべはないが、残された記録を見る限り、晴雄の見解が肯定的に受け止められたとは言い難い。それだけ晴雄の見解が公家たちの常識に反していたということなのだろう。

◉朝廷の対応

彗星への対策は必要ないと陰陽頭が勘申したにもかかわらず、朝廷は祈禱を実施して攘災を図った。晴雄の勘文から五日後の二月二十六日、伊勢神宮・石清水八幡宮・賀茂両社・延暦寺・園城寺・東寺の三社三寺に御祈、陰陽允以下に略式の三万六千神祭が命じられた（『橋本実久日記』天保十四年二月二十六日条）。陰陽道の祈禱は陰陽頭の晴雄に命じられるべきものであったが、晴雄は晴親の喪に服していたため陰陽允以下による略式の三万六千神祭とされた。晴雄の主張も一部は認められており、祈禱を命じる文言は「慧《ママ》星現出し、頗る白気有り」（『妙法院史料7　教仁法親王日記』吉川弘文館、一九八二年、三四〇頁）となっている。しかし鍵となる勘文の要点②と③が採用されることはなく、朝廷は凶事を避けるために祈禱を命じたのだった。

彗星を懸念するには及ばないとの陰陽頭の主張を退けて朝廷が祈禱を命じるのは、今回が初めてではない。文化八年（一八一一）に長大な彗星が出現した際、対策は必要ないと主張した当の晴親に対し、朝廷は三万六千神祭を執行するよう指示している〔杉 二〇〇八②〕。晴雄は父晴親の彗星観を踏襲したが、彗星に対する朝廷の姿勢もまた晴親時代と同様であった。

二　嘉永六年の彗星

◉勘文から読み取れる晴雄の本音

天保十四年（一八四三）の次に彗星が出現したのは、嘉永六年（一八五三）七月のことであった。晴雄はこの時の勘文においても、気候不順のために上昇した気が凝結して彗星になったと述べている。主張を退けられた前回の経験を経てもなお、晴雄は同様の彗星観を保持していたとみてよいだろう。

この勘文は下問に応じて作成された正式な勘文ではなく、晴雄の方から内々に上申したものだった。そのためか、正式な勘文ではうかがい知ることのできない晴雄の本音を読み取ることができる。天保十四年（一八四三）の勘文では彗星出現後の凶事の有無は治乱の時世次第と述べていたが、晴雄は実のところ、彗星が何らかの前兆である可能性を想定していなかった。この時の勘文には、「異国船の風聞もあるため様々に語られているが、言うまでもなくこの彗星の出現は大したことではない」との一節がある。偶然のことではあるが、彗星の出現する一か月前にペリーが来航し、彗星の出現と同時期にプチャーチンが長崎に入港していた。このような状況において人々が彗星と異国船の来航の間に関連を見出すのは想像に難くなく、公家の中院通富は彗星をペリーの来航と結び付けて凶兆視している（『中院通富日記』〈東京大学史料編纂所所蔵〉嘉永六年七月十八日条）。そうした噂は晴雄の耳にも入っていたようだが、彼は理由を示すこともなく「大したことではない」と言い切った。もし晴雄が彗星が凶事の前兆である可能性を念頭に置いていれば、このような態度を示すことはなかったはずである。

晴雄はそもそも彗星の出現を重大視していなかった。前段の一節に続く結論は、彗星はやがて山の陰に隠れて見えなくなるだろうというものであった。天保十四年（一八四三）の勘文に見られた「気候が安定すれば彗星は消滅する」との説明はなく、彗星が視界から姿を消しさえすればよいとの考えが垣間見える。彗星を前兆視しない立場からすれば、彗星が消滅するのと視界から姿を消すのとの間に大きな違いはないのだろう。

天保十四年（一八四三）の勘文で彗星を懸念する必要がない理由の一つに挙げられた「彗星出現後の凶事の発生は治乱の時世次第であり、現在は聖徳の及ぶ治の時代であるから凶事が発生する恐れはない」との見解も本音ではなかったようで、この時の勘文では言及が見られない。父の晴親もまた、文政六年（一八二三）の彗星出現時に内々に言上した際はこの点に触れることがなかった（『晴親卿記』〈宮内庁書陵部所蔵写本〉文政六年十二月十三日条）。晴親・晴雄親子にとって彗星出現の原理こそが彗星を懸念しなくてよい理由であり、治の時代云々は正式な勘文上の定型句に過ぎなかったとみられる。

この彗星は比較的小規模だったためか、この後正式な勘文が召されることはなく、祈禱が実施されることもなかった。

三　安政五年の彗星

◉勘文に生じた変化

安政五年（一八五八）八月に出現した彗星に対する勘文は、基本的に天保十四年（一八四三）の勘文と同様の構造であった。①この彗星は気候不順のために出現したものであり、②彗星出現後の凶事は聖徳が及んでいるので生じない、という二本の柱に変更は見られない。嘉永六年（一八五三）の勘文では②への言及がなかったが、今回は下問に応じて作成された正式な勘文であるため盛り込まれている。

しかし、結論部分が天保十四年（一八四三）の勘文とは異なっていた。天保十四年（一八四三）の勘文では気候が安定すれば彗星は消滅するとされたが、今回の勘文ではこの一節が削除された。代わって登場したのは「宸慎を加えられ、神明を崇敬なされば妖星は消散するだろう」との提言である。彗星を消滅させるには、「宸慎」すなわち天皇の慎みと敬神が必要になるという。晴親・晴雄親子が天変発生時にこのような勘申を行った例はなく、先例は晴親の父泰栄の代まで遡る（『勘文類新写天変泰栄卿』宮内庁書陵部所蔵）。このような変化が生じた理由を物語る史料は残念ながら見出しえていないが、開国以降の社会情勢と無関係ではないだろう。

◉彗星と将軍家定の死

十三代将軍徳川家定は安政五年（一八五八）七月六日に死去し、その事実は八月八日に公表された。晴雄が朝廷に彗星出現の旨を報告したのが八月十三日のことだったので、偶然ながら将軍の死と彗星の出現が重なった。こうしたことから、公家の日野西延栄は彗星が出現したのは将軍が死去したためなのかと晴雄に直接尋ねている。延栄は「世間色々と申し立て候事也」と記しており、そのような疑念を抱いたのは彼に限ったことではなかった。

延栄の問いに対する晴雄の返答は、「別に凶事と申す事にてもこれ無き由、往古は多く出現し、彼此難これ有り候えども、何も子細無きの由」であった（『日野西延栄日記』〈宮内庁書陵部所蔵〉安政五年八月二十四日条）。凶事と申すようなことではない、昔は多く出現していろいろと難があったが、何も別状ないという。この態度は異国船の来航と彗星の関連を否定した嘉永六年（一八五三）時の態度と共通しており、晴雄がこの時点でも彗星を前兆視していなかったことがわかる。

◉蛮夷・彗星・異病

ところが、事態は思わぬ方向へと展開した。

まず、祈禱の実施を求める嘆願書が八月二十八日に内大臣一条忠香と権大納言二条斉敬の連名で提出された。祈禱の主眼は「蛮夷国賊」によって乱された国内の平穏回復にあったが、彗星の出現も祈禱を求める理由の一つに挙げられた（『一条忠香日記抄』東京大学出版会、一九六七年、一九四～一九五頁）。

さらに、九月二日から公家たちが相次いで死去した。(4) 女官の長橋局も九月三日に急病で死去しているが、この病は「流行のホレと申す頓病」で、長橋局の遺体は「総身紫色に変じ候次第」であったという（前掲『一条忠香日記抄』、二〇五頁）。長橋局の命、そして恐らく他の公家たちの命も奪った病は、この時日本の各地で大流行していたコレラ（富士川 一九六九：二二三～二三二）であった。

未知の病の流行という非常事態を受け、九月三日に急遽「蛮夷事情」・「彗星出現」・「異病流行」の三点を理由とする祈禱が七社七寺へ命じられた（『孝明天皇紀』第三、平安神宮、一九六七年、六三頁）。ここに蛮夷・彗星・異病の三者が結び付き、彗星は新たな意味を獲得した。親子二代にわたる晴親と晴雄の見解は、西洋諸国の接近とコレラの流行という現実の出来事によって反証され、その信憑性に疑問符が付されることになった。

◉安政六年の彗星？

翌安政六年（一八五九）の七月十四日、朝廷は七社七寺に対して「彗星出現」・「異病流行」・「蛮夷之情実」を理由とする祈禱を実施するよう命じた。この祈禱は異病の流行を知った孝明天皇が十二日に発案したもので、晴雄が実施までの過程に関与することはなかった（前掲『孝明天皇紀』第三、二九〇頁）。実はこの時彗星は出現していなかったため、嘉永六年（一八五三）時のように先回りして内々に言上することもできなかったのである。

彗星出現の風聞に接した晴雄は探索に努めたが、出現していない彗星を発見することは無論不可能であった。祈禱からおよそ半月後の七月二十八日、武家伝奏の広橋光成に面会する機会を得た晴雄は、彗星に関する情報は確かな筋から言上されたのかと尋ねるとともに、自分は彗星を発見できないため言上していないのだと弁明している。しかし光成も経緯を把握しておらず、晴雄が期待した回答は得られなかった。最終的に晴雄は江戸の幕府天文方に書状で問い合わせ、江戸でも同様の噂が流布しているが彗星は出現していないとの返答を得た（前掲『孝明天皇紀』第三、二九一〜二九二頁）。

以上の経過から、彗星が出現したとの噂が異病の再流行時に発生し、前年の災禍を経験した人々がその噂を信じたために彗星も祈禱実施の理由に含まれたことが判明する。前年の出来事により彗星が異病流行の前兆として捉え直されたことで生じた一件であったといえるだろう。振り回された晴雄にとっては災難であったが、彗星に対する人々の感覚を読み取ることのできる興味深い事例である。

四　文久年間の彗星

◉合致した彗星観

文久元年（一八六一）の勘文は彗星を凶兆視し、災を攘うために祈禱を実施するよう求めた。彗星出現の原理は『天経或問』の説を固守しているものの、安政五年（一八五八）の勘文と同様、気候が安定すれば彗星は消滅するとの文言はない。さらに、今回は「治乱の時世次第」という文言も削られた。安政五年（一八五八）と六年（一八五九）の経験を経て、晴雄の見解は大きく転換した。

朝廷は晴雄の勘申の二日後に七社七寺へ祈禱を命じた。安政五年・六年（一八五八・五九）とも蛮夷・彗星・異病の三点が祈禱実施の理由であったのに対し、今回は彗星の出現のみが理由である。「頃日彗星出現し、光芒天を竟る。古来必ずしも其の応を見るに非ずといえども、或いは災厄の徴たる由有司これを奏す。若し変妖に遭わば国家の憂患これに過ぐる無し」（前掲『孝明天皇紀』第三、六〇七頁）と寺社に向けて説明されたように、祈禱は彗星が凶事の前兆である可能性を指摘した有司（官人のこと。具体的には晴雄を指す）の見解を受けて実施された。見解を転じた晴雄の勘文は朝廷に抵抗なく受け入れられ、晴雄の勘申に従って祈禱の命が下された。

◉旧説の復活

翌文久二年（一八六二）に出現した彗星に対する勘文において、晴親・晴雄親子の見解のいわば最後の砦であった『天経或問』の説が削除された。陰陽頭が二代にわたって提示し続けた新たな彗星観は、ここに姿を消すこととなった。『天経或問』の説に代わって引用されたのは、「天文大成曰く、客星は非常の星にして、天皇大帝の使なり。以て咎罰を告ぐる者也」という中国の天文書『天文大成』の一文であった。この説では、通常は出現しない星である客星は天皇大帝の使として咎罰を告げる、すなわち突発的に出現した星は天が示した譴責であるとされる。これに呼応して、結論

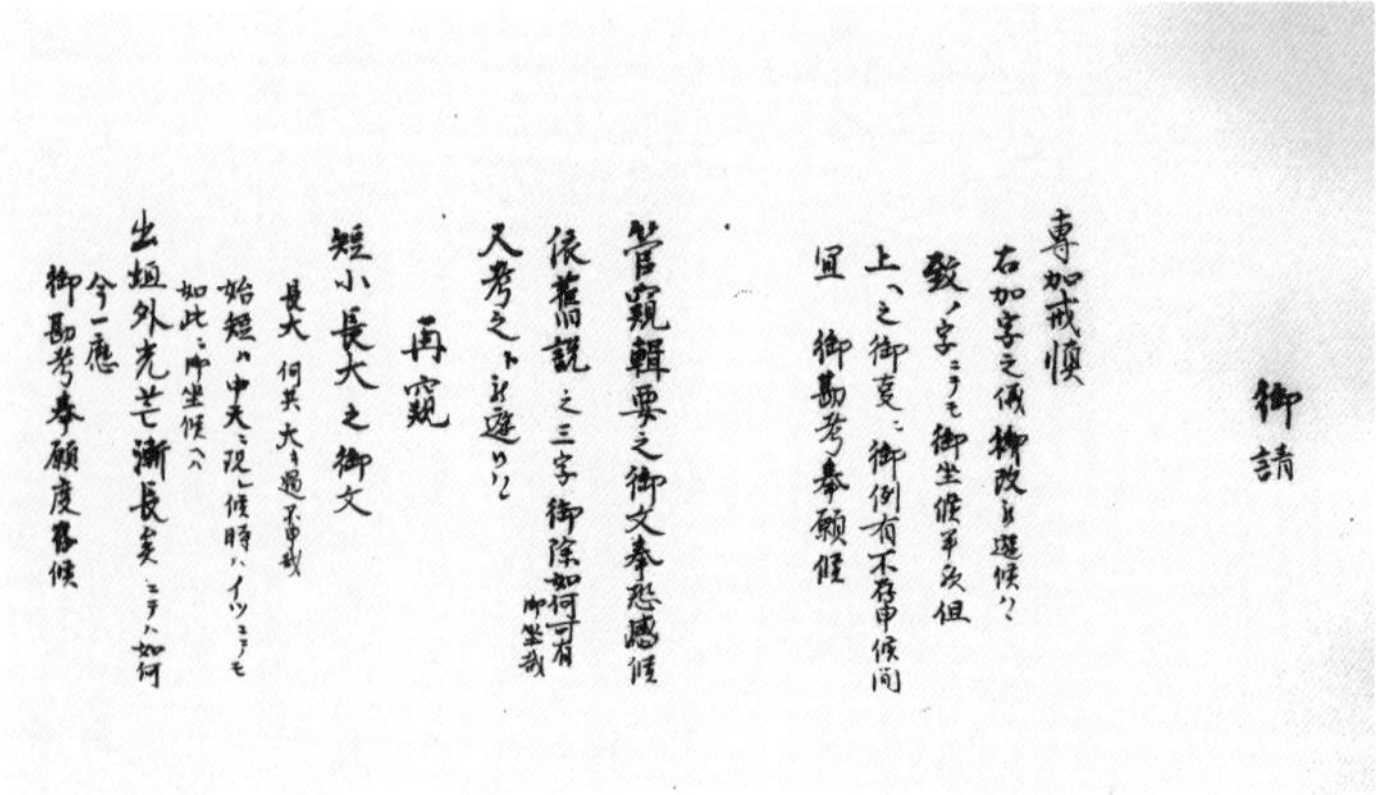

図3　草案の添削（「文久二年彗星出現一件」所収、宮内庁書陵部所蔵）

部分では祈禱とともに天皇の謹慎が求められた。

これまでの検討から、晴雄は安政五年（一八五八）以降次第に自説に懐疑的となり、この時までに自説を完全に放棄していたように思われるであろう。しかし、彼は勘文を奏上する直前まで自説を放棄してはいなかった。この時の勘文は草案も残されているが、その内容は前年の勘文を踏襲するものであった。彗星については『天経或問』の説に依拠しており、客星を天譴とする『天文大成』の説には言及していない。天皇の謹慎は草案でも求めているものの、この点は安政五年（一八五八）の勘文も同様であり、新規の事項というわけではなかった。

草案が勘文となる過程に、門人と推測される人物が関与していた。彼は晴雄の草案を添削し、三点の指摘を行っている。そのうち二点は使用する文言についての些末とも言える指摘であったが、残る一点は『天文大成』の説に「恐惑」したので「依旧説」の三字を除いてはどうか」との指摘であった。指摘のあった個所は紫微垣という星座について説明した「旧説に依り考うるに紫微垣は天子大内と云云」で、勘文に採用された客星を天譴とする説とは無関係である。その後の経緯については不明であるが、結果として『天経或問』の説は削除され、「旧説」であった『天文大成』の説が採用されたのだった（「文久二年彗星出現一件」宮内庁書陵部所蔵）。

この年は内々の祈禱が賀茂両社へ命じられた。また、八月十四日に晴雄が札を献上していることから、晴雄へも祈禱の命が下されたようである（『孝明天皇紀』第四、平安神宮、一九六八年、四七頁）。

おわりに

彗星の出現に際して幕末の陰陽頭土御門晴雄が提示した見解は、彗星出現時にコレラが流行した安政五年（一八五八）を境に変容した。晴雄はそれまで彗星は気候不順により出現する現象であるとして前兆視することはなかったが、安政五年（一八五八）以降、その見解は徐々に彗星を凶兆視するものへと転じていった。朝廷は晴雄の勘申に反して安政五年（一八五八）以前から祈禱を命じていたが、安政五年（一八五八）の一件を経験した後は積極的に祈禱を施して攘災を図った。安政六年（一八五九）には、実際には出現していない彗星が七社七寺に祈禱を命じる理由の一つになるという事態も発生した。

陰陽頭が転向した結果、半世紀にわたって平行線をたどってきた彗星に対する陰陽頭と朝廷の態度が再び一致した。文久元年（一八六一）の勘文では祈禱の必要性が強調され、朝廷はそれに従って七社七寺に祈禱の命を下した。そして翌文久二年（一八六二）、晴雄は門弟と思しき人物の影響もあってそれまで堅持してきた『天経或問』の説を放棄し、自らが「旧説」と呼んだ彗星凶兆説を主張するに至ったのだった。

注

（1）宮内庁書陵部所蔵。外題は「勘文類」。
（2）晴雄への命も、「白色ノ気」について勘考し言上せよというものであった（『橋本実久日記』〈宮内庁書陵部所蔵〉天保十四年二月十五日条）。
（3）議奏の橋本実久の日記には、晴雄の勘文は二月二十三日に献上されたと追筆されている（『橋本実久日記』天保十四年二月十五日条）。こちらの情報が正しければ、三日後ということになる。
（4）野宮定祥が九月二日、藤谷為兄が三日、石井行遠が五日に没している（『公卿補任』第五篇、吉川弘文館、一九三四年、五一二～五一八頁）。

参考文献

杉岳志 二〇〇八①「書物のなかの彗星」『書物・出版と社会変容』四
杉岳志 二〇〇八②「近世中後期の陰陽頭・朝廷と彗星」井上智勝・高埜利彦編『近世の宗教と社会2 国家権力と宗教』吉川弘文館

杉岳志　二〇〇八③　「天変とフォークロア」『国文学 解釈と鑑賞』七三―八
杉岳志　二〇一五　「天変を読み解く」『アジア遊学』一八七
杉岳志　二〇一九　「幕末の陰陽頭・朝廷と彗星」『島根県立大学松江キャンパス研究紀要』五八
林淳　二〇〇九　「幕末・維新期における土御門家」『愛知学院大学文学部紀要』三八
富士川游　一九六九　『日本疾病史』平凡社
間瀬久美子　二〇一八　「近世朝廷と寺社の祈禱」『千葉経済論叢』五八

古代日本への「天」の思想の伝来

細井浩志 ◉ HOSOI Hiroshi

はじめに

本稿で筆者に与えられたテーマは、日本における「天」の思想についてである。古代～近世それぞれの時代の史料と先行研究をよく検討した上で論ずべき大きなテーマで、軽々に結論を出せないことは明らかである。ただしここは「コラム」なので、多少気楽に自分なりの見通しを綴りたい。

一 怪異・天文と天との関係

「怪異（恠異）」は、ふしぎに感ぜられる自然や社会の現象をさす古代・中世史の用語である。怪異は災害のような直截的な実害はないが、不気味さを与えるものが多い。

怪異は天の思想（儒教的な「天」とも言える）と関わる。中国の災異説では、怪異を失政に対する天から為政者への警告ととらえる。この前提として天命思想があり、殷周王朝では王、秦漢以降は皇帝が天子として天下の統治を委任されていると観念された。

天は失政に対してまず災（災害）で警告を発する。黄河の治水の失敗などで洪水が起これば失政である。ただし失政はすぐには政権の転覆にはつながらない。だが政治が改められなければ、天は次に怪異で警告をする。怪異として中国正史には「童謡」が載っている。「童謡」は暗に政府を批判する流言であり、火星などの精が地上に降りて歌うものともされる〔串田 二〇〇九〕。そうすると怪異の方が災害より、政府転覆を示唆しかねないので危険だという論理もわかりやすい。そして一度災異説が受容されれば、社会が不安定な時に怪しい現象がおこると、それにかこつけて政治批判が起こる。

もし怪異が現れても政治が改められなければ革命になる。つまり天命が革（改）って王朝が倒れる。災害や怪異が頻発すれば、やがて豪族や民衆の不満が暴動・流動といった実力行使につながり、有力者がそれに便乗して皇帝位を簒奪することで革命は実現する。

一方、天の意思を知る方法として、中国では古くから天文の学が発達した。天体観測により太陽の見かけの運動で起こる季節の変化を知ることは、農業の目安となる。また月の満ち欠けは潮汐と関係するので、船出や漁業にとって重要である。このため天の文（模様）を探求する学問が成立したのである。中国で天子の義務とされる観象授時（天象を観察して時を授ける）の観念も、ここから生まれた。

天文の学が発達すると、天の通常の法則を知る暦（暦法）と、異変を発見しその意味を解釈する占星術としての天文へと分化する〔田中 二〇二〇〕。天体の動きが地上に影響を与える事実が拡大解釈されて、天文が地上の人事と相関すると理解されるようになった。

占星術は、暦法で計算される星のめぐり合わせで日の吉凶を判断する数理占星術（暦注など）と、予測とは異なったり見た目が異様——月と惑星の異常接近や彗星など——な天変に事件の前兆や政治の善悪を見る変異占星術がある。中国では後者が国家に関わる国家占星術として発達する。観象授時と国家占星術の観点から、中国では早くから国立天文台が置かれた。そして漢代以降、より正確な天体の動きを把握しようと観測によるデータの集積が行われ、頻繁に暦法が改められることとなった。

ところで日本古代の災異思想は中国からの輸入であるにも拘わらず、怪異の理解が中国とは異なるとされる。つまり怪異は神仏の意思の現れで具体的には神社への不敬などに対する祟りである点が強調される。天についての認識も、中国的な「天」ではなく、天照大神や代々の天皇霊などと混合して矮小化したと言われる〔早川 二〇〇〇〕。

これに対応するように、日本では江戸時代になるまで天体運動を精密に観察し独自の暦法を作る動きは生まれなかった。天意を読み取るために星の動きを観察するという中国思想は入ってきたが、中国のような天文学を発展させるには、日本列島の社会と国家の成熟度がまだ不十分だっためである〔細井 二〇一七〕。よって古代の暦や天文の知識は、陰陽道に吸収され組み込まれることとなる。

二 天下の範囲

中国では古くは中原の都市国家が殷（商）を盟主として連合した。その殷王朝を倒して周が都市国家同盟の盟主となる。その後、春秋・戦国の動乱を経て、国同士の交流は進み、秦の時代には始皇帝の下で道路網が整備され、通貨や文字などの統一が図られた。これらによって都市国家は独立を失うが、中原の都市と都市は結びついていった。さらに隋代に大運河である通済渠・永済渠が開通すると、中原と江南が結びついた。

このように地域が相互に結びついた広い領域が中国の「天下」であり、王や皇帝がこの領域を支配するには、王の祖先神や部族神では権威の源泉としては不十分である。だから中国では早くから、普遍的な「天」が権威の源泉として必要になったと考えることもできよう。

日本の前身としての倭国には、五世紀製作とされる稲荷山古墳出土鉄剣や江田船山古墳出土大刀の銘文に「治天下」が見えるので、この時期には「天下」という語が大陸から入ってきていたことが分かる。さらに七世紀後半に律令国家が成立すると、倭国はかつて中国に朝貢した実績のある「倭国」ではなく「日本国」を名乗るようになり、同時代の唐皇帝より劣った地位を示す

「大王」の君主号も捨てて、「天皇」を称し始める。日本律令において天皇は唐皇帝と対等であり、皇帝同様に世界（天下）の支配を天から委託された天子と自己規定したのである。ただこの「天下」がどの範囲を指しているかは議論がある。刀剣銘の治天下大王であるワカタケル（雄略天皇）は、倭王武として宋に朝貢して倭王に冊封されており、この「天下」が全世界でないことは明らかである。

倭国時代の「天下」が実は非常に狭かった形跡は、祭祀の祝詞などより得られる。たとえば大祓は「天下諸国大祓」があり、一見全国を対象とした祭儀のように見える。そして六月・十二月晦日に行われる大祓の祝詞では（延喜祝詞式）、この儀で祓われる「罪」として天つ罪に畔放ち・溝埋め・樋放ち・頻蒔き・串刺し・生剥ぎ・逆剥ぎ・屎戸・ここだくの罪（その他多くの罪）、国つ罪に生膚断ち・死膚断ち・白人・こくみ・己が母を犯す罪・己が子を犯す罪・母と子と犯す罪・子と母と犯す罪・畜犯す罪・昆虫の災・高つ神の災・高つ鳥の災・畜仆し蠱物する罪・ここだくの罪が並べられている。ところがここには昆虫の災や落雷（高つ神の災）のような災害も列挙されているのに、広範囲に禍を及ぼす疫病がない。

律令国家期に全国的な道路網が完成すると、外来の疫病の全国的な蔓延が八世紀に出現する。天皇は疫病は自分の不徳のためだとした（『続日本紀』天平九年〈七三七〉五月壬辰条）。疫病に対処する祭祀として永く行われた追儺は八世紀に成立する。追儺は疫鬼を天皇の命令で日本の四至の外に追放する。つまり天皇が責任をもって治める「天下」は日本国域ということになる。一方大祓詞に疫病がないのは、七世紀以前はまだ地域間での人の移動が少なく、列島規模のパンデミックがなかったからだろう。とするとこの時期の天皇（大王）が、日本（倭国）全域に責任をもっていたのか疑問がある。

次に律令国家の重要祭祀である広瀬祭の祭文を見よう（延喜祝詞式）。

広瀬の川合に称え辞竟え奉る皇神の御名を白さく、……と宣う。倭の国の六つの御県、また山口に坐す皇神たちの前にも、皇御孫の命の宇豆の幣帛を、明妙・照妙・和妙・荒妙、五色の物は楯・戈に至るまで奉る。かく奉らば、皇神たちの敷き坐す山々の口より、さくなだりに下し賜う水を、甘き水と受けて、天の下の公民の取り作れる奥つ御歳を、悪しき風・荒き水に相わせ賜わず、汝命の成し幸わえ賜わば、初穂をば汁にも穎にも、𤭖の高知り、𤭖の腹満て双べて、横山の如く打ち積み置きて奉らむと、王たち・臣たち・百の官の人ども、倭の国の六つの御県の刀禰、男女に至るまで、今年の某の月の某の日、諸参出で来て、皇神の前にうじ物頸根築き抜きて、朝日の豊逆登りに称え辞竟え奉らくを、神主・祝ら諸聞き食えよと宣う。

ヤマト政権の本拠とされる六県と山口に坐す皇神が、「天下の公民」の収穫を悪風・洪水に遭わさなかったなら、初穂をたくさん奉りましょうという。ここでの「天下の公民」は、大和国のごく狭い範囲の人々（「六つの御県の刀禰、男女」）をイメージしている。龍田祭の祝詞は、「竜田に称え辞竟え奉る皇神の前に白さく、志貴島に大八島国知ろしめしし皇御孫の命の」で始まり、日本国全体（「大八島国」）を意識する。しかし同じく「天下の公民の作り作る物」が悪風・洪水に遭わず収穫できたならば、秋の収穫祭には多くの供え物をしますと、王・卿・百官人・倭国六県の刀禰・男女が四月に集まり、皇神に皇御孫の宇豆の幣帛を奉れと神主・祝らに賜るとある。ここでも「天下の公民」は六県の刀禰・男女である。律令の建前では「天下」は日本国、あるいは周辺国を含む領域をさすが、貴族たちが実感できる「天下」は、実は大和国のごく一部という感覚の残滓が垣間見られる（「天みつ大和国」というところか）。畿外が「天離るヒナ」だという歌の表現も、畿内が「天下」だという感覚の存在が前提だろう。

「天下」の範囲が狭いという話に関わって、日本の天文についても述べておきたい。日本律令国家は中国の天文の学を取り入れ、国立天文台を真似て陰陽寮を置いた。陰陽寮には天文博士と暦博士がいる。天文博士は天変を探して占星術を行い、暦博士は中国（唐）の暦法で毎年の暦を造り、天皇がそれを日本全国で使わせた。

しかし日本の天文の「天」には看過できない問題があった。中国の天文には分野説がある。分野は天の区分でそこでの天変は、中国の特定地域に起こる事件の予兆とされた。唐や日本で使われた天文書の『晋書天文志』は、天を十二にわけ（十二次）、各州に充てる。十二次最初の寿星は、星宿で言うと軫（烏座）の十二度から氐（天秤座）の四度までで兗州にあたる。分野説により皇帝は全中国で起こる事件の予兆を、天文から掌握できることになる。

もし天皇が真に日本国の統治者なら、天文書の中国地名はすべて日本の地名に置き替える必要がある。しかし古代の日本では分野説を受容していない。院政期の天文家の記録である『安倍泰親朝臣記』で永万二年（一一六六）の一年間の天文密奏を見ても、天変は天皇や朝廷に起こる事件、あるいは漠然とした「天下」の災害や兵乱の予兆に過ぎない。遡って六七二年の壬申の乱で天文に通じた大海人皇子（天武天皇）が黒雲を見て、「天下両分の祥」と予言したのは有名な話だが（『日本書紀』天武元年六月甲申条）、結局これは近江朝廷が大友皇子方と大海人方に分裂したことを指すにすぎない。内乱に動員された大和・伊賀・伊勢・尾張・美濃・近江などが「天下」の最大の範囲であった。「天下」は大小様々な統治範囲を指しうる曖昧な言葉だったようにも思える。

確かに考古学的に見て、ヤマトに発生した前方後円墳を共通のシンボルとする日本列島規模の連合体は四世紀には成立したのだろう。しかし中国から「倭国」とよばれた全領域（「大八島」）を責任をもって統治するという観念が、ヤマト政権の大王にあったのだろうか。

三　天と上帝と天照大神

中国哲学においては、非人格的な天と人格神的な上帝（天帝）の二種類の「天」がある。「天下」と言ったときにイメージされる「天」は、非人格的な天であろう。一方、世界の主宰神としての上帝は、ずっと後世のマテオ・リッチや太平天国の乱の拝上帝会に見られるように、キリスト教の神と同一視されやすい。こうした人格神は世界の主宰者であると同時に、その祭祀を司る王や権力体の守護神とされる場合は多い。

とすると天照大神（最初は高御産霊尊だったかもしれない）が世界を照らす太陽神として普遍的な性格をもつと同時に、ヤマトの王権の守護神である在り方は、神々の最高神でもある上帝の在り方と本質的な違いはないように思える。もっとも天照が天皇の祖先神そのものという点は異なるが、これは古代日本の「天下」の範囲が狭かった（そして天皇と豪族の距離が近かった）ことと関係するのかもしれない。

また律令国家建設期の倭国は、百済を通じて中国の南朝の影響を色濃く受けている。その南朝は本来の中原より南遷した王朝であるため、儒教的な天子では権威が保てず、梁の武帝は仏教の守護者として権威を再構築しようとしたとされる。その影響を受けて隋・唐でも皇帝が菩薩の化身として権威を保とうとした〔河上 二〇一一〕。儒教的な「天」は、同時代の中国でもそれほど万全の権威ではなかった。このため日本では王権の正統性を示すものとして、仏法への依存を深めていく。広域支配に必要な個別地域神・氏神を超える権威として、必ずしも儒教的「天」は必要なかったとも思える。

また中国でも天変や災異を、実際には徳治だけではなく祓いでも対応していた〔田中 二〇二〇〕。すると怪異を神々の祟りとして祓う日本の処理方法は、正しく中国式だったとも言える。それに中国でも「天」と人との間には祖先神が介在し、「天」と為政者の関係も歴史的に変わるので〔名和 一九九二〕、日本律令国家建設期の中国の「天」は、日本の為政者の目には典型的な儒教的「天」とは異なるものとして映っていた可能性がある。

一度貴族たちの祖先神が天照を頂点とする記紀神話の体系に組み込まれてしまうと、彼らが天皇にとって替わる論理を構築するのは、なかなか難しかったことであろう。

四　中世の変化

古代日本では、地方豪族に時の政権を転覆する力があったようには見えない。失政により政府批判が起こり、これに乗じて放伐の形で革命がおこる可能性は低かった。もっとも律令国家期には藤原広嗣が、災異説を口実に大宰府という国家機構を利用して九州で大規模な反乱を起こした。儒教や中国の歴史を通して易姓革命の存在が貴族たちに知られていたので、天皇の地位が皇族以外に移動する可能性も想定された。それをやりかねなかったのが藤原仲麻呂であり道鏡である。

だが彼らの失敗で、クーデターによる権力奪取はともかく、天皇位の簒奪の可能性は遠のいてしまった。

だが古代に輸入された儒教的な「天」の思想は、その後も意外にしぶとく生き残った。摂関期であっても災異を防ぐには為政者の徳が必要だとされた〔山口 二〇二〇〕。また十二世紀から天変・災・三合厄などが発生したら徳政を行う必要があるとされ、朝廷より新制が頻繁に出されるようになる〔稲葉 一九八七〕。また中世の知識人も天意を示す天体に強い関心を持っていた〔細井 二〇一〇〕。

実は王朝交代の社会的条件は十世紀になると日本でも整ってくる。天慶の乱で平将門は坂東に独立王国を作り新皇を称した。そしてついに十二世紀末の治承・寿永の乱で東国に鎌倉幕府が成立し、十三世紀の承久の乱では平安京の王権を屈服させることに成功した。鎌倉幕府は国家として、天変に対処すべく祈祷を行ったと下村周太郎は指摘する〔下村 二〇二二〕。また地域国家の統治に必要な地方暦（三島暦）も、十三世紀末には登場した（ちなみに中国には紀元前からある）。革命が起こってもおかしくはない。

しかし中世は天皇の地位が大きく変わる時代でもある。中世には『日本書紀』の読者層が広がるが、これは「中世日本紀」とよばれる記紀神話の膨張と変質であり、天皇の権威はある意味で強まる。一方で幕府権力は強大化していった。これにより権威（天皇）と現実の権力（将軍）が分離して、「政権簒奪には天皇位（天子の地位）を奪取する必要がある」とのイデオロギーの成立がより困難になった。

結局、中国の「天」の思想が伝来したときの日本の社会段階と仏教との関係がボタンの掛け違いとなって、その後、儒教が盛んになった段階でも、典型的な「天」の思想を全面的に受容するうえでの支障となったのではないかというのが、現在の筆者のおおまかなイメージなのである。

参考文献

稲葉伸道 一九八七 「新制の研究」『史学雑誌』九六―一

大崎正次 一九八七 『中国の星座の歴史』雄山閣出版

大津透 一九九三 「万葉人の歴史空間」『律令国家支配構造の研究』岩波書店

大津透 一九九九 『古代の天皇制』岩波書店

岡田重精 一九八二 『古代の斎忌』国書刊行会

岡田芳朗他編 二〇一四 『暦の大辞典』朝倉書店

狩野直喜 一九五三 「上天若しくは天の崇拝」『中国哲学史』岩波書店

河上麻由子 二〇一一 『古代アジア世界の対外交渉と仏教』山川出版社

串田久治 二〇〇九 『王朝滅亡の予言歌』大修館書店

下村周太郎 二〇二一 「中世国家論と陰陽道研究」赤澤春彦編『新陰陽道叢書第二巻中世』名著出版

田中良明 二〇二〇 「中国古代における天文思想」細井浩志編『新陰陽道叢書第一巻古代』名著出版
名和敏光 一九九二 「『左伝』所見の「天」の基礎概念とその諸相」『二松学舎大学大学院紀要』六
早川庄八 二〇〇〇 「律令国家・王朝国家における天皇」『天皇と古代国家』講談社学術文庫
細井浩志 二〇一〇 「中世日本の宇宙構造論に関する覚書」服部英雄『非文字知社会と中世の時間・暦・交通通信・流通に関する研究』科研費成果報告書
細井浩志 二〇一四 『日本史を学ぶための〈古代の暦〉入門』吉川弘文館
細井浩志 二〇一七 「陰陽道の成立についての試論」吉川真司・倉本一宏編『日本的時空観の形成』思文閣出版
細井浩志 二〇二〇 「「日本」の誕生と疫病の発生」串田久治編『天変地異はどう語られてきたか』東方書店
三宅和朗 一九九五 「諸国大祓考」『古代国家の神祇と祭祀』吉川弘文館
山口えり 二〇二〇 『古代国家の祈雨儀礼と災害認識』塙書房
山下克明 二〇〇二 「災害・怪異と天皇」『岩波講座 天皇と王権を考える』岩波書店
山本幸司 一九九二 『穢と大祓』平凡社

附記 本稿は二〇二一年二月に行われた東アジア恠異学会第一二九回定例研究会特別企画「天の思想・再考」でのコメントに加筆したものである。雑駁な話に対してご意見をくださった参加者の各位、同時報告者の大江篤氏、佐藤信弥氏に感謝したい。

◎第2部

信仰と怪異

久留島 元・佐々木 聡 ● KURUSHIMA Hajime・SASAKI Satoshi

ここでは、信仰と怪異との関係について、文芸や民間習俗にあらわれる通俗信仰をふくめた視点から考察する。特に東アジア圏においては、仏教や道教のような宗教における「怪異」について語る言説が、社会一般でどのように受容され、展開していたかを理解することが「怪異」の考察のうえで避けて通れない。すでに本書の総論・佐々木聡「通俗信仰と怪異」では、国家・王権に対置される基層社会の視点から、通俗信仰と怪異のあり方を論じた。以下ではさらに、中国における儒教以前の祖霊信仰、仏教の霊異譚、道教の神降ろし、日本の天狗信仰や疫病信仰などのテーマを取り上げ、信仰と怪異の諸相を掘り下げてゆく。

奇妙な言い方になるが、日常生活において、何らかの「ふしぎなこと」「まれなこと」は、まま出現する。ゲリラ豪雨や雷のような天災、動物の異常行動、突然の病気、事故。思い返せば「ふしぎなこと」「まれなこと」は、日常にあふれている。もっと身近にいえば、落とし物やなくし物だって、当人にとっては「ふしぎ」な事件になりうるだろう。

そしてどんなに「怪異」の内容が拡散しても、こうした事件の全てが「怪異」と呼ばれることはない。ある事件を（矛盾した言い方だが）「ありふれたふしぎな事件」と考えるか、「怪異」だと考えるか、その判断の根拠は、もちろん状況や個人の差もあるが、それぞれの社会的、時代的な通念に拠るところが大きいといえる。

これまでの章でも述べてきたとおり、東アジア恠異学会では、もろもろの「ふしぎ」「まれ」な現象のなかから「怪異」を判別し、対処する「媒介者」に注目してきた。初代代表、西山氏は「媒介者」への関心を「媒介者たちの中世——室町時代の王権と狐使い」として発表している〔西山二〇〇二〕。

西山氏は、「日常と非日常、あの世とこの世を媒介する媒介者の問題」として、室町四代将軍義持にまつわる事件を取り上げる。義持の病気治療について医師坂胤能《さかいんのう》と高天《たかま》（間）の見解が分かれたが、やがて義持の御台所が呼びよせた験者によって、医師高天が義持に狐を付けていたという衝撃の結末に至り、高天とその家族、一味とされた陰陽師が捕らわれ、罪に問われた。高天は流罪の途中殺されたという。将軍に仕える医師や陰陽師が、「狐憑き」の呪術を行う存在としてラベリングされ、排斥されたのである。

西山氏はこれをふまえ、「怪異は何か、周縁部、マージナルな時空で起こるというふうに思われがちですが、事実は決してそうではありません、怪異は中心で起こります」と重要な指摘を行っている。

まあ、怪しげな話にはさまざまあって、たとえば狸が女に化けて酒を飲み、犬が吠えかかってそれが露顕したみたいな化物譚は、確かにマージナルな場所で発生しますけれども、それが怪異と認定されて国家的なリアクションの対象になるということでいえば、怪異はむしろ中心で起こります。

西山論文でも扱われているように、呪術や卜占によって神霊と交渉する宗教者は、日常的な現実社会と、目に見えない世界とをつなぎ、そのメッセージを解釈、発信する「媒介者」として機能する。研究会ではこの「媒介者」への関心を、具体的な宗教者たちの活動にとどまらず、書物や芸能、絵画というメディア一般に拡大し、その成果を二〇一五年、『怪異を媒介するもの』(勉誠出版)としてまとめた。それにより、「怪異」事件とともに「狸が化けたというような化物譚」をも記録したメディアの意味、位相も視野に入れることになる。

さらに年間の研究テーマとして二〇一七年~二〇一九年度に「祭祀と怪異」、二〇二〇~二〇二一年度に「怪異とまじない」を掲げ、宗教的言説やその技術が、「怪異」と社会とをどのように結びつけているかを探究してきた。こうした考察は、「怪異」の外縁を考えるとともに、現代の我々からみた「怪異」との接点を探ることにつながるだろう。

たとえば、従来東アジア恠異学会では、中国で成立した天人相関説を前提として、「怪異」を天から王権への譴告とする思想が古代日本に受容され、変容しつつ展開する過程を明らかにしてきた。これに対して天観念の萌芽期まで遡り、王権と神霊（特に祖霊）との関係を説き起こすのが、第九章、佐藤信弥論文である。

佐藤信弥「勝利に導く祖霊」では、殷周から春秋・戦国時代における軍事と祖霊信仰のあり方を論じる。祖霊信仰は春秋以降、大きく変容するが、それ以前は軍事と明確にむすびついていた。殷・周（特に西周）では、最高神である「帝」を直接祭るのではなく、帝に奉仕する神霊や祖霊を祭った。つまり様々な禍福をつかさどる帝に対し、神霊・祖霊が仲介役となることで、王たちの願いが叶うものとされ、戦勝もまた祖霊によりもたらされると考えられたらしい。このように本章では、儒教以前における祖霊信仰の祖型を提示し、それ以降の展開と合わせて祖霊信仰のあり方を検証している。

続く四つの章では、いずれも「怪異」とは記されていない、媒介者による神霊との交渉や、「ふしぎ」「まれ」な事象の記録資料を扱っている。

佐野誠子「霊験・神異・感通」では、中国仏教において、仏教信仰のあかしとして記録された霊験、神異についてとりあげる。佐野が指摘するとおり、超常的な現象について記録しているからといって「中国仏教の中に怪異という概念を導入すること」は慎重になる必要がある。しかし本章で

信仰と怪異
久留島 元・佐々木 聡
205

は、それぞれの書物がなぜこうした現象をとりあげるかを分析し、後世の伝奇小説の世界へひろがる、怪異文芸史への視点を提供する。

なお参考文献にもあるが、佐野のこれまでの論考は『怪を志す——六朝志怪の誕生と展開』にまとめられており、中国における志怪という怪異を記録する伝統や、中国における仏教志怪の位置づけが行われている。

山田明広「道教と神降ろし」は、道教における「神降ろし」について、道教およびその周縁に位置する通俗信仰それぞれの神降ろしをクロスさせながら論じてゆく。一口に「神降ろし」と言っても、通念的な霊媒への憑依ばかりでなく、儀礼の場へと神霊が来臨するよう請願したり、「扶乩」と呼ばれる「こっくりさん」によく似た自動筆記を行ったりするなど、様々な形式があった。また、天上に道士自らが飛翔、もしくは道士の体内神を飛翔させて上奏を行うといった所謂「脱魂型」の方法も多く行われたという。本章では、こうした道教における神降ろしの宗教技法を詳しく見てゆくことで、人と神を繋ぐ媒介者としての道士の実相を描き出している。

久留島元「天狗信仰と文芸」では、京都の愛宕山における天狗信仰をめぐり、信仰の担い手と文芸への現れ方を通観する。天狗は、仏教に対立する「魔」という理解から次第に山の神霊として信仰の対象へと変化していくが、その過程で文芸や言葉遊びからも影響を受けて天狗像が形成される。こうした言説を山岳修験や山の民などの一面的の反映としてとらえるのは危険である。天狗伝承を語るそれぞれの担い手、メディアの性格は、時代ごとに異なっており、その位相差を見ていくことが重要である。

笹方政紀「疫病と化物」では、疫病の流行という災害に対する人々の反応として現れたさまざまな「護符」や「化物」をとりあげる。ここで言及されるとおり、二〇二〇年は新型コロナウィルス（COVID-19）の世界的流行とともに、妖怪「アマビエ」が注目された。このような疫病と妖怪を結びつける背景には、疫病をもたらす神をもてなすという信仰があったと考えられる。しかし江戸時代後期には、こうした人々の反応は、宗教者を介することなく個人で行われ、都市文化のなかで共有されていた。さらに黄表紙や瓦版といったメディアでパロディとして消費されたことも興味深い。現代まで通じる通俗信仰の個人化と怪異、妖怪との関係に示唆を与える。

参考文献

佐野誠子　二〇二〇　『怪を志す――六朝志怪の誕生と展開』名古屋大学出版会
西山克　二〇〇一　「媒介者たちの中世――室町時代の王権と狐使い」中世都市研究会編『都市と職能民――中世都市研究』八、新人物往来社
東アジア恠異学会編　二〇一五　『アジア遊学一八七　怪異を媒介するもの』勉誠出版

勝利に導く祖霊

佐藤信弥 ● SATO Shinya

はじめに

古代中国で戦争を勝利に導いたものは一体何だろうか。戦場での将兵の武勇、あるいは指揮官がめぐらせる計略、あるいはその国が用意できる兵士や武器、兵糧の質や数量。読者の皆さんはおそらくそういったものを挙げることだろう。『孫子』『呉子』といった兵法書をイメージする人もいるかもしれない。

しかし当時の人々は、戦争に勝利するためには、それらに加えて重視すべきものがあると考えていた。それが神霊（鬼神）、特に祖霊の佑助である。中国殷周時代には、戦争の勝利には天上の上帝やご先祖様の助けが必要だと考えられていたのである。そうしたものの助けを得るために、様々な儀式が行われた。これは当時の祖霊信仰を背景としたものである。

逆に祖霊信仰が弱まってくると、勝敗を握る鍵として神霊の佑助はさほど重要視されなくなり、将兵の武勇や、兵力、計略をいかに高めていくかが追求されるようになる。本稿では、殷代・西周時代と春秋・戦国時代の二つの時期に分けて、その変化の過程を追っていくことにしたい。

一 〈殷代・西周時代〉祖霊の加護を求めて

◉殷代の戦争と卜占

まずは殷代（前一六〇〇年頃?〜前十一世紀後半?）の甲骨文の記述から、神霊と戦争との関係を追ってみたい。殷代には王や貴族による卜占が行われ、政治・軍事や天文気象、その他王侯の身辺の物事などの吉凶成否を問うたことが知られている。当然戦争の勝敗に関しても卜占にかけられた。以下に戦争に関するものを二、三挙げてみよう。

①丙辰《へいしん》貞《と》う、王、召方《しょうほう》を征するに、佑《ゆう》を受けんか。〔屯南 四一〇三〕(1)
（丙辰の日に問う、王が召方を征伐するのに、加護を受けられるだろうか。）

②甲辰卜す、争《そう》貞う、我、馬方《ばほう》を伐《う》つに、帝、我に佑を授けんか。一月。〔合集 六六六四正〕（図1）
（甲辰の日に卜占を行い、争が問う、我らが馬方を征伐するのに、上帝が我らに加護を授けてくれるだろうか。）

③辛巳卜す、□貞う、婦好《ふこう》に三千を癭し、旅《りょ》万を冣し、呼びて□［方］を伐たしむるに、［有《ゆう》祐《ゆう》を］受けんか。〔英国 一五〇〕

（辛巳の日に卜占を行い、□が問う、婦好に三千の兵を与え、旅兵として一万人を徴集し、□方を伐たせるのに、神霊の加護を受けられるだろうか。）

①の甲骨文に見える「召方」、②の「馬方」というのは、それぞれ方国《ほうごく》と呼ばれる勢力で、殷の敵国である。当時はこうした方国が各地を治めていた。殷も方国のひとつであり、かつ最大の方国となる。方国には殷に従うものもあれば、敵対するものもあった。①〜③はそれぞれ方国との開戦前に、今回の戦争で「佑」すなわち神霊の加護が得られるかどうか卜占によって問うたものである。

③は殷王朝第二十一代武丁《ぶてい》の后妃のひとりで、「女将軍」として知られる婦好に兵を授けて出征させた場合の成否を問うたものである。

具体的にどのような神霊が加護を与えるのかは明示されない場合が多いが、②では、最高神である帝（上帝）が加護を授けてくれるかどうかを問うている。

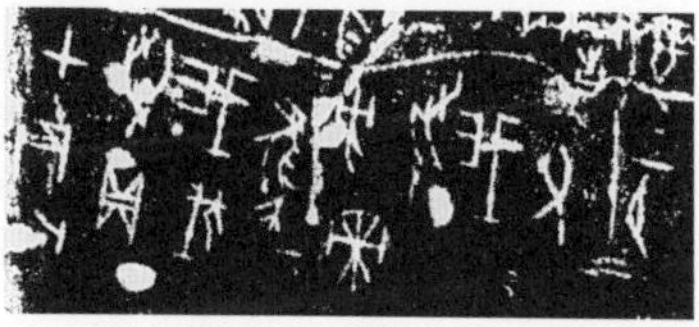

図1　②の甲骨文拓本〔合集 六六六四正〕

◉殷周時代の宗教信仰

ここで殷周時代の宗教信仰についてまとめておきたい。最高神にあたる帝は、戦争の勝敗以外にも、雨や旱魃などの気象、農作物の豊作・凶作、王や民衆が暮らす邑《ゆう》の安否、王自身の安寧など、人間世界の様々な禍福を司っているとされる。ただし殷代においては、殷王や人間たちは直接帝を祀ることはできない。そこで殷王は、帝に仕える風や雲の神、東西南北の四方神といった自然神、同様に帝の側に仕える先王の霊に対する祭祀を執り行い、彼らを通じて願い事を叶えてもらおうとしたのである。胡厚宣が指摘するように、殷代には、王の死後、その霊魂が帝に仕えて、子孫たちに福を授けてくれるという信仰が存在したようである〔胡厚宣 二〇〇二〕。

西周時代（前十一世紀後半?～前七七一年）にも同様の信仰が受け継がれた。それを示す金文《きんぶん》（青銅器の銘文）の記述を引いてみよう。

斁狄鐘《ひってきしょう》〔集成 四九〕

……先王其れ厳として帝の左右に在り。……

（……先王の霊は厳《おごそ》かに上帝の側にある。）

虢叔旅鐘《かくしゅくりょしょう》〔集成 二三八～二四四〕

……皇考《こうこう》厳として上に在り、翼として下に在り、斁斁㠯㠯として、旅に多福を降す。……

（亡き父の霊は厳かに天上にあり、敬《つつし》んで下界にあり、その神気は広く満ち渡り、私虢叔旅に多くの福を降してくれる。）

斁狄鐘では、先王の霊は天上の帝の側にあるということになっている。おそらくは帝に仕えているということであろう。一方、虢叔旅鐘は、王臣の虢叔旅という人物の青銅器銘であるが、この銘によると、彼の亡き父親の霊は時に天上にあり、時に下界に降り、子孫に福をもたらしてくれるとされている。両銘の内容を合わせると、祖先の霊は普段は天上にあって上帝に仕え、時に下界に降り、子孫のために福をもたらしてくれる存在ということになる。

小南一郎がまとめているように、祖霊は子孫のために上帝への仲介役となり得る存在である。子孫は祖霊に対して祭祀を行うことで、彼らを喜ばせ、願い事を伝える。そして祖霊が仲介役となり、子孫の願い事が成就されることになる〔小南一郎 二〇〇六：九六〜一一八〕。こうした類の文言は西周時代の金文に多く見え、それが当時の一般的な宗教信仰であったことがわかる。このような信仰のあり方は春秋時代（前七七〇年〜前五世紀中頃）まで受け継がれることになる。

◉西周時代の戦争と祖霊

戦争に関してそうした宗教観がうかがえるのが、以下に引く西周金文の𢦔簋である〔集成 四三二二〕（図2）。

隹《こ》れ六月初吉《しょきつ》乙酉、堂師《どうし》に在り、戎、𩰫を伐《う》つ。𢦔、有司《ゆうし》・師氏《しし》を率いて奔追《ほんつい》して戎を棫林《よくりん》に襲い、戎を胡に搏《う》つ。朕《わ》が文母《ぶんぼ》競敏𠊿行にして、休《きゅう》にして厥《そ》の心に宕《お》り、永く厥の身を襲い、厥の敵に克たしむ。獲馘《かくかく》百、執訊《しつじん》二夫、戎兵《じゅうへい》を孚《ふ》すこと、盾・矛・戈・弓・箙《えびら》・矢・裨《ひ》・冑、凡《およ》そ百又卅《さん》又五款《かん》、戎の孚人を捋《と》ること百又十又四人、搏《はく》を卒《お》え、𢦔の身に愍《うれ》い無し。乃《なんじ》の子𢦔拝稽首《はいけいしゅ》し、文母の福烈《ふくれつ》に対揚《たいよう》し、用て文母日庚《にっこう》の宝尊簋《ほうそんき》を作る。……

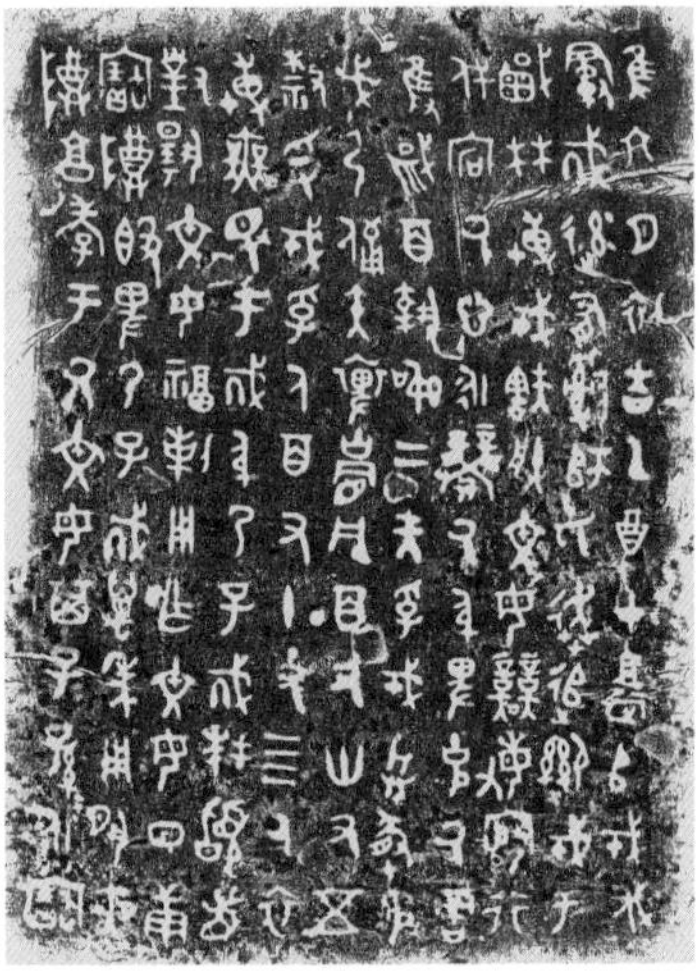

図2　𢦏簋銘文拓本〔集成 四三二二〕

（六月初旬乙酉の日、𢦏は堂の駐屯地に駐在している際に、戎が𣪘の地に侵入した。私𢦏は役人や師氏を率いて駆けつけ、戎を棫林の地で襲撃し、ついで胡の地で戦った。我が亡母の霊は強大にして俊敏で、よく私の心を占有し、ずっと私の身に寄り添い、敵に勝たせてくれた。戦果は敵首百、捕虜二人、兵器を鹵獲すること、盾・矛・戈・弓・矢筒・甲冑のおよそ百三十五揃い、戎の捕虜を奪還すること百十四人、戦闘を終え、𢦏の身に過失はなかった。あなたの子の𢦏が拝礼し頓首して、亡母の福運功徳に感謝し、亡母日庚を祀るための宝簋を作った。）

この金文では、西周時代の𢦏という将が戎と戦って勝利し、敵の首や捕虜など多くの戦果を得たが、これが亡き母の霊威のお陰であるということで、母を祀るための青銅器を作ったことが記されている。ここでは上帝ではなく、直接祖霊が子孫にはたらきかけたことになっている。戦場で勝利の決め手となるのは、直接的には将兵の武勇であったり的確な作戦ということになるわけであるが、作戦が功を奏したり将兵が武勇を振るうことができるのは、祖霊の助けがあればこそなのである。

◉出征の前後の祭祀

だから出征の前には祖霊に対して祭祀を行い、勝利をもたらしてくれるよう祈願しなければならないし、首尾よく勝利を収めて凱旋すれば、⿹弋冬のように亡母を祀る祭器を作ったりして、祖霊の加護に対して感謝の意を捧げるための祭祀を行わなければならない。西周金文では、出征の前、あるいは凱旋の後に「燎《りょう》」という薪や供物を燃やす祭祀を執り行った例が見られる。特に凱旋後に行われる場合は、敵首などの戦果を火にくべて煙や香りを天上にのぼすことで、戦果を報告したのであろう〔佐藤信弥 二〇一四：二五～三二〕。この凱旋後に主君や祖霊に戦果を捧げ、報告する祭祀儀礼を献捷《けんしょう》儀礼と呼ぶ。

小盂鼎《しょううてい》という金文では、その献捷儀礼の過程が詳しく記されている〔殷周金文集成 二八三九〕。この銘文によると、周王朝が鬼方という勢力と戦い、一万三〇八一人もの捕虜や四八〇二もの敵首などを得たとあり、かなり大規模な戦争だったようである。凱旋後の献捷儀礼も王朝の宗廟である周《しゅう》廟《びょう》で、多くの関係者を招いて盛大に執り行われたことがうかがわれる。敵が強大で、得られた戦果が大きい場合は、それに比例して儀礼も盛大なものとなったということであろう。

二 〈春秋・戦国時代〉軍礼から兵法へ

◉春秋時代の戦争と卜占

戦争に際して卜占を行うという風習は春秋時代にも受け継がれた。春秋時代の説話を伝える『春《しゅん》秋《じゅう》左《さ》氏《し》伝《でん》』（『左《さ》伝《でん》』）には、各国の君主や大臣たちが戦争の勝敗や作戦の成否などを占ったという記述がいくつか見られる。たとえば宣《せん》公《こう》十二年の条では、(2) 小国の鄭《てい》が大国の楚《そ》に国都を包囲された際に、和議を申し入れたらうまくいくかと卜占で問うたところ、「不吉」と出たので、今度は大《たい》宮《きゅう》（国君の始祖の廟）で巷《こう》（街路）を戦車で塞いで戦ったらどうかと占ったところ、「吉」と出たという話を伝える。二度目の卜占が大宮で行われているところを見ると、卜占で問いかけている相手は両方ともおそらく祖霊なのであろう。ただしこの時の戦いでは、結局鄭は楚に国都を占領され、降伏することになる。

一方で『左伝』桓《かん》公《こう》十一年の条では、楚の屈《くっ》瑕《か》という将が隕《うん》国と戦うにあたって卜占を行おうとしたところ、随行した闘《とう》廉《れん》という人物に諫められたという話が見える。春秋時代には、戦争に際して過度に卜占に頼ることを戒める発想が生まれつつあったことが読み取れる。

また、西周時代と同様に国君の宗廟に戦果を献上した事例も見られる。たとえば『左伝』襄《じょう》公《こう》六年の条では、斉が近隣の小国萊《らい》を滅ぼした際に、臣下の陳無宇《ちんぶう》が襄宮《じょうきゅう》（斉の襄公の廟）に萊の宗器《そうき》（宗廟に具えられていた青銅器）を献上したとある。萊を滅ぼした際の戦利品ということであろう。襄公十年の条には、晋が諸国とともに小国の偪陽《ふくよう》を滅ぼした際に、晋の国君が偪陽の国君を捕虜として連れ帰り、武宮《ぶきゅう》（晋の武公の廟）に献上して、これを「夷俘《いふ》」と呼んだとある。ただしこの場合は祖霊への犠牲として殺害されることはなく、生きたまま武宮で奉仕させたようである。

◉宋襄の仁

春秋時代の戦争にまつわる故事として有名なものに、「宋襄の仁《そうじょう》」がある。春秋の五覇のひとりとして知られる宋の襄公に関する話である。その襄公が楚国と泓《おう》の戦いで衝突した。泓というのは泓水《おうすい》という川を示す。『左伝』僖公二十二年の条によると、襄公は楚軍が泓水を渡りきる前に攻撃を仕掛けるべきであると臣下から進言されるが、そんな卑怯な振る舞いはできないとこれを退ける。そして楚軍が陣を整えるのを待って正々堂々と攻撃を仕掛けたところ、大敗を喫した。襄公は異母兄で重臣の子魚《しぎょ》から「君は未《いま》だ戦いを知らず」（殿は戦争というものを知らない）と呆れられている。これが無用の情けをかけて失敗することを示す「宋襄の仁」という言葉の由来となった。

しかしこの襄公の行動について高木智見《たかぎさとみ》は従来とは異なった評価を下している。これは当時の「軍礼《ぐんれい》」にのっとったものではないかというのである〔高木智見 一九八六：六〜八〕。軍礼とは、ここでは戦争にまつわる作法や規範意識を指す。スポーツで言えば、競技のルールであるとかスポーツマンシップのようなものである。高木氏は、『左伝』の中の戦争に関する記述を参照すると、当時の人々が、弓矢による攻撃を交互に行うというルールや、窮地にある敵、脆弱な敵、負傷して戦意のない敵、喪中の敵などに攻撃を控えたり、敵であっても武勇にすぐれた者には敬意を払うといった規範意識を共有していたことが見出せるという。襄公の場合は、川を渡る最中で窮地にある敵を攻撃しないという規範を実行したということになる。

実際に敵軍が川を渡っている時に攻撃をしてはいけないというルールが共有されていたようで、『左伝』僖公三十三年には、大国の晋と楚が泜水《ちすい》という川を挟んで対峙した際に、晋軍が楚軍に「そちらが川を渡るのであれば、我が軍は後方に退くので、その間に川を渡って陣を整えよ。あるいはそれが嫌ならそちらが退いて我が軍が川を渡るまで待て」と提案し、楚軍が後方に退いたという話が見える。泓の戦いで宋を破った楚も、ここでは渡河の軍礼を共有していたということになる。こうした背景があったことをふまえると、襄公の行動も「戦争というものを知らない」のひとことで片付けてしまうわけにもいかなくなる。

この時代に諸国間で軍礼が共有され、重んじられていた背景として、高木氏は諸侯同士であればたとえ敵対していても相手を対等の存在と認めるという対等意識と、祖先祭祀すなわち祖霊信仰を挙げている〔高木智見 一九八六：一二・一八〕。殷代、西周時代と同様に春秋時代においても、祖霊が出征する子孫に加護を与えてくれるという信仰が存在していた。祖霊が自分たちの戦いぶりを見守っているのだから、対等の立場である敵軍に対して正々堂々と戦わなければ、祖霊に顔向けができないというわけである。

◉作戦・計画の場となる宗廟

戦国時代（前五世紀中頃〜前二二一年）には、正々堂々とした戦いぶりをよしとする風潮が次第に廃れていき、「兵は詭道《きどう》なり」と唱える『孫子』のような兵法書が受容されるようになる。『孫子』は、春秋後期の呉《ご》国に仕えた孫武《そんぶ》の著と伝えられる。この伝承を信じるならば、『孫子』の成書年代も春秋後期ということになる。『孫子』が兵法書として合理性を追求したというのはよく言われることである。特に注目されるのは、戦勝の祈願や勝敗の占いといった呪術性を排除しようとしたことである。『孫子』九地《きゅうち》篇では「祥《しょう》を禁じ疑いを去らば、死に至るまで之《ゆ》く所無し」（占いごとを禁じて疑心を取り除けば、戦死するまで迷いがなくなる）とあるように、卜占のような呪術に対して否定的な態度をとり、呪術や偶然に左右されずに勝利することを追求している。『左伝』桓公十一年の条に見える卜占否定の発想を更に推し進めているということになる。

それでは開戦前に勝利を祈願し、凱旋後に戦果を献上する場であった宗廟はどうなったのであろうか。『孫子』の中にも宗廟が関係する記述がある。計《けい》篇に見える「廟算《びょうさん》」である。

夫《そ》れ未だ戦わずして廟算して勝つ者は、算を得《う》ること多ければなり。未だ戦わずして廟算して勝たざる者は、算を得ること少なければなり。

（そもそも開戦の前に廟算を行って勝つというのは、勝算が多いということである。開戦の前に廟算を行って勝てないというのは、勝算が少ないということである。）

この「廟算」というのは、宗廟において勝算を計り、作戦計画を立案することを指す。ほかにも「廟策《びょうさく》」「廟勝《びょうしょう》」といった同様の表現が存在する。前漢時代（前二〇六年〜後八年）の『淮南子《えなんじ》』兵略訓《へいりゃくくん》では、「廟戦《びょうせん》」という言葉が用いられている。こちらでは宗廟で具体的にどのようなことを検討するのか、言葉を補って説明している。

凡《およ》そ兵を用いる者は、必ず先《ま》ず自ら廟戦す。主孰《いずれ》か賢なるや。将孰か能なるや。民孰か附かんや。国孰か治らんや。蓄積孰か多からんや。士卒孰か精ならんや。甲兵孰か利ならんや。器備孰か便ならんや。故に籌《はかりごと》を廟堂の上に運《めぐ》らせて、勝《かち》を千里の外に決す。

（一般に用兵を行う者は、必ず出征に先立って廟戦を行う。君主はどちらが賢明か。将はどちらが有能か。民はどちらが国家に懐いているか。国はどちらが治まっているか。食糧物資の備蓄はどちらが多いか。兵卒はどちらが精鋭か。兵器はどちらが鋭いか。備品はどちらが簡便か。そこで作戦計画を廟堂でめぐらせ、勝利を戦場から遠く離れた場所で決するのである。）

ここでは君主や将兵の能力差から兵器や備品類の性能の差に至るまで、思いつく限りの要素を取り上げて自国と敵国のどちらが有利かを事細かに精査することになっている。宗廟が祖霊への戦勝祈願や凱旋後の献捷の場から、作戦計画立案や戦勝の可能性を検討する場へと変化しつつあったのである。

◉祖霊観の変化

こうした変化は、戦争から呪術性が薄れていき、合理性が追求されるようになったことを示している。その背景としては、無論戦争の大規模化、鉄製兵器や弩などの新兵器の普及、車戦から歩兵・騎馬戦といった戦争の方式や戦術の変化など、戦争そのものの変化が挙げられる〔高木 一九八六：三二〕。

それとともに、祖霊信仰の変化も理由として挙げられる。ファルケンハウゼンによると、春秋時代にも当然宗廟での祭祀は行われていたが、祭祀の目的が祖霊への祈願から、祭祀をともにする宗族の結束を固めることへと変化した。祖霊の位置づけも、天上の上帝の側にあって下界の子孫に福をもたらす存在から、子孫に祟りをもたらす有害な存在へと変化した。この祖先祭祀の役割と祖霊観の変化にともない、春秋時代から戦国時代にかけて、墓葬の性質も変化していく。少し後の時期の秦の始皇帝陵の「地下宮殿」に顕著なように、墓は被葬者の生前の世界、特に君主の墓の場合は宮廷を再現したものとなる。生前のくらしの場と同様の地下宮殿に祖霊を封じ込めてしまい、生者の世界に現れないことが期待されるようになる〔ファルケンハウゼン 二〇〇六〕。かくして戦争の勝利は祖霊によって導かれるものではなくなったのである。

おわりに

本稿では、戦争と祖霊信仰との関係について着目し、祖霊が戦勝を導くと信じられていた殷代・西周時代から、祖霊信仰の変容にともなって、戦勝祈願、凱旋後の儀礼の場であった宗廟が、作戦・計画の場となっていく春秋・戦国時代までの展開を追った。

ただし、軍事において呪術性を重視する思想はこの後も兵陰陽《へいいんよう》思想として残存することになる。漢代の図書目録とも言うべき『漢書《かんじょ》』芸文志《げいもんし》では、『呉孫子兵法』（呉に仕えた孫武の兵法書『孫子』とされる）、『斉孫子』（孫武の子孫で斉に仕えた孫臏《そんぴん》の兵法書とされる）、『呉起《ごき》』（呉起の兵法書『呉子』とされる）など兵権謀家の書、あるいは兵形勢家、兵技巧家の書にに対し、兵陰陽家の書として『太壹兵法《たいいつへいほう》』『天一兵法《てんいつへいほう》』『神農兵法《しんのうへいほう》』などの書を挙げている。

これらは興軍の際の日時の吉凶や、天体の運行、気象の状況などを重視し、戦勝のために鬼神の助力を得ようとするものであるとされる。秦代の日選びの占いの書である睡虎地秦簡《すいこちしんかん》の『日書《にっしょ》』、前漢初めの馬王堆漢墓帛書《まおうたいかんぼはくしょ》の『五星占《ごせいせん》』『天文気象雑占《てんもんきしょうざっせん》』など、秦漢時代の占いの書にも、軍事に関係する占いが見られる。『斉孫子』に比定される前漢時代の銀雀山漢簡《ぎんじゃくざんかんかん》の『孫臏兵法』には、戦争の勝利と日月星辰との関係を説く月戦《げっせん》篇が含まれている（図3）。当時の簡帛《かんはく》（竹簡・木簡や絹の布に書かれた文献）からも兵陰陽思想が見出せるのである〔湯浅邦弘 一九九九：六七〕〔耿雪敏 二〇一九〕。

図3　『孫臏兵法』月戦篇模本・釈文（部分）（銀雀山漢墓竹簡整理小組　一九八五：五三）

そして兵陰陽家のイメージは、『三国演義《さんごくえんぎ》』において、赤壁《せきへき》の戦いに際し、祈禱によって東南の風を呼び起こし、曹操《そうそう》の水軍に対する火攻めを成功に導いた諸葛孔明《しょかつこうめい》など、物語の中の軍師に受け継がれていくのである。

注

（1）甲骨・金文の著録については、屯南、合集などの略称を用い、ページ数ではなく著録番号を付した。著録の略称については参考文献欄を参照。

（2）『左伝』は魯の国の年代記である『春秋』の注釈という形式を取っているので、宣公など魯の君主の在位年に沿って記事が配列されている。

参考文献

[日文書]
小南一郎　二〇〇六　『古代中国　天命と青銅器』京都大学学術出版会
佐藤信弥　二〇一四　「献捷儀礼の変化」『西周期における祭祀儀礼の研究』朋友書店（初出、二〇〇四）
高木智見　一九八六　「春秋時代の軍礼について」『名古屋大学東洋史研究報告』第一一号
ファルケンハウゼン、ロータール・フォン　二〇〇六　「東周の宗教改革（前六〇〇年頃～前二二一年）」『周代中国の社会考古学』吉本道雅解題・訳、京都大学学術出版会
湯浅邦弘　一九九九　「『孫子』の思想的意義」『中国古代軍事思想史の研究』研文出版

[中文書]
郭沫若主編、中国社会科学院歴史研究所編　一九七七～一九八二　『甲骨文合集』中華書局（合集と略称）
銀雀山漢墓竹簡整理小組編　一九八五　『銀雀山漢墓竹簡［壹］』文物出版社
胡厚宣　二〇〇二　「殷代之天神崇拝」『甲骨学商史論叢初集（外一種）』河北教育出版社（初版、一九四四）
耿雪敏　二〇一九　『先秦兵陰陽家研究』中国社会科学出版社
中国社会科学院考古研究所編著　一九八〇～一九八三　『小屯南地甲骨』中華書局（屯南と略称）
中国社会科学院考古研究所編　二〇〇七　『殷周金文集成（修訂増補本）』中華書局（集成と略称）
李学勤・斉文心・艾蘭（アラン、サラ）編、中国社会科学院歴史研究所・倫敦大学亜非学院編輯　一九八五～一九九二　『英国所蔵甲骨集』中華書局（英国と略称）

霊験・神異・感通——中国仏教における怪異なるものへの態度

佐野誠子 ● SANO Seiko

はじめに

宗教には超常的な要素がつきまとう。仏教においては、釈迦は悟りを重視し、超常的な体験について特に肯定的な態度は取らなかった。しかし、釈迦の事跡が語られるようになると、数々の神変を起こしたと記述されるようになり、仏教経典では、釈迦の前世の事跡をしるした本生経、釈迦の弟子の前世の事跡をしるした比喩経を問わず、超常的な要素が随処にみられる。では、それらが中国仏教においてそのまま受け入れられたのかというと、そうではないというのが筆者の見解である。中国仏教において、超常的な要素は質を変えて存在した。ただ、それらを「怪異」という語でくくっていいのかどうかという問題がある。

たしかに、漢訳仏典の中にも「怪異」という表記は存在している。たとえば、三国魏の時代、康《こう》僧会《そうえ》が訳した釈迦の事跡をしるす『六度集経《ろくどじっきょう》』では、毒虫の出現や天体、気象の異常を総称として「怪異（あやしげなできごと）」や「妖怪（こちらもあやしげな生き物ではなく、できごとを指す）」の語を用いている。

しかし、仏教においては、経典名や書名・篇名で、内容に怪なるものが含まれていると前面に押し出すことはない。これが六朝や唐代の志怪であれば、『志怪』、『異苑』、『広異記』、『玄怪録』など、超常的なものをあらわす語として「怪」や「異」の語を用いた書名が多くみられる。しかし、後述する仏教に特化した志怪においては、『冥祥記』や『冥報記』など、「冥」の語、また、『宣験記』や『集験記』など「験」の語が多く用いられる。とくに霊験、応験といった信仰のあかしがあったことを示す語「験」は、一般の志怪の書名にはみられず、仏教志怪の書名にしか用いられない。唐代釈道世によって編まれた仏教に特化した類書『法苑珠林』では、これら志怪の記事を含む実例を感応縁という名称の箇所でまとめて引用している。また、僧侶の伝記集である高僧伝の分類においては、神異や感通といった名称の篇が設けられている。これらの用語は、緩やかな紐帯を持ちながら、それぞれに違いを有しているのである。

中国仏教の中に怪異という概念を導入することが正しいのかどうかわからない。ただ、本稿では中国仏教における超常的な現象に対する見取り図を整理してみたい。

霊験・神異・感通
佐野誠子

一　志怪における仏教の怪異

◉志怪における仏教の流入

中国では、魏晋六朝時代になると、曹丕『列異伝』、干宝『捜神記』など志怪と呼ばれる怪異の記録を集めた書が書かれるようになった。志怪が書かれはじめたのは、仏教の中国への伝来・定着とほぼ同時期ではあるが、仏教は志怪の誕生自体には関与していない。そして、志怪の中に徐々に仏教に関わる記録が混じるようになっていった。それは、仏教を信じる西方からの異人の術を見ての驚きの記録もあるし、仏教徒が、中国在来の宗教への優位を示すために喧伝されたらしき内容のものもある。また、仏典の本生経や譬喩経にある挿話が採録・翻案されたものもごく一部ではあるが、含まれる。

その他、仏教徒は積極的に、中国在来の冥界を仏教化し、冥界の審判者泰山府君を、地獄の支配者に改め、戒律を守らなければ地獄に落ちるのだという因果応報の宣伝にも努めた。

この冥界の仏教化は徐々に起こっていったものであり、たとえば、南朝宋の王族である劉義慶が編纂した志怪『幽明録』においては、従来の中国の冥界を反映した、妻に先立たれた子持ちの琅邪（山東省）の王某が、冥界で、こどもの世話を誰がみるのだと交渉して、再生と三十年の寿命の延長を手に入れたというような記事もあれば、仏教の地獄めぐりの要素を大々的に取り入れた趙泰の記事も含まれる。

◉仏教志怪の登場

その劉義慶は、晩年仏教に傾倒した。そのときに編まれたのが『宣験記』である。『宣験記』は現在三十条餘りの佚文が残っているが、すべてが仏教に関わる内容である。このように仏教の内容に特化した志怪を本稿では仏教志怪と呼ぶ。そして、仏教志怪『宣験記』の内容は、『幽明録』にある仏教に関わる記事とは内容が違う。それは、すべてが、霊験・応報に関わるものなのである。

霊験は、一般には仏経の奇跡全般を指す語として用いられるが、本稿では、仏教を信仰していたために起きた信者の利益になるような出来事という意味に限定して用いる。そして、応報は、仏教において殺生等の戒律を破った場合に罰を受けたという因果応報の内容である。どちらも、仏典において説かれている内容が、人名や年月を伴って、具体的な事件として記録されている。本生経や譬喩経が、歴史叙述ではない、あるお話として寓話化されているのにたいし、志怪においては、志怪本来の性質——怪異にまつわる個人的な事件の記録——に応じて、中国において起きたとされる事件を中心に記録されているのである。

『宣験記』のあと、南斉に書かれた王琰の『冥祥記』は、より総合的な仏経志怪を目指したようで、霊験・応報に限らず、より純粋な奇跡としての感通、そして、冥界に関する記事も多数収録する。

二　霊験・応験記

◉『観世音応験記』

他、南斉までには『観世音経』の霊験（応験）の記録に特化した『観世音応験記』も編まれた。『観世音経』は、『法華経』普門品が独立した経典として流通したものである。それは、観世音菩薩とこのお経を信仰さえしていれば、生命の危機等から逃れられるという内容の教えであった。仏典においても誦経や、信仰などにより、救済があることが説かれる。たとえば、『観世音経』では、

善男子よ、もし無数の人が苦悩しているのならば、観世音菩薩の名前を聞いて、一心にその名を唱えれば、観世音菩薩がすぐさまその声を聞き届け、皆解脱を得るだろう。

（『観世音経』〈『法華経』普門品〉）

（善男子、若有無量百千萬億衆生受諸苦惱、聞是觀世音菩薩、一心稱名、觀世音菩薩即時觀其音聲、皆得解脱。）

とある。「解脱」の語は、漢訳の原文そのままである。この引用部分のみならば、苦悩を救い「解《げ》脱《だつ》」を得るための観世音信仰とも読める。しかし、経文ではこのあと、火事、水害、羅刹などの、具体的な生命に逼る危機からの「解脱《かいだつ》（脱出）」についての霊験があることを列挙する。信仰を広め

るために、大乗経典では、このような実質的な利益があることを強調する。
そして、三書からなる『観世音応験記』を構成するうちの一書である陸杲『繫観世音応験記』においては、この『観世音経』と、『請観世音経』の記述に即して、霊験を分類して配列している。いわば、経典に書かれていることの実例集となっている。たとえば、次のような記事である。

山陰県（浙江省紹興市）の顕義寺の主竺法純は、晋の元興（安帝＝四〇二―四〇四）の頃の人である。寺を建立するため材木を集めようと柱を買った。夕暮れ時、一人の人足に柱を担がせて湖を渡って帰ろうとした。湖の半ばまでくると、波が荒くなり、すさまじい暴風に遭い、法純らの船は重く、いまにも転覆しそうになった。法純はなす術もなく、一心に『観世音経』を唱えた。するとすぐに一艘の無人船が、まるで人が乗っているようにこちらに来て、まっすぐに彼らの船に寄り添った。法純はこの機会を得て船に人と柱を分けて載せ、そうして二艘の船は並んでゆっくりと湖を渡った。その後法純は船をあちらこちらで見せたが、とうとうその持ち主は判らずじまいであった。

（『繫観世音応験記』第八条）

（山陰縣顯義寺主竺法純、晉元興時人也。起寺行壚出杖格上買柱。依暮、將一手力載柱渡湖。半漲、便遭狂風、船重欲覆。法純無計、一心誦觀世音經。尋有一空船、如人乘來、直進相就。法純得便分載人柱、方船徐濟。後以船遍示郭野、竟自無主。）

◉唐代の霊験記

このような霊験の記録のみに特化した仏教志怪は、唐代に入っても蕭瑀『金剛般若経霊験記』、孟献忠『金剛般若経集験記』、僧詳『法華伝記』など、経典別に編まれ続けるし、唐臨『冥報記』や、郎餘令『冥報拾遺』といった霊験の記録のみに限定しない仏教志怪においても、主要な題材として採録されている。仏教化した冥界に関わる内容は、戴孚『広異記』、牛僧孺『玄怪録』などの仏教志怪ではない志怪でも取り上げられている。

このように中国においては、経典の怪異の記述そのものだけが受容されたわけではなく、経典の内容をもとに、冥界を地獄とし、応報・霊験等の実録を多くしるしたのである。

三　慧皎『高僧伝』の神異

◉『高僧伝』神異篇

志怪の中にも僧侶にまつわる内容は多く含まれる。仏教志怪である王琰『冥祥記』では、現在の佚文約一三〇条のうち、三分の一強ほどは主要登場人物が僧侶である。それとは別に、中国では僧侶の伝記集――僧伝が編まれた。梁代になると、宝唱によって『名僧伝』三十巻が編まれ、その『名僧伝』の内容に不満をもった慧皎《えこう》は、『高僧伝』十四巻を編んだ。現在目録と一部の抜き書きである『名僧伝抄』以外は佚してしまった『名僧伝』は、残される目録によると、外国出身と中国出身の別、そして、中国僧については、高行、隠道、また苦節の内容などによる分類が行われていたが、慧皎『高僧伝』は、中外の区別を取りやめ、訳経、義解、神異、習禅、明律、亡身、誦経、興福、経師、唱導の十科に分類して僧侶の伝記を配置する。その三番目に神異が配置されている。『高僧伝』は、のちの『続高僧伝』や『宋高僧伝』とは違い、伝の大半は、訳経と義解で占められている。仏教伝来・定着期にあたって、サンスクリットやパーリ語からの仏典の漢訳、そして仏教自体の教義の理解がもっとも重要な課題であったためである。

そして神異篇には、仏図澄、杯度、保誌（『高僧伝』の表記による。一般には宝誌とも）などの伝が収められている。仏図澄は西域出身で仏教の布教のために洛陽を訪れ、その予言術等によって、後趙の石勒に採用された。南朝宋の杯度は、木製の杯で川を渡ったことからそう呼ばれているのみで、本名も、僧号も不詳、都で奇行の数々を繰り広げた。宝誌は、南朝斉・梁の王朝においてさまざまな予言を行い、後世においても予言者として神格化されている。このように、神異篇には、透視や、予言など超常的な術を扱える僧侶の伝が集められている。

慧皎は、『高僧伝』序録において、参考にした書名をあげるなかで、『宣験記』や『幽明録』『冥祥記』などの志怪もあげており、また、実際には、否定した『名僧伝』も大いに利用していたようであるし、『観世音応験記』も参照していたようである。『観世音応験記』にみえる僧侶が経験した霊験（一部に出家前のものも含む）なども、『高僧伝』は積極的に取り入れており、先にとりあげた『繫観世音応験記』の法純は、巻十二の誦経篇に立伝されている。少なくとも、法純のような、霊験の挿話のみが伝わっている僧侶までわざわざ立伝していることからすれば、慧皎は霊験における超常的な現象について積極的に肯定していたとはいえるだろう。

◉『高僧伝』における怪異なるものとの向き合い

では、『高僧伝』全篇が、神異の記録に彩られているのかというと、そのようなことは決してない。中国各地に阿育王塔を建立したとされる慧達、俗名劉薩荷は、若い頃狩猟を好んでいたために冥界に行って審判を受けた。慧達が冥界に行ったことは、『冥祥記』からだとされる文（『法苑珠林』巻八十六所引）に詳細にしるされるが、『高僧伝』巻十三興福篇の伝においては、ごく簡単に触れられるのみである。

他にも『名僧伝抄』に佚文が残る道汪伝と『高僧伝』巻七義解篇の道汪伝とを比較すると、『名僧伝』にあった死後友人の夢にあらわれ、兜率天に生まれかわったと伝えるという記述を『高僧伝』では削除しており、逆に『名僧伝』にはない羌賊に取り囲まれたが、難を逃れられたという霊験の記録（これは『観世音応験記』にもある）を追加している。後述する『続高僧伝』は、僧侶が閻羅王に召されて経典の講義を行ったことを積極的にしるしているという違いも踏まえると、慧皎は、個人的に冥界のことについて消極的・否定的であったといえそうである。

先の法純の伝がおさめられた誦経篇は、経典を熱心に唱えた僧侶の伝を集めたものであり、法純のような、生命の危機から脱出できたという内容のものもあるが、在来の神が誦経を聴きに来たという奇跡があったという伝（曇邃伝など）もあるし、何も特別なことはなく、ただ、熱心に読誦していたことをしるすだけの伝（僧覆伝など）もある。

慧達伝が入る興福篇は、仏教寺院の建立や仏像の制作に貢献した僧侶の伝を集める。彼らの伝の中にも不思議な夢をみたり（慧受伝など）、泉が湧き出したり（法意伝など）、山の精が登場する（慧敬伝など）などの超常的なできごとがしばしば起きているが、必須の要素ではない。

これらは、現象であって、僧侶のもつ術ではないために、神異とは扱われなかったと考えるべきだろう。また、『高僧伝』は、高僧の伝であるという縛りがあるために、『冥祥記』にあるような、生前に肉食などの戒律を犯したがために冥界で罰を受ける僧侶のことは、採録されない。

これは中国仏教に限らないことであるが、現代の観点からみて、超常的であるとひとくくりにしてしまうと、当時の人々の本来の見方・考え方の本質をつかむことが難しくなる。より細かいレベルでの超常的な要素への態度を弁別して考える必要があるのだ。

四　道宣『続高僧伝』の感通

◉『続高僧伝』感通篇

慧皎『高僧伝』のあとを継ぐ書としてまとめられたのが、唐代道宣の『続高僧伝』である。『続高僧伝』では、『高僧伝』の十科分類を引き継ぎつつ、分類の名称を一部変更し、訳経、義解、習禅、明律、護法、感通、遺身、読誦、興福、雑科とした。『高僧伝』の神異篇は、感通篇と改められた。

その感通とは、感通篇末尾の論（総論）によれば、時に霊相（原文の表記による。感通とほぼ同義だろう）は、誇張を加えられるために、疑わしいとされることもあるが、実際に起きていることなのだといい、後漢明帝以来の奇跡のあれこれを列挙して、晋代以降の為政者の仏教との邂逅にまつわる感通のおびただしさは、一々述べきれないとする。そして、仏教信仰に篤かった隋代の高祖文帝が仏舎利を収める仏塔を建立して以降の奇瑞についてを詳細に述べる。儒家は因果応報を（天）命によって考えるが、仏教では、業であり、隋の文帝・煬帝の仏像・宝塔建立を称揚し、隋唐の僧侶にあった不可思議なできごとをあげて、このような僧侶が多くいて、神化のことは、道理では推測できないために、篇にしるしたとする。

◉感通篇の増補

感通篇は、上中下にわかれるが、一般に用いられる『大正新修大蔵経』本の『続高僧伝』全三十巻では、感通上が第二十五巻、感通下が第二十六巻で、感通中は、感通上のあとに挿入される形で第三十五巻と書かれる。これは、『大正新修大蔵経』が底本とした高麗蔵本では感通中が欠けていたのを明本（これは全四十巻本に編成しなおされていた）で補ったためである。現在中華書局からでている活字本の『続高僧伝』は、南宋の磧砂蔵本を底本としており、全三十一巻、感通上中下は、第二十六巻から第二十八巻にそれぞれおさめられる。

道宣『続高僧伝』は、序文において、貞観十九年（六四九）に完成したと書かれるものの、その後も本文の増補が行われており、たとえば、玄奘伝は、麟徳元年（六六四）の入寂のことまで記述されている。道宣はまた『続高僧伝』の増補とは別に『後集続高僧伝』十巻も編んだ。そして、宋代になって、この『後集続高僧伝』の内容も『続高僧伝』に組み込んだ版が作られた。感通中は、『後集続高僧伝』をもとにした増補部分なのである。

◉神異から感通への拡張

なぜ増補部分が途中に挟まれたのか。それは、内容による区別のためでもあるだろう。感通上、中は呪法・祈雨・湧泉・治病などの術をもって民衆・社会とつながりをもった僧侶、また、危機を逃れるというレベルの霊験を経験した僧侶、本人の死なども含む予言を行った僧侶などのことが雑多にしるされている。そして、感通下は、感通篇の論でも取り上げられる隋の文帝の仏舎利塔建立に関わり、都の寺から全国各地に舎利を持っていった義解僧達の伝となっており、その内容は、舎利を持っていく途中や持っていった先で起こった光が放たれたり、病が治ったり、花が空から降ってくるなどの奇瑞についての記録となっており、こちらでは僧侶本人がなにか特別な力を持っていたという記述はない。

つまり、道宣の中では感通でも、本稿で呼ぶような狭義の仏像などに関する感通と、霊験も含めた各種超常的なこととをわけて考えていたようなのである。

さらに、『高僧伝』では興福篇に立伝されていた慧達について、道宣は改めて感通上に立伝している。これは、『高僧伝』と同じく、若い頃冥界に行ったことについては、別伝があるとし、また、『高僧伝』に書かれる南朝における事跡についても前伝（高僧伝）にみえるとするのみで、それまでの慧達伝では触れられていなかった慧達が北魏（元魏）において仏像の出現の奇跡を予言したこと、またその仏像が、北周の廃仏を前に頭部が落ちるという予兆を示したこと、そして、隋代において煬帝が篤く施しをし、仏像のある寺を感通寺と改称したことを中心に記述する。

『高僧伝』の神異篇でも、仏図澄などは予言の術を行っていた。『続高僧伝』の慧達伝も中心となる記述が、建立ではなく、予言であるために、神異篇の後継である感通篇に分類されるのは、不思議ではないだろう。

ただ、感通篇ではそれのみならず、『観世音応験記』にある、僧侶の観世音信仰によって危機を脱出した記事（超達伝など）も積極的に再編集して取り上げている。この種の内容は、『高僧伝』では、神異篇には入らなかった。また、『続高僧伝』の感通下の内容についても『高僧伝』神異篇とは重複しないものである。道宣が神異から感通と篇の名称を変更したのは、神異篇よりもさらに広がりを持った超常的なことあれこれを採録したかったからなのだろう。霊験についても、危機からの脱出というレベルに留まらない、講説をしたら、空から花が降ってきた（僧意伝）、解脱を目指し家族を棄てて山に入った僧侶が、自分を呼び寄せる声を聞く（法空伝）などという、『観世音応験記』にはなかった種類の宗教的な奇跡が起きたことまでも含まれる。

◉『続高僧伝』における冥界

さらに道宣『続高僧伝』は、慧皎『高僧伝』が忌避していた、冥界に関する記述も積極的に取り入れ、僧侶が閻羅王により冥界に呼び出され、『金剛般若経』を誦ずることを引き続き行いのべ十万遍になれば浄土に生まれ変われると言われたり（明濬伝）している。他、北周武帝の廃仏に協力した衛元嵩を予言僧として立伝し、死んで生き返った人物が、北周武帝は地獄で苦しんでいるが、衛元嵩はもっと外の世界に逃げてしまっていることを語る（衛元嵩伝）といった、応報の内容までも収録する。感通篇以外においても『続高僧伝』では、僧侶が閻羅王に呼び出されて『金剛般若経』や『涅槃経』などさまざまな仏典の講義を行ったという挿話が散見される。この点においても道宣は、幅広く超常的なものを受け入れていたといえよう。

五　道宣の感通に関する著作

道宣は律僧として高名であるが、その律の解釈も天人との感通によって得られたということを述べ、『宋高僧伝』における道宣伝は、分類こそ本来の律僧であることを反映して明律篇に入るが、その伝記記載においても数々の感通の奇跡に彩られている。

道宣は、律のみならず、感通についての関心も高く、晩年になって、特に感通に大きな関心を寄せるようになった。道宣は、『続高僧伝』の感通篇の他、『集神州三宝感通錄』、『道宣律師感通錄』といった感通に関わる書も晩年に編んでいる。また、感通中のように一巻分増補できるだけの分量の僧伝を新たに収集していたことも、道宣の関心の高さをあらわしているのだろう。

◉『集神州三宝感通録』

『集神州三宝感通録』は、六朝から唐代はじめにかけてのさまざまな感通の記録を集めた書で、全三巻、上巻は仏塔と舎利について、中巻は仏像について、下巻は、聖寺・瑞経・神僧についてをまとめる。『集神州三宝感通録』末尾の神僧感通録については、慧達をのぞけば、『続高僧伝』との重複はなく、六朝以前の僧侶についての記録を集める。これらは、生きた年代的に『続高僧伝』には採録しなかった（できなかった）僧侶について、『高僧伝』神異篇のみならず、他の篇に収録される僧侶（慧達の他、『高僧伝』訳経篇に立伝される安世高など）、そして、『高僧伝』には立伝されていない、『冥祥記』などに記録の残る僧侶（慧全など）を新たに取り上げている。その神僧感通録序文では、『冥祥記』をはじめとする志怪についても言及している。ただ、実際の記事は、『冥祥記』以外の志怪との重複はない。しかし、少なくとも道宣は慧皎『高僧伝』が切り捨てた超常的なものをすくい上げていると捉えることが可能である。

中国の伝統的な考えに配列は順序がはじめにあるほど重要だというのがある。配列は価値観をあらわすという点で、『集神州三宝感通録』において道宣が重要視したのは、仏塔や仏舎利に関する感通ではあったのだが、裾野を広げて、様々な超常的なものを採録しようとしたのであろう。

仏教志怪『冥祥記』の王琰の序も王琰本人が所有していた仏像が起こした奇跡を三つしるしており、霊験のような、現世的な利益に留まらない、宗教そのものの奇跡を受容し信仰していたことがわかる。その点、仏教志怪側の著者と、僧伝の著者が歩み寄っていたのだとも捉えることができる。

◉『道宣律師感通録』

もう一つの道宣の著作『道宣律師感通録』では、道宣自身が体験したという天人との感通をしるし、山神の教化や、冥界からの蘇生などについて、天人からの回答を掲載する。『続高僧伝』や『感通録』が具体的な事件の記録であったのに比べ、こちらは、より抽象的な一般化された議論を展開している。

道宣は、感通という自分の利益に直結しない、いわば高等な超常現象を肯定的に捉える中で、それ以前のやや荒唐無稽な怪異までも受容した、とまとめられよう。

六　その後の仏教と怪異

◉霊験記その後

中国仏教における怪異の言説はそのあとどうなっていくのか。霊験記の類いは引き続き書かれる。九世紀の人である段成式『酉陽雑俎』金剛経鳩異は、『金剛経』の霊験についてしるし、自ら取材した記事がある。しかし、同じ九世紀の人である盧求『(金剛経)報応記』は、北宋初に編纂された『太平広記』にのみ引用が残り、それまでの『金剛経』霊験の記録を節略したものをまとめた書籍だったようである。同じく遼の非濁が編んだ『三宝感応要略録』(一一六〇年頃成書)も『高僧伝』の類いも同様である。『法苑珠林』など既存の文献にある霊験の記録を再編集したものである。敦煌で発見された霊験記のかもしれない。全体的に新しく起こった霊験を取材してまとめようという機運は薄れていたのかもしれない。しかし、地獄のことなどは、さまざまに形を変えながら清浦松齢『聊斎志異』や白話小説などでも幅広くとりあげられる。

◉『宋高僧伝』感通篇

また、高僧伝については、宋代にも賛寧が勅命を受けて端拱元年(九八八)に『宋高僧伝』全三十巻を編んだ。『続高僧伝』同様、感通篇が設けられ、巻十八から巻二十二まで全五巻と巻数が増加するが、正伝八十九人、附伝二十三人、合計一一二人の伝記で、『続高僧伝』感通上中下の正伝一一八人、附伝九人合計一二七人よりはやや人数は少ない。

『宋高僧伝』感通篇の論においては、『高僧伝』神異篇と、『続高僧伝』感通篇のことを取り上げ、道宣が「通」という概念を拡張して取り入れたことを称揚する。また、末尾では、仏教の感通は怪に近いのか、という問いについて、感通は、仏法において修めた結果、おのずから現れたものであるため、神仙鬼仏とは違うのだと主張する。

『宋高僧伝』感通篇では、『続高僧伝』の収録時代と重複するものの『続高僧伝』には取られなかった、後魏（北魏）から西魏にかけて生きた奇行と予言の僧侶檀特師なども取り上げる。これは、『北史』芸術伝の檀特師伝の文によっているようであり、『続高僧伝』からこぼれた感通・神異の僧侶までも餘すことなく取り上げようとしたのだろう。さらに、唐代の僧侶については、『太平広記』に引用される唐代の志怪である牛肅『紀聞』（僧伽伝）や張読『宣室志』（道鑒伝）などとの部分重複が一定数みられる。

『西遊記』を取り上げるまでもなく、俗化した仏教はその後の白話小説などにも大きな影響を与えている。教義の深化とは別に、仏教における超常的なものは、中国においてありふれた一要素として定着を果たしたのである。

主要参考文献

佐野誠子 二〇二〇 『怪を志す――六朝志怪の誕生と展開』名古屋大学出版会
佐野誠子 二〇一八 「六朝志怪における西方仏教説話の選択受容」東アジア恠異学会篇『怪異学の地平』臨川書店
藤善真澄 二〇〇二 「衛元嵩伝成立考」『道宣伝の研究』京都大学学術出版会
松長有慶 一九九七 『仏教と科学（叢書 現代の宗教 一四）』岩波書店
山崎宏 一九六七 「唐の西明寺道宣と感通」『隋唐仏教史の研究』法蔵館

附記 本稿はJSPS科研費（19K00368唐代仏教霊験譚の研究）による研究成果の一部である。

道教と神降ろし

山田明広● YAMADA Akihiro

はじめに

「神降ろし」と聞くと、おそらく、ほとんどの人が、「神のお告げを得るために霊媒が神を自らの身体に降ろして来て憑依させる」といったことをイメージするであろう。筆者自身、最初は、この「神を降ろして憑依させる」ということしか頭に浮かんでこなかった。

ところが、本稿の主題である「道教」の修行者である「道士」は、しばしば、マックス・ウェーバーが言うところの「司祭」に相当すると見なされ、基本的に神と人とを言葉(呪文)やもの(供物等)を使って媒介するだけであり、霊媒のように個人の召命に従って超自然的存在を自身の体を使って媒介し、教説や訓命を行うといったことはしないとされる〔福浦厚子 二〇一四:二八六〕。実際、道士が積極的に自らの体に神霊を憑依させるという行動は、歴史的に見てもまた中国や台湾の現状を見ても基本的には見られない。

そうなると、本稿は成り立たないのではないかとの懸念が生じるかも知れないが、決してそんなことはない。実は、道教の歴史の中でもその最初期においては、霊媒が自らの身体に神を憑依させるという形の神降ろしが行われていたのである。また、時代は下り、明代以降のことにはなるが、霊媒の身体ではなく物に憑依させるという形の神降ろしも行われていた。

一方、道教においては、もう一つ別の意味での神降ろし、すなわち、「神を儀礼の場に招き迎える」といった意味での神降ろしが、一般的な修道法として主に儀礼の中でしばしば行われていたし、現在も行われている。さらに、扱う範囲を「神降ろし」だけに限定するのではなく、「神を使役する」といったことにまで広げると、こういった技法は、道教儀礼の根幹とさえ言いうるものとなる。

このように、「道教」には、「神を降ろして憑依させる」および「神を儀礼の場に招き迎える」といった大きく二種類の神降ろしが存在する。そこで、本稿では、「道教」という中国固有の宗教における「神降ろし」について、これら二つの方向からアプローチし、それぞれいかなるものであるのかその具体像を可能な限り提示してみたい。

一　神を降ろして憑依させる

すでに前述してあるように、道教では、その最初期において、霊媒が自らの身体に神を憑依させるという形の神降ろしが行われていた。また、およそ明代以降には、霊媒の身体ではなく物に憑依させるという形の神降ろしも行われていた。ここでは、これらについて、その具体像を見てみたい。

◉(1)茅山の神降ろし

東晋・哀帝の興寧年間（三六三〜三六五）の茅山（現・江蘇省句容市にある山）には、江南土着の豪族の一角を占める許氏の別宅があり、その中で、許謐（三〇五〜三七六）とその三男の許翽（三三〇〜三八六）父子が楊羲（三三〇〜三八六）という霊媒に種々の神仙を降ろさせ、そのお告げを得、そのお告げをもとに神仙となるための修行を行うということが盛んに行われていた。この神降ろしに関しては、梁・陶弘景（四五六〜五三六）が編纂したとされる『真誥』（『道蔵』SN一〇一六）という道書に詳しく述べられている。これによると、この神降ろしを主導していた許謐は、官吏であるかたわら神仙となることを志向していた人物で、もともとは李東という五斗米道の祭酒に師事していたが、その教法が合わず、そこで、霊媒を雇いそこに降りてきた神仙のお告げに従って神仙となる修行を行おうとしたのであった。当初は華僑という人物を霊媒として雇っていたが、華僑は軽率な性格で、神仙のお告げをしばしば漏曳したため、代わりに楊羲を採用したという。

さて、この神降ろしにおいて楊羲に降りてきたのは、南岳魏夫人（魏華存）という女仙と茅山という山名の由来となっている茅盈《ぼうえい》・茅固《ぼうこ》・茅衷《ぼうちゅう》という三兄弟の神仙が中心であった。彼らのお告げの内容は、修行の方法や重要経典の解説、天上の神仙世界の様子を歌い上げた詩歌など多岐に渡っていた。許氏父子と楊羲は、こういった神仙からのお告げの内容を書写して記録していたが、これがもととなって「上清経」という道教において最も重要な経典群の一つができ、さらに、上清派ないし茅山派と呼ばれる道教の流派が成立することにもなったのであった。ちなみに、このお告げの記録は後に散逸してしまうのであるが、それを陶弘景が集め直し精密な注解を付して編纂したのが、前述の『真誥』である。

神の降臨に遭い口訣や経典を授かったなどといったエピソードは、道教史上、よく見られるものであるが、このような「霊媒が自らの身体に神を憑依させ神々の啓示を得る」といったシャーマン的行為は、管見の及ぶ限り、この茅山の神降ろし以降、道教では基本的に実践されたことはないようである。(1) そのため、「自らの身体に神を憑依させる」ということは、道教における一般的な修道法とはならなかったのである。

◉(2)扶乩《ふけい》(フーチー)

ところが、およそ明代以降、自らの身体ではないものの、何らかの材で作った筆記具(乩筆《けいひつ》)を依り代として神を降ろし、その依り代となる筆記具を用いて文字を書かせ、神の啓示(乩示)を得るという技法が、道教において見られるようになる。これは「扶乩《ふけい》(フーチー)」などと呼ばれる技法で、日本のこっくりさん同様、自動筆記の原理を利用したシャーマニズムの一種であると考えられている。その方法は、時代や地域によって異なるものの、現在でも比較的よく見られるものについて述べると、まず、柳か桃の木の枝をT字型あるいはY字型に加工した「乩筆」を準備し、それを一名ないし二名の「乩手」が支え持つ。乩筆に神が降りて来ると、乩筆がひとりでに動き出し、乩筆の先に付けられている突起が砂などの上に文字や記号を描き出す。この文字ないし記号を乩手自身あるいは別の者が読み取り、神の乱示とする、といった具合である。

一つ強調しておきたいのは、この「扶乩」という技法は、その発生、発展ともに決して道教教団内部といった道教的な脈絡において行われたわけではなく、むしろ道教の外の民間とでもいうべき脈絡において行われたということである。この方面の研究の先駆けである許地山によると、この技法は、六朝時代には江南地域に広まっていた紫姑神信仰に端を発するものであるという。紫姑神とは、六朝・劉敬叔の『異苑』巻五によれば、もともと子婿という男の妾で、正妻のいじめを苦に自殺したとされる女仙のことで、当初は人形に紫姑神を憑依させ、人形の動きにより吉凶を判断するといった、女性や子供たちが遊戯的に行う占いであったようである〔許地山一九四一：一〇～一一〕。しかし、宋代には現在とほぼ近い形態で行われるようになり、主に知識人階層によって、神仙の乱示を得るだけでなく、科挙の問題の予想や官職昇進の予知などの用途にも利用されるようになった。そして、明代中頃にはかなり一般的なものとなり、さらに、清代以降、この扶乩により得られた神仙の乱示は、扶乩を核とした信者集団である「善堂」において、民衆に勧善懲悪を説くための道徳書である「善書」という形で刊行され、広範な地域と階層に流布するようになったのである。

さて、この扶乩において最もよく登場する神仙は、呂洞賓（呂祖）であった。呂洞賓とは、もともとは唐代の官吏であったが、後に官を捨てて神仙となり、八仙の一人に数えられるようになったほか、全真教の開祖・王重陽（一一一三～一一七〇）に口訣を授けたことから全真教の始祖の一人にも数えられるようになった神仙である。呂洞賓は、宋代以降、道士からも知識人からも盛んに信仰されるようになっていたが、およそ明代以降に扶乩が流行するに伴い、道士と知識人はともにこの扶乩によって呂洞賓と直接交流しようとしたのであった。そして、その結果、『太乙金華宗旨』や『道蔵輯要』などといった呂洞賓の乩示によりなった道書が刊行された。『太乙金華宗旨』とは、清・康熙七年（一六六八）以降三十数年に渡って毘陵（現・浙江省常州市）の周埜鶴《しゅうやかく》、屠宇庵《とうあん》らによる扶乩活動に下った呂洞賓らの乩示を集大成したもので、全真教龍門派第十一代道士・閔一得《びんいっとく》（一七五八～一八三六）編纂本のほか、乾隆四十六年（一七八一）の進士で、道士ではなく官吏であった蔣予《しょうよ》蒲《ほ》（一七五六～一八一九）編集本などがあり、道教側と民間側双方から刊行されている。また、『道蔵輯要』は、従来の『正統道蔵』および『万暦続道蔵』の精髄を抽出し、さらにこれらに未収録のものを補うことを目的として編纂されたもので、清朝期最大の道教叢書ともされているが、もともとは前述の蔣予蒲という民間側によって編纂され、後に成都の二仙庵という道教側から重刊されたものである。こういった民間側による道書の刊行は、扶乩を介した民間側から道教側への接近と解しうるであろう。この他、道教と民間により共通して信仰され、かつ扶乩に頻繁に登場する神として、文昌帝君や関聖帝君が存在するが、紙幅の関係上、ここでは詳述しないでおく。

ちなみに、前述の「善堂」の一部は、現在の香港などにおいては、扶乩を主要な活動としつつも、道教を標榜し、道教系の神仙を祀り、道教式の儀礼を行うなど、道教系扶乩集団として活動しており、「道壇」（道堂）などと呼ばれている。これもまた、扶乩を介した民間側から道教側への接近と言えるであろう。

このように、扶乩は、もともと民間側で起こって発展したものであるが、やがて、民間側の影響により道教側でも使用されるようになった。そして、道教と民間とは扶乩を介して共通の信仰を有するようになり、それを契機に民間側から道教側への接近すら見られるようになった。このように、扶乩は、道教と民間とをさらに近づけ、両者の境界をよりいっそう曖昧にさせた中国宗教史上、看過することのできないものであろう。

二　神を儀礼の場に招き迎える

すでに前述してあるように、道教においては、「神を使役する」ということが主に儀礼において頻繁に行われ、また、それが道教の重要な修道法の一つとなっている。また、身体に憑依させるわけではないが、神々が儀礼の場などに来臨するよう請願するといった形の神降ろしもしばしば行われる。ここでは、紙幅の関係上、すべてを網羅的にというわけにはいかないが、これらの行為の例をいくつか見てみたい。

◉(1)存思

「存思」とは、精神を集中して自己の体内神を現実さながらに思い描くといった技法のこと。上清派において最も重視され、『大洞真経』(『道蔵』SN六)の読誦とともに最上の修道法に位置づけられていた。その具体的な方法は、たとえば、『登真隠訣』（『道蔵』SN四二一）巻下「誦黄庭経法」によると、まず『黄庭内景経』を読誦し、それから、五臟六腑の神が体内の各自の臟腑の宮殿にいて嬰児のような姿をして居るのを思念する。そして、叩歯（歯を合わせてカチカチと言わせること）を二十四回、咽気を十二回行い、その後、呪文を唱える。これを八年間続けると黄庭真人が降ってくる、あるいは迎えが来て天帝のもとへ上昇できる、といったものとなる。

◉(2)上章

「上章」とは道士の身中の体内神を体外へと呼び出し、その体内神に天上界へと昇って行って願い事を神々に伝えさせるという儀礼・技法のこと。道士が神々への祈願の内容を文章にして奏上するところから「上章」という名が来ている。まさに昔の中国における皇帝への上奏行為を宗教的行為に置き換えた儀礼であると言える。この儀礼は、天師道において特に重視されており、これを行えるようになるには、特定の籙（道士としての免許状、使役できる神々の名が記されている）や印のほか、奏上する文章の範例集および呼び出す体内神の名前とその職掌とが記された文献が授けられる必要があったようである。

さて、この上章という儀礼であるが、それぞれの動作には名称がある。まず道士の身中から体内神を呼び出すことを「発炉」ないし「出官」と言う。次に、この体内神を天上へと昇らせ天上の神々に道士の依頼を奏上させることを「関啓」と言う。そして、天上にて祈願の奏上を終えると、呼び出された体内神はもとの位置に戻されるが、これを「納官」ないし「復炉」と言う。
前述の「発炉」ないし「出官」以降の部分については、一つ特筆すべきことがある。この部分は、実は、前述の「存思」という技法を用いて瞑想上で行われるのである。また、その際、道士自らも体内神とともに天上へと昇って行って天上の神々と謁見し、章を呈するのである。このように「存思」という瞑想の中で道士自らが天上へと飛翔し神々に謁見したり祈願文を奏上したりすることは、丸山宏が指摘するように、脱魂型のシャーマンが魂を身体から抜き出し、我忘の状態になって神霊世界へとアクセスするのに類似していると言える〔丸山宏 二〇〇四：九〇〕。この点は非常に興味深いところである。

ここで、『赤松子章暦』（『道蔵』SN六一五）巻三、二〇頁「疾病医治章」に見える上章儀礼による治病の例に注目してみたい。この例では、まず、最近病気にかかって死ぬかも知れないので上章により救って欲しいとの依頼が道士のところに舞い込んでくるが、道士はこの者の病気の原因が物理的なものなのか、それともこの者が犯した罪に対する罰なのか分からず、そこで、上章を行うことにする。そして、この者の病を治すため上章により神々に対して以下のように請願する。

五方の生気に上請す、以て済《すく》い医治せんことを。特に太上無極大道、太上老君、諸君丈人、天師君、三師君夫人、慈父聖母に願わくは、恩を留め省念して、賜わるに道気を以てし、某の身を覆瘖《ふくいん》せんことを。謹んで天曹、上手天医、太医君吏十二人に謁す、下りて某の身の為に病の在る所に随いて即ち救療を為さんことを。……次に東方青生気、南方赤生気、西方白生気、北方黒生気、中央黄生気に請う、並びに某の身中に下らんことを。……。

ここでは、天曹、上手天医、太医君吏といった天官（天の遣い）および五方の生気に対して病者の身中に降りて来るよう、そして病を治すよう請願されている。このように、「上章」という儀礼は、基本的には道士の身中の体内神を天上界へと遣わせて祈願を奏上させる儀礼ではあるものの、必要に応じて時に体内神を介して神々の降臨を請うといった神降ろしにも用いられることがあるのである。

◉(3)斎

「斎」とは、懺悔して罪に服し功徳を得ることによって祈願を達成しようとする儀礼のこと。金籙斎や黄籙斎、塗炭斎などいくつかの種類のものが存在し、それぞれ国家護鎮や先祖の冥界からの救済などその目的が異なる。

この儀礼はおよそ六朝初にはその原初形態が現れ、やがて、前日に「宿啓」という準備の儀礼を行い、翌日から「行道」という核となる儀礼を定められた日数繰り返し行うという基本形式が定まる。そして、遅くとも唐末五代には、前日に「宿啓」を行い、翌朝から一日三回の「行道」を三日間行う「正斎」を行い、さらに、「正斎」最終日の晩か翌朝から「言功拝表」（斎を行った功徳を報告することにより祈願する)、「散壇設醮」(斎功の成就を感謝して神々を招き酒食を供える)を行い、「投龍壁」(罪の消滅を記した「簡」とともに壁や金龍などを山や川に投じる)で締めくくるという形式となった。その後、道教儀礼が広く民間に浸透していくと、数種ある「斎」の中でも帝王から庶民に至るまで何人でも行うことのできる「黄籙斎」が最も盛んとなり、宋から明にかけてこの「黄籙斎」に新しい儀礼項目が次々に加わっていくことで、現代見られる道教儀礼へとつながっていくのであるが、その中核となるのは、六朝初より続く「行道」となる。ここで、北周成立の『無上秘要』(『道蔵』SN一一三八)巻五十四「黄籙斎品」により、比較的初期の「黄籙斎」の「行道」について見てみると、その構成は以下のようになる。

①立壇 ②題榜 ③然灯 ④香火 ⑤鎮龍 ⑥命繪 ⑦方綵 ⑧署職 ⑨三上香 ⑩祝香 ⑪請仙官 ⑫三上香 ⑬謝十方 ⑭謝日月星 ⑮謝水官 ⑯謝三宝 ⑱存思

このうち、⑩祝香において、法師は叩歯を二十四回行い、呪文を唱えつつ身中の体内神を呼び出す「発炉」を行い、また、呼び出した体内神を天上へと遣いに出す「出官」も行っている。そして、⑫三上香で天上の高位の神々に祈願を奏上する「関啓」を行い、その後、最後の⑱存思において呼び出した体内神をもとの位置に戻す「復炉」を行っている。このように、「斎」の中核である「行道」においては天上の神々に祈願をするに当たっては、前述(2)上章が用いられており、したがって、道士はこの「斎」においても、脱魂型のシャーマンが神霊の世界へ赴くのと似たような方法を用いるのである。ただし、道士は、この過程において、「自師尊大聖衆の至真の徳に帰し、得道の後、昇りて無形に入り、道と真を合せん」とあるように、意識的に「道」と合して一つになり、より深い境域へと到ろうとしている〔浅野春二 二〇〇三：一八六〕。この点は道教に特徴的なものであり、またもしかしたら道教とシャーマンとが一線を画しているとも言いうる点かも知れない。

ここで、⑪請仙官に見られる以下の一節が注目される。

天仙兵馬、地仙兵馬、飛仙兵馬、真人兵馬、神人兵馬、日月兵馬、星宿兵馬、九宮兵馬、五帝兵馬、三河四海兵馬、五岳四瀆兵馬、各九億万騎、監斎直事各三十二人、侍香金童、散華玉女、五帝直符各三十二人、伝言奏事飛龍騎吏等に上請す、一合に来り下りて、斎堂を監臨せんことを。

ここに見られる天仙兵馬以下の神々は、天上の高位の神々の遣いである仙官のことである。つまり、ここで、仙官たちは、儀礼を行う場へと一堂に下って来て、儀礼の実施を見守るよう請願されているのである。このように、この「斎」においても、神々に対して儀礼の場へと来臨するように請うといった神降ろしの行為が見られうるのである。

◉(4)醮

「醮」とは、神々に饗応する儀礼のこと。歴史的に見ると、もともとは単独で行われる一つの儀礼であったが、すでに(3)斎において述べてあるように、遅くとも唐末五代には「斎」と結びつき、先に「斎」を行って神々に祈願し、その後、「醮」を行って斎功の成就に感謝し神々に饗応するという「斎醮儀礼」の形が定式化した。現在、台湾などで見られる「醮」は、地域の平安や疫病払いなどを祈願して行われる生者救済儀礼であり、名前こそ「醮」となっているものの、その基本構造を見てみると、先に功徳を積んでその功徳により神々に祈願し、その後、神々に感謝するというようになっているなど、「斎醮儀礼」の基本構造をそのまま残している。

唐・杜光庭撰『太上黄籙斎儀』（『道蔵』SN五〇七）巻五十「散壇設醮」を例に「醮」について見てみると、まず、この儀礼の構成は以下のようになる。

①入戸　②礼師存念　③衛霊呪　④発炉　⑤称法位　⑥上香、上湯、上茶、上酒　⑦長跪啓白
⑧上香、上湯、上茶、上酒　⑨重啓　⑩焚香散果　⑪平坐念呪　⑫送神頌　⑬還戒頌　⑭還戒
⑮納職　⑯発願　⑰復炉　⑱三途五苦頌　⑲解壇頌　⑳出戸　㉑三師前列位上香　㉒辞三師頌
㉓回向　㉔謝過礼、謝恩礼、謝法師

このうち、⑤称法位においては、たとえば、

謹んで玉京玄都紫微上宮十方大聖衆、至真諸君丈人、飛仙上真、玉童玉女に奉請す。伏して願はくは、応感して輝を分かち、醮席に降臨せんことを。

などとあるように、神々に対して醮席（儀礼を行う場）へと来臨するよう何度にも渡って請願される。そして、その後、⑥上香、上湯、上茶、上酒と⑧上香、上湯、上茶、上酒の二度に渡って神々に対して香や湯、茶、酒などが献じられている。

このように、「醮」においても神々に対して儀礼の場へと来臨するように請うといった神降ろしの行為が見られるが、この「醮」の場合は、⑶斎の場合とは異なり、神々からの助力を得るためではなく、神々に対して酒食を供えるためであるという点は注目に値する。一方、この儀礼には④発炉や⑰復炉などの節次があることから、ここでも身中の体内神を召し出し、天上に派遣し、再び体内に戻すといった「上章」が用いられていることがはっきりと見て取れる。しかも、神々に対して儀礼の場へと来臨するように請う神降ろしの行為は、この④発炉と⑰復炉の間で行われていることから、結局、「醮」における神降ろしは、「上章」により行われているということになる。この点については、実は、前述の⑶斎についても同じことが言え、「斎」における神降ろしの行為も結局は「上章」により行われていると言える。このように、道教儀礼における神降ろしは、神を天上へと送り出すための技法である「上章」がその基本となっているのである。

◉(5)その他の呪法

道教においては、ここまで見てきたような主に「上章」により使者である体内神を介して天上の神々に上啓・奏上することで神々の来臨を請うといった神降ろしの方法以外に、道士がより呪術的な技法を用いて直接的に神々に働きかけるといった神降ろしの方法も存在する。ここでは、そのような神降ろしの例について見てみたい。

a　符

符については、改めて説明を加える必要はないであろう。ここでは、符を用いた神降ろしの例について見てみたい。

南宋から元の林霊真（一二三九〜一三〇二）の編集を受けて明代に成立したと考えられる『霊宝領教済度金書』（SN四六五）巻二十二「科儀立成品」、二頁には、儀礼の場の護衛をさせるために、青龍、白虎、朱雀、玄武の四霊（四神）を召請する方法が記されている。このうち青龍を召請する方法を示すと、まず「四霊侍衛符」を焚化し、それから、

東方青龍角亢の精よ、雲を興し霧を吐き雷に策うち霆天の矯なること千丈なるに賀し四溟を周遊し来りて吾が左に侍せよ。

といった呪言を唱えるということになる。ここで用いる「四霊侍衛符」については、この箇所には記載が見られないが、同じ『霊宝領教済度金書』の巻二六二「符簡軌範品」、三頁～四頁には四霊それぞれを召請するための符が記されている。このうち、青龍を召請するために用いる「青龍侍衛符」を示すと、図1のようになる。このように、道教には、神を降ろす技法として、符を用いる、さらには符に呪言を組み合わせるというものがある。

b　手訣

「手訣」とは、片手あるいは両手を用い多用な形を作る技法のこと。道教で用いられる「手訣」には二種類のものがある。一つは仏教の「手印」とほぼ同じ技法で、道教側が仏教の手印を模倣したと考えられている。もう一つは、「点指」とか「掐訣《とうけつ》」、「指法」など呼ばれる技法で、左手の指の各関節や関節と関節の間、指の先などに十二支や八卦などを割り当て、その場所を左手の親指で

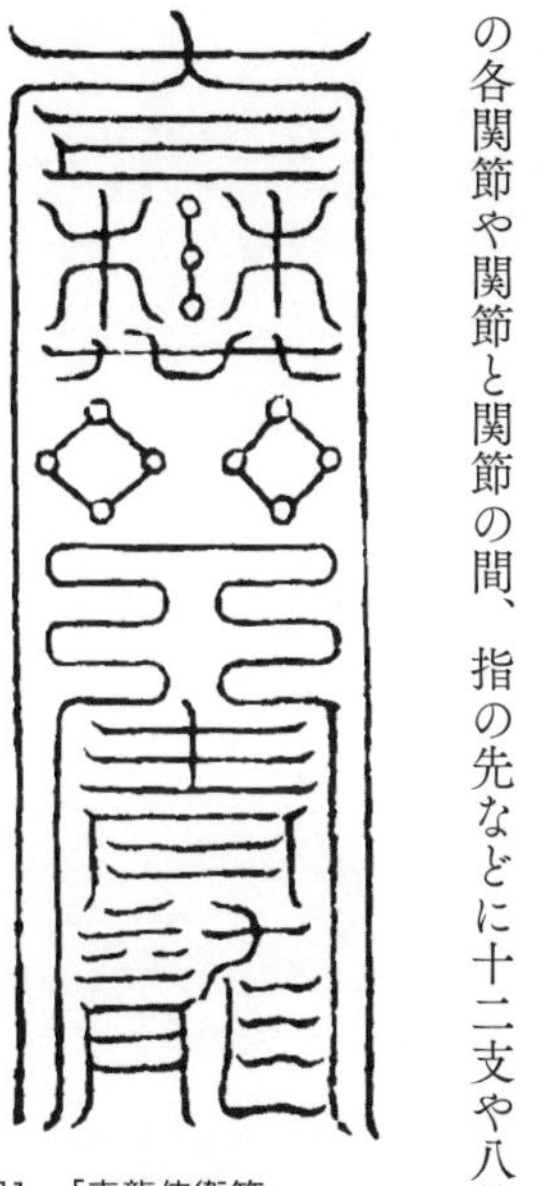

図1　「青龍侍衛符」（張継禹主編『中華道蔵』華夏出版社、2014年より転載）

押さえていくといったものである。これにより、それぞれの干支や方位の力を喚起するという作用がある。三田村圭子によると、この手訣は、唐代の道書にはすでに見られ、唐末にはどの儀礼においてどの手訣を用いるか概ね決まっていたが、宋代以降は「点指」が主流になっていったとのことである〔三田村　一九九八：一五～一六〕。ここでは、後者の「点指」による神降ろしの例について見てみたい。

前述の『霊宝領教済度金書』に見える四霊の召請については、実は、同じ『霊宝領教済度金書』の巻二七五「書篆訣目品」、六頁～七頁にさらに別の記載が見られる。このうち、青龍に関する部分を示すと、以下のようになる。

青龍侍衛符　卯文を掐《こう》ず
甲寅青龍孟章将軍よ、斧を執り左に侍し祅氛《ようふん》を剪截せよ。急ぎ急ぐこと律令の如くせよ。
神の三梁冠青衣大袖にして斧を執るを存す。

このうち、「卯文を掐ず」（原文は「掐卯文」）とあるのが、「点指」を行うよう指示している箇所となる。「卯文」とは左手に配された十二支のうちの「卯」の位置、つまり人差し指の第二関節のことを指しており（図2参照）、したがって、この場合、「青龍侍衛符」を焚化するに当たっては、「卯」の位置である人差し指の第二関節を「点指」する（押さえる）必要があるということになる。これは「青龍」と「卯」のいずれもが五行のうちの「木」に相当することと対応している。大淵忍爾によれば、この点指においては、この例のような十二子の位置を示す場合は「〜文」と表現し、八卦の位置を示す場合は「〜宮」と表現するとのことである〔大淵忍爾 一九八三：二二三頁〕。

さて、ここでの引用文から判断するに、「青龍侍衛符」を用いて青龍を召請するに当たっては、この「卯文を点指する」以外にさらに「甲寅青龍孟章将軍よ、……」との呪言を唱え、その上、「三梁冠を被り大袖の青い衣服を纏い斧を手に持った神」の姿、すなわち青龍が人格神化した「甲寅青龍孟章将軍」の姿を存思する必要があるようである。このように手訣を用いて神を召請したり使役したりするに当たっては、呪言や存思と合わせて行うことが少なくないのである。

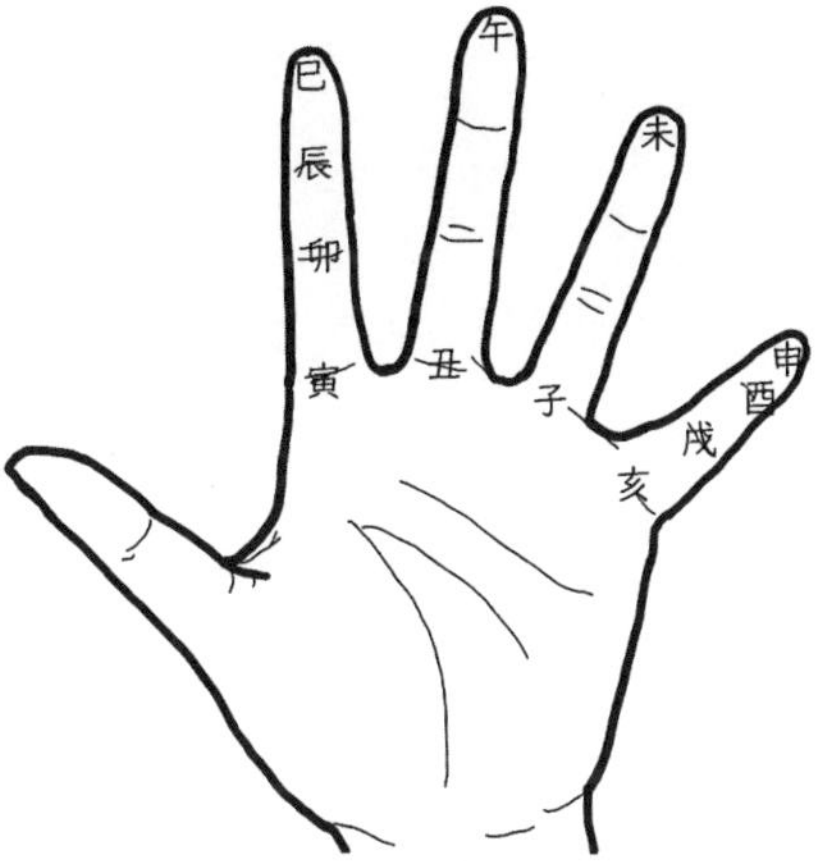

図2　左手における十二子の配当

c　五雷令

「五雷令」とは、高さ二〇センチメートルほどの木製の法具。上部は丸まっており、底部は長方形で、表には「五雷令號」という文字が彫られている。この法具は、道教においては、官将（神々の世界の元帥や将軍など）に命令する際などに使用されるが、もともとは五代から南宋にかけて新たに形成された民間起源の呪法である「雷法」に由来する。雷法とは、雷のもつ激しく強烈な力を借りて邪悪な鬼神を駆逐する技法のことで、宋代以降、民間諸神を使役するのに有効な呪法として道教にも取り入れられた。雷法の重要経典の一つである『九天応元雷声普化天尊玉枢宝経』(『道蔵』SN一六)によると、「五雷」とは、九天雷公将軍、五方雷公将軍、八方雲雷将軍、五方蛮雷使者、雷部総兵使者のことであるという。ここでは、この「雷法」由来の「五雷令」を用いた神降ろしについて、現代の台湾の烏頭道士(2)が斎や醮などにおいて行う「発表」という儀式を例に見てみたい。

「発表」とは、神々に文書を送り届けることで斎や醮などの儀礼の開始を通知するといった内容のもので、中には儀礼に関係する多くの神々が召し出される箇所が含まれている。この箇所では、まず、上香し、それから引班(道士団の先導役を担う道士)が香炉から立ち上る煙で「五雷令」を浄化して高功(中心となって儀礼を行う道士)に手渡す。高功は、頭に被っている道冠に挿してある「仰(3)」を抜き取り、「五雷令」を手に執って呪言を唱えてから、五雷令で儀卓を三回叩く。浅野春二によれば、この所作は「三卓(三琢)」と言い、官将を呼ぶためであるという〔浅野春二 二〇〇三:一一一〕。高功は、この「三卓」の後、香炉に線香を三本供え、それから「五雷令」を右側に構え持って丁字で(右足を横に向けて体を右に向け、左足を真っ直ぐ正面に向けて)立ち、官将の名前を呼んでいく。その後、再び五雷令で儀卓を叩いた後、今度は左側に五雷令を持って左向きに丁字で(左足を横に向けて体を左に向け、右足を真っ直ぐ正面に向けて)立って、官将および文書伝送に関わる玉女・功曹などを呼び出していく。その後、今度は五雷令を儀卓に置き、仰を道冠に挿し、笏を持って、城隍神や土地公などの土地・里域の神を呼び出す。大淵忍爾によると、これら土地・里域の神は、官将ではないから五雷令を用いないとのことである〔大淵忍爾 一九八三：二五四頁〕。

以上、五雷令を用いた神降ろしの一例を示したが、五雷令は飽くまでも官将に命令するためのものであり、その他の神々を召請したり使役したりする場合には用いないものである。また、本事例での神降ろしに用いた技法は「五雷令」のみであったが、次の「d 歩罡」の事例にも見られるように、他の技法と組み合わせて神降ろしや神の使役を行うことも珍しいことではないのである。

図3 五雷令による召将（台南市中西区祀典武廟、著者撮影）

d 歩《ぼ》罡《こう》（歩罡踏斗）

「歩罡」の「罡」は北斗七星のこと指し、「歩罡」とは北斗七星を象ったステップを踏むことを意味する。この「歩罡」は、北斗七星を象ったステップを踏む技法以外に、実際には、多くの種類のものが存在するが、劉仲宇によれば、主として、①自己を改変し神々と通

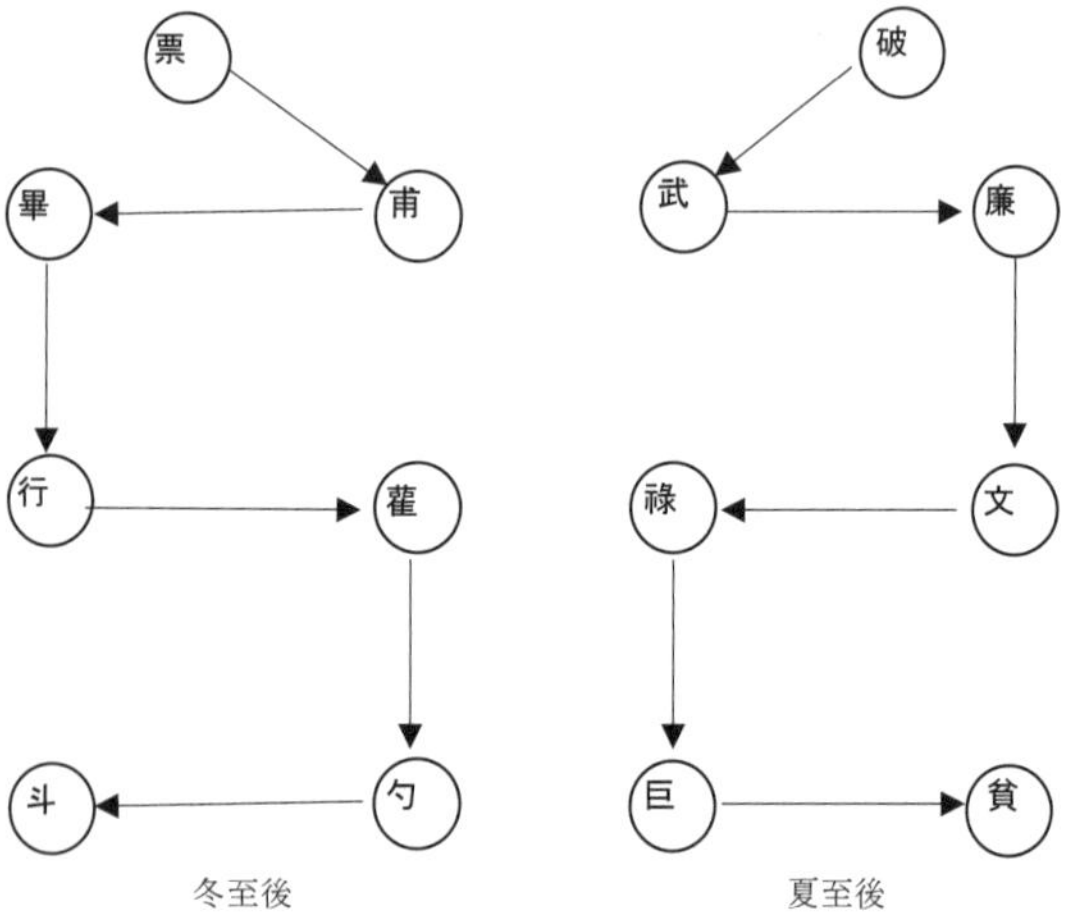

図4　七星斗図

じさせる、②天上界を飛行する、③鬼神万物を使役する、といった三つの効能があるという〔劉仲宇 二〇〇二：一八三～一九〇〕。ここでは、現在の台湾の紅頭道士[4]が醮などにおいて儀礼を行う壇を浄化するために行う「勅水禁壇」という儀式における「召官将〔官将を召請する〕」の節次を例として「歩罡」による神降ろしを見てみたい。

　まず、口に浄水を含み、五雷令を手に執り、壇の正面に向かって空中に五雷令を用いて「霐霯明」と書いてから、噀水〔口に含んだ水を霧状に吹き出す〕する。これは、謝忠良によると、十方三界の官将にその号令を聞かせて、護衛のために儀礼を行う壇へと到らせるという意味があるという〔謝忠良 二〇〇〇：四九〕。その後、

　謹んで飛斗将、飛斗神、飛斗将軍を召す。速やかに降臨せよ。三魂童子、七魄将軍よ、速やかに霊関を過ぎ、我が飛斗を助けよ。

と唱え、唱え終わると、五雷令を卓上に置き、両手を道服の袖の中に隠しながら左手で午文を、右手で子文を点指する。その後、東に向かって、「七星斗」を踏む。この「七星斗」の踏み方には、冬至以後と夏至以後の二種類のものがあり、それぞれを図示すると、図4のようになる。このようにして、官将を召請し、官将からの助力を得るのである。ちなみに、この歩罡を行うに当たっては、この例のような神降ろしの場合に限らず、いずれの目的の場合でも、手訣や呪言などといった技法と組み合わせて行われるのが基本となっている。

◉(6)現代の台湾の道教儀礼

現在、台湾道教においては、死者の追善供養など死者を救済するための儀礼を「斎」と称し、地域の平安や疫病払いなど生者を救済するための儀礼を「醮」と称するが、これらはいずれも唐末五代以降の「醮」と結びついた「斎醮儀礼」としての「黄籙斎」の系譜に連なるものである。また、このほかにも多種多様な道教儀礼が行われているが、これらは基本的に「科目」と呼ばれる小儀式の集合体となっている、つまり、台湾で現在見られる「斎」や「醮」などの道教儀礼は、数個から多い場合は数十個にもなる「科目」によって構成されているのである。そして、こういった儀礼を構成するほとんどの科目の前半部分において、関連する神々の名前を呼び、上香し、時にはさらに献酒、献茶も行って神々を儀礼の場へと召請するという神降ろし行為が見られる。

一方、神々を儀礼の場へと招き寄せる専用の科目も存在する。それは、地域により名称が異なるものの、おおよそ「啓白」とか「啓請」、「請神」などと呼ばれる科目で、紙幅の関係上、ここではこの科目の内容について詳しくは論じないが、種々の科目の前半における神降ろしと同様に、神々の名前を呼ぶことと上香することがその中心となっている。このうち上香の作用と効果について、浅野春二は、「香から立ち上る煙は神に神を祭る物の誠意を届け、神を招いてくる、同時に河野よい香りが神を引き寄せる力を発揮する」と述べている〔浅野 二〇〇三：一三〇〕。このように、道教儀礼においては、神々の名前を呼ぶことおよび上香することもまた神々を儀礼の場へと招き寄せるという神降ろしの方法となっているのである。

ここで、現在の台湾の道教儀礼においても、体内神を天上へと派遣する「上章」において、道士自身も天上へと赴くといったことが行われていることを特筆しておきたい。それが行われるのは、「斎」や「醮」の構成科目の一つで「道場科儀」ないし「朝科」と呼ばれる科目においてである。この科目は、前述(3)の歴史的な意味での「斎」の中核をなす「行道」に相当する科目で、現在、台湾では、早朝科儀、午朝科儀、晩朝科儀のほか数種類のバリエーションのものが見られる。今、台南地域で見られる午朝科儀を例として、その基本構造を示すと、

①啓聖　②啓師　③本科陞壇　④入戸　⑤発炉　⑥啓神　⑦呈疏　⑧三捻香　⑨懺謝　⑩復炉
⑪出戸　⑫謝師聖　⑬下壇

となる。このうち、⑤発炉で使者となる体内神を召し出し、⑦呈疏で祈願内容を記した「黄疏（疏文）」を天上の神々のもとへと届けさせ、⑩復炉で再び体内へと戻させるということになり、この科目においても「上章」が用いられていることがはっきりと見て取れる。さらに、⑦呈疏においては、まず疏文が宣読され、道士らが「舞剣」（剣を振り回しつつ五方を清める技法）を行うことで儀礼を行う場が浄化され、さらに護衛の四霊が呼び出され、それから疏文を届ける役を担う功曹という体内神とその功曹が乗る馬に酒を飲ませて、天上へと送り出す準備がなされる。この功曹や功曹が乗る馬に酒を飲ませるに当たっては、実際には、紙で作った役人と馬の像の口に杯を持っていき、少し酒を付着させるということが行われる。そして、その後、「伏章」ということが行われる。この「伏章」においてこそ、道士自らも「存思」という瞑想のもとで天上へと赴き飛翔していくのである。この時、道士は図5のように、地に伏してうずくまったような状態になり、自らが天上へと飛翔して行く様子を瞑想するのであ

図5　伏章（嘉義県新港郷奉天宮、著者撮影）

る。この後、疏文および役人と馬の像が焼かれて、使者とともに疏文が天上へと送り届けられるのである。

また、前述(5)で見た「符」や「手訣」、「五雷令」、「歩罡」といった技法もまた、現在の台湾の道教儀礼においては一般的に見られうるものであるということに改めて言及しておきたい。「五雷令」と「歩罡」に関しては、すでに(5)において、現代の台湾の道教儀礼における例を示しているため、もはや自明のことであろうが、その他の「符」や「手訣」も、紙幅の関係上、詳述することはできないが、現在の台湾の道教儀礼においても一般的に行われている。これらは、もともとは民間で発達・発展し、後に道教に取り入れられたものであり、「符」を除いては、およそ道教が広く民間の呪法や技法を取りれ、大衆化していった宋代以降に道教において盛んに用いられるようになったものである。

このように、現在の台湾の道教儀礼においては、神の使役や神降ろしの技法・儀礼が古いものから比較的新しいものまで複合的・重層的に受け継がれ、息づいているのである。

むすび

以上、道教の神降ろしについて、「神を降ろして憑依させる」と「神を儀礼の場に招き迎える」という二種類のものに分けて見てきた。

道教における神降ろしには、確かに、本稿第一章で取り上げた「茅山の神降ろし」や「扶乩」のような憑依を伴うシャーマニズム的なものも存在し、またどちらも道書作成に至るなど道教に与えた影響は決して小さいものではない。とはいえ、これらは、道教の修道法としては決して主流とはなりえなかった。道教の修道法、特に儀礼として主流となっているのは、結局、本稿第二章で「神を儀礼の場に招き迎える」ものとして見てきた技法や儀礼なのである。

このように、道教における神降ろし、さらには道教の儀礼とは、基本的には決められた手順に従って行う宗教的な技法であって、決してシャーマニズム的なものではないのである。そして、道教の修行者である道士は、決してシャーマンや霊能者などではなく、複雑で高度な技法を駆使する技術者的存在であって、こういった技術を駆使して神と人とを媒介するに過ぎないのである。

注

（1）宋代に発達した天心法に、問題を起こした鬼を子供の身体に憑依させ、鬼から話を引き出しつつ裁判にかける「考召」というシャーマニズム的な呪法があるが、神を憑依させてその宣託を得るといったものではないため、ここでは考慮に入れていない。

（2）主として台湾中南部に分布し、慶事の祭典などの生者救済儀礼と死者の追善供養などの死者救済儀礼のいずれをも行う道士のこと。台湾道教の教派の分類およびその職能と分布については、謝聡輝・呉永猛共著『台湾民間信仰儀式』（国立空中大学、二〇〇五年）一〇～一三頁参照。

（3）道士が道冠に挿す炎の形をした金属製の飾りのこと。高位の神に相対する場合には付けるが、下級の神や亡魂に相対する場合には付けない。詳細は、大淵忍爾篇『中国人の宗教儀礼　仏教　道教　民間信仰』（福武書店、一九八三年）二二一頁参照。
（4）主として台湾中北部に分布し、専ら生者救済儀礼のみを行い、無縁仏救済儀礼である普度を除き死者救済儀礼を行わない道士のこと。

参考文献

浅野春二　二〇〇三　『飛翔天界』　春秋社
大淵忍爾　一九八三　『中国人の宗教儀礼　仏教　道教　民間信仰』　福武書店
可児弘明　一九九四　「扶乩」　野口鐵郎他編　『道教事典』　平河出版社
許地山　一九四一　『扶箕迷信底研究』　香港商務印書館
小林正美　一九九八　『中国の道教』　創文社
小林正美　二〇〇六　「道教の斎法儀礼の原型の形成――指教斎法の成立と構造」　小林正美編　『道教の斎法儀礼の思想史的研究』　知泉書院
小南一郎　一九八一　「「漢武帝内傳」の成立（下）」　『東方学報』　五三
小南一郎　一九八八　「道教信仰と死者の救済」　『東洋学術研究』　二七別冊
酒井忠夫　二〇〇二　『近・現代中国における宗教結社の研究』　国書刊行会
志賀市子　一九九九　『近代中国のシャーマニズムと道教――香港の道壇と扶乩信仰』　勉誠出版
志賀市子　二〇〇三　『中国のこっくりさん――扶鸞信仰と華人社会』　大修館書店
志賀市子　二〇〇五　「「化劫救世」の願い」　野口鐵郎編　『結社が描く中国近現代』　山川出版社

謝聰輝・呉永猛 二〇〇五 『台湾民間信仰儀式』国立空中大学
謝忠良 二〇〇〇 『道教科儀　勅水禁壇的儀式音楽研究』国立台湾師範大学音楽系碩士論文
周西波 二〇〇三 『杜光庭道教儀範之研究』新文豊出版公司
福浦厚子 二〇一四 「シンガポールの寺廟祭祀における主席・道士・童乩」『文化人類学』七九―三
マックス・ウェーバー 一九七六 『宗教社会学』武藤一雄他訳、創文社
松本浩一 二〇〇一 『中国の呪術』大修館書店
松本浩一 二〇〇六 『宋代の道教と民間信仰』汲古書院
丸山宏 二〇〇四 『道教儀礼文書の歴史的研究』汲古書院
三田村圭子 一九九八 「科儀書に見える手訣の変容」『東方宗教』九二
森由利亜 一九九八 「『太乙金華宗旨』の成立と変遷――諸版本の序・注の記述を手がかりに」『東洋の思想と宗教』一五
森由利亜 二〇〇一 「『道蔵輯要』と蔣予蒲の呂祖扶乩信仰」『東方宗教』九八
山田明広 二〇一五 『台湾道教における斎儀――その源流と展開』大河書房
横手裕 二〇一五 『道教の歴史』山川出版社
劉仲宇 一九九七 『道教的内秘世界』台湾文津出版社
劉仲宇 二〇〇二 『道教法術』上海文化出版社

天狗信仰と文芸

久留島 元 ● KURUSHIMA Hajime

一　天狗の研究

現代の日本で一般的な「天狗」のイメージを集約すれば、赤ら顔で鼻が高く、手に羽団扇をもち、山伏のような出で立ちの妖怪、となるだろう。アニメや絵本、食品パッケージなどでも普及した姿である。

しかし、中世にはこうした天狗像は成立していなかった。鎌倉時代に多く作られた絵巻では、鳥頭人身の天狗が描かれる。天狗はしばしば鵄《とび》の姿をとると考えられたため、鵄を擬人化した姿で描かれたのである。また仏道を志しながら驕慢や我執を捨てられなかった者が天狗になると説かれ、僧形で描かれることも多い。

小松和彦編『怪異の民俗学5　天狗と山姥』には、国文学や民俗学、歴史学における天狗研究の知見がまとめられている。そこでは仏教説話集や絵巻の分析から、中世の天狗像は基本的に仏敵である魔物、反仏法的存在であったと理解されている。

こうした反仏法的魔物としての天狗像とは別に、山岳修験の世界では山の神としての天狗像が伝えられている。鼻高の天狗像が山伏姿で描かれるように、天狗信仰の主な担い手は山伏であったと考えられ、はやくから同一視されている。

特に宗教民俗学を提唱した五来重は、修験道文化に山の神霊に対する古代信仰が残存していると考え、各地の民話、民俗芸能に継承された天狗や鬼の伝承にも、その痕跡があると考えた。在野の天狗研究で知られる知切光歳なども山岳信仰との関わりを重視する。五来は一連の著作で柳田民俗学が排除した修験道など仏教文化を重視したが、その柳田は天狗を独自の文化をもった民族（山人）を神秘化したものととらえ、南方熊楠との間に有名な「山人論争」を繰り広げている。方向性は異なるが、天狗伝承の背景を、実態的な山の生活文化からとらえようとした点は共通していよう。

ところが近年、宗教史研究では修験道に対する認識が大きく変化した。古来の山岳信仰と教派として独立した修験道とを、明確に区別するようになってきたのだ。その結果、修験道を古来の山岳信仰と安易に結びつける考え方は訂正されつつある。

たしかに日本では古くから山岳信仰の系譜が見られ、古代寺院でも山岳修行はさかんに行われた。『日本霊異記』で語られる役小角伝説などは、山岳修行者に対する強い関心を物語る。しかし修験が独立した組織として整えられたのは鎌倉時代中期ごろ、教義がまとめられて本山派、当山派などの「修験道」が確立したのは室町時代と考えられる。古代や中世に語られた天狗説話を、後世の修験道や山岳信仰から安易にさかのぼって理解しようとすると、説話が語られた当時の文脈を大きくはずれてしまうことになる。

二　天狗信仰の現在

関東で天狗信仰といえば高尾山（東京都八王子市）が有名である。縁起によれば、行基による開基伝承をもつ高尾山薬王院に、永和元年（一三七五）、当山派修験の醍醐寺から俊源が来遊し飯綱権現を勧請したという。その後法流が継承されたというが、俊源の存在を語るもっとも古い薬王院資料は天正五年（一五七七）のもので、実態は戦国時代になって後北条氏や徳川氏の庇護をうけて整備されたと考えられる。資料の制約が大きいが、十五世紀以前の山岳信仰について、現在の天狗信仰から投影して語ることは難しい。

江戸時代には日本の代表的な「八天狗」が定められた。いつ頃から言われ始めたのか確証がないが、愛宕栄術太郎坊、鞍馬僧正坊、比良山次郎坊、飯綱三郎、大山伯耆坊、大峯善鬼坊、白峰相模坊、彦山豊前坊の八狗をいう。修験の山として有名な霊山に住む天狗ばかりだが、特に愛宕、鞍馬は天狗信仰の双璧というべき要所であろう。

八天狗の筆頭、太郎坊を擁する愛宕山（京都市右京区）は全国に八八九社あるという愛宕社の本社で、「火迺要慎」の火除札で知られる。近代以前は神仏習合の山だったが、慶応四年（一八六八）の神仏判然令以降、仏寺を廃し愛宕神社を名乗った。

一方、鞍馬山（京都市左京区）は昭和二十年代に、当時の貫主、信楽真純（香雲）が天台宗から独立し鞍馬弘教を興している。信楽香雲《しがらきこううん》『生きる力』（鞍馬山弘教弘布総本山鞍馬寺出版部、一九七一年再版。一九六三年初版）によれば、太陽、月、地球の化身で三位一体の「尊天」をそれぞれ毘沙門天、千手観音、魔王尊の三尊であらわし、魔王尊（いわゆる大天狗）は金星から地球に降臨した「サナート・クマラ」であるという。

このように天狗信仰は現代にも変容しつつ継承されている。そもそも天狗という語彙は漢籍や仏

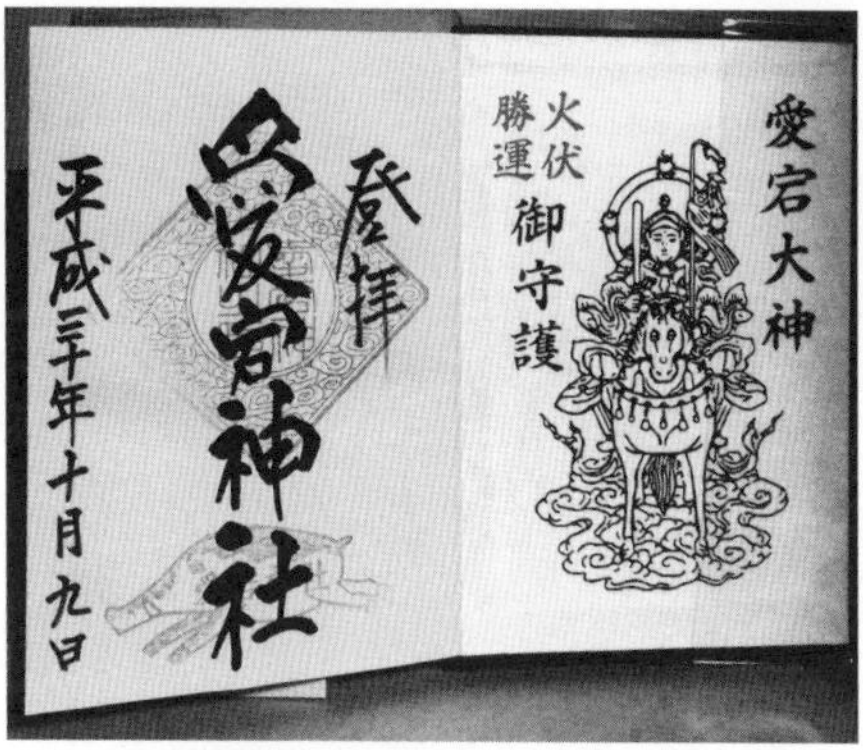

図1　愛宕神社御朱印（2018年10月）

図2　愛宕社のお札。火伏せ、防火に霊験があるとされる

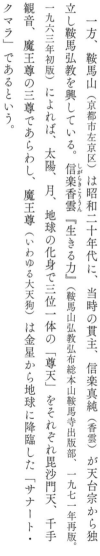

典を通じて入ってきた外来語で、兵乱の予兆となる星や天から降りてくる魔物という用法がある。現代の天狗像が、外来語であった天狗からどうやって変化していったか、時代ごとの変化を見ていく必要があるだろう。

三　画期としての鞍馬天狗

通説によれば現在の天狗像は、狩野元信（一四七六―一五五九）による「古法眼筆僧正坊図」によって定着したものという。『本朝画史』（元禄四年、一六九一年刊行）などに記載される伝説では、ときの将軍から夢にみた鞍馬天狗（僧正坊）の図を依頼された元信が、同じく夢にみた天狗の姿を描いたところ、将軍から夢のとおりだと賞讃された、という。伝説の真偽はともかく、元信画に代表される「鞍馬天狗」像が現在の「天狗」像につながった可能性が高い。

鞍馬の天狗伝承といえば、少年時代の義経に兵法を授けた伝承が専ら有名である。もっとも代表的な作品は能『鞍馬天狗』であるが、古浄瑠璃やお伽草子で広まった『天狗の内裏』『未来記』なども関連がある。

先行して、古活字版『平治物語』や『太平記』巻二八には義経が鞍馬山山中で天狗と兵法修行をした伝承が断片的に語られるが、『義経記』では義経は鬼一法眼という人物から兵法の秘伝書を奪ったとされる。鬼一法眼の正体を鞍馬天狗とする説もあり、義経と兵法秘伝にまつわる伝承は、鞍馬山の勧進聖や山法師によって語られたようだ。

能『鞍馬天狗』演能の確実な記録は寛正六年（一四六五）にある。山伏姿で現れた天狗は、平家全盛の世で不遇を託つ稚児（義経）と心を通わせ、後半、諸国の天狗を引き連れて義経の武運と源氏の繁栄を予言し、寿ぐのである。

山中玲子氏は、「後場の中心趣向は張良の説話と義経を重ね合わせることで、天狗の活躍を描くことではない」として、天狗の活躍を中心とする「応仁の乱後」の天狗能に比べると脇役に止まっている、と評価する〔山中 一九九八〕。しかし天狗の存在を重視し、義経の守護者として現れる天狗像は、仏敵であるほかの天狗像とは大きく異なり、天狗信仰をふまえたもの、あるいはそれにつながるものといえる。

図3 叡山電鉄鞍馬駅前に設置された大天狗像（2019年11月）

能では天狗は大癋見《おおべしみ》という面をつけ、通常は赤頭で演じられる。大癋見は、大きく目鼻を開き、ぐっと結んだ口が特徴で、天狗物でしか使われない、天狗専門の鬼神面である。しかし『鞍馬天狗』と『善界』には、天狗を神霊と同じ白頭で演じる小書演出が早くから成立していたという。天狗像の大きな転換が見られる。

応仁の乱前後は、天狗像の転換期としてほかにも注目すべきことがある。幕府の中枢に細川政元（一四六六―一五〇七）のように修験道に傾倒する政治家がいたのである。

細川政元は内外に不安定要素を抱えながら十数年間権力を保持した手腕の一方、その奇行ぶりが軍記『足利季世記』などに詳しく記される。特に「魔法飯綱ノ法アタコノ法ヲ行ヒ、サナカラ出家ノ如ク山伏ノ如シ」と評された愛宕信仰が有名である。

当時の摂関家の有力者九条尚経《ひさつね》は、政元が鞍馬寺や愛宕山で修行した司箭坊《しせんぼう》という修験者を安芸国から呼び寄せ、「張良化現大天魔源義経神」と小字書した短冊を本尊にまつって酒宴を行ったという怪しい噂を記す（『後慈眼院殿御記《ごじげんいんどのぎょき》』明応三年〈一四九四〉九月二十四日）。義経を古代中国の軍師張良の化現で、兵法の神としたものだろう。

政元の奇行はしばしば政元個人による趣味として理解され、幸田露伴の短編『魔法修行者』でも印象的に描かれた。ところが、この見方を一変させたのが末柄豊氏である。

政元は、延徳三年（一四九一）に奥州・東国巡礼と称してみずから越後国に入っているが、この行軍には山伏を随員とし、姿も山伏風に装ったといわれる。末柄氏によれば政元は修験道のルートを利用し、関東で山内上杉氏らと提携する目的があったという。また政元の側近司箭坊とは安芸の国人、宍戸家俊《ししどいえとし》という人物で、宍戸氏は以前から細川京兆家とのつながりが確認できるという。すなわち政元は修験のネットワークを通じて全国の在地勢力との関係を構築しなおそうと独自に活動していたらしい〔末柄 一九九二〕。

同時代の文化をみても修験道は大きな意味を持っている。たとえば政元が制作に関与した『槻峯《つきみね》寺建立修行縁起絵巻《でらこんりゅうしゅぎょうえんぎ》』（土佐光信筆）は、剣尾山月峯寺（大阪府豊能郡）の縁起絵巻である。百済出身の僧日羅《にちら》が聖徳太子から異国調伏にふさわしい霊場を捜索するよう命じられ、天狗の遊行する山を開いて槻峯寺を創建したと語る。奥書によれば絵巻の成立は明応四年七月で、高岸輝氏はこの絵巻に西国の大内氏を「調伏」しようとする政元の意識が反映されているという〔高岸 二〇〇四〕。また、政元が支援した能作者、金春禅鳳《こんばるぜんぽう》（一四五四―一五三二？）にも、天狗物こそないが『嵐山』や『東方朔』のように修験道をモチーフにした作品がある。能の素材が拡張される中で新しい信仰、知識が次々取り入れられていた。やや先行して成立した『鞍馬天狗』の兵法伝承も政元、司箭の信仰と響き合っており、異端としてのみ斥けるべきではない。天狗物の能は修験道が大きく注目された時代の産物であった。

四　アタゴ山の信仰史

政元の「魔法」の師であった司箭坊は愛宕山で兵法修行をしたという。果たして、司箭坊は現在も愛宕山奥宮で太郎坊とともに祀られている。しかし愛宕山信仰は当初から天狗信仰や火防信仰を中心としていたわけではない。以下では近藤謙氏の研究などを参照しつつ、愛宕山信仰の変遷と天狗信仰との関わりを見ていくことにする〔鵜飼編 二〇一三、近藤 二〇一三〕。

近代以前の愛宕山信仰は、神仏習合の山として別当寺である白雲寺を中心に栄えたが、歴史上の初見は『日本三代実録』貞観六年（八六四）五月十日条に従五位下を授けられた「愛当護社」の記事である。さらに元慶四年（八八〇）四月二十九日条には陪神で無位だった「雷神」「破无神」が従五位下を授けられる破格の扱いを受けている。近藤氏はこれについて清和天皇陵が近くに築かれたことに関わると推測している。

当時の史料による表記は「愛当護」である。いわゆるアタゴ山は「愛当護」「愛太子」「阿多胡」などの字を宛て、山城と丹波との国境に広がる山をさすが、亀岡側をふくむ広い地域だったと考えられる。一方「愛宕《ヲタギ》」は「愛宕郡」中の地名で、その範囲は時代によって変化するが鳥部野、六波羅など葬送地をふくむ京都市北東部地域であった。『源氏物語』では桐壺更衣を葬った地として言及される。

『大日本法華験記《だいにっぽんほっけげんき》』では仁鏡《にんきょう》（上巻十六話）、円久《えんきゅう》（上巻三十九話）、睿実《えいじつ》（中巻六十六話）ら法華経の持経者が「愛太子」山で修行したという伝記がある。おそらく比叡山など大寺と交流もある法華経道場が築かれていたのだろう。

このうち睿実については『小右記《しょうゆうき》』天元五年（九八二）六月三日に「左近少将惟章・右近将監遠理密到神名寺、以睿実令剃頭、即到愛太子白雲寺云々」とあって、白雲寺に出家者を受け入れている。また同じく永延元年（九八七）八月十八日には、宋から帰朝したばかりの「法橋上人位奝然《ちょうねん》」が愛太子山を中国の五台山清涼寺に擬えて整備し、釈迦像を安置したいと申請している。

五台山とアタゴ山の関係は『法華験記』上巻十六話にも「それ愛太子山は地蔵・龍樹の久住利生の処にして、唐の帝の文殊影向の五台山に異ならず」とあり、東北の比叡山に対し西南の霊地と意識されたものらしい。一時は戒壇の設置も許されたが延暦寺からの訴えにより中止され、のちに嵯峨清涼寺が建立された。こうしたことからすれば、当時のアタゴ山は白雲寺を中心とする法華経道場があったが、充分な整備が進まないまま宗派を問わない山岳修行の場として定着したのだろう。

　源為憲が著した空也の伝記『空也誄《くうやるい》』では「愛宕東面の月輪寺」を空也開創と伝え、凝然『三国伝法縁起』では大安寺慶俊を「愛宕山本願」とする。このうち慶俊については『僧綱補任』に「愛宕寺根本師」としており、六波羅の愛宕寺《おたぎでら》（現在の六道珍皇寺か）とアタゴ山が混同された可能性が高い。空也についても在世中アタゴ山との関わりがあったかは疑問であるが、後世『河海抄』では『源氏物語』に登場する「愛宕の聖」と称される修行者が空也に比定され、能『愛宕空也』でも愛宕山で龍神に仏舎利を与えて教化するという内容になっている。

　なお『法華験記』説話を多く継承した『今昔物語集』には巻二十「愛宕護山聖人被謀野猪《あたごやまのしょうにんやちょにたばかられたる》語《こと》第十三」があり、法華経信仰の持経者が「智恵」のなさゆえ野猪（狸か）に謀られたと語る。院政期にすでにアタゴ山は魔所として認識されていたのである。

　そもそもアタゴに地蔵信仰が根付いた理由は、山麓の化野《あだしの》が葬送地だったことに関わるだろう。五来重は、アタゴ、ヲタギは同源で、はかないの意味をあらわす「あたし」に由来する「アダシ野」と同じく墓所をさす語彙だったのではないかという（『五来重著作集八　宗教歳時史』法藏館、二〇〇九）。確証のない仮説だが、同じ葬送地に関わる点からヲタギとの混乱が生じたために、空也のような聖の信仰と山岳信仰が混ざり合うことになったとも考えられる。

愛宕山における地蔵は、中世には勝軍地蔵と称された。勝軍地蔵は一般に坂上田村麻呂が清水寺に「勝敵毘沙門、勝軍地蔵」を祀ったことに由来すると言われる。しかし実際には古代にその名を確認することはできず、中世に入り、承久の乱を契機として『蓮華三昧経』などの文言をもとに創出された日本独自の神格である。

熱心な地蔵信仰の信者だった足利尊氏をはじめ、歴代の足利将軍は勝軍地蔵の修法を重視し、天下静謐を祈願した。これは坂上田村麻呂にはじまる武家の棟梁・征夷大将軍への守護を期待したためと思われる。しかし十五世紀の内乱により、勝軍地蔵は戦勝祈願の対象としての性格を強め、将軍家の権威を取り戻そうとする義尚《よしひさ》が尊氏ゆかりの地蔵信仰を再評価したという〔小林 二〇〇四〕。

近藤氏はさらに、愛宕山白雲寺に足利家が関わるのは、長享二年（一四八八）の愛宕・野々宮社への神馬奉納からであり、このとき将軍義尚は近江六角氏との交戦中であったことから戦勝祈願を期したとしている。そのうえで、「室町幕府にとって新たな守護神として信仰を集めつつあった勝軍地蔵を、有力な庇護者である細川政元の信仰に応じて愛宕白雲寺側が本地仏として取り入れた可能性」に言及している。

政元、司箭という個人の影響を特定することができなくとも、この時期に、おそらくは修験を通じて勝軍地蔵信仰が導入されたことは間違いない。現在まで伝わる縁起によれば、愛宕山は役小角と雲遍行者が登頂したところ、地蔵菩薩、龍樹、富楼那、毘沙門、愛染明王ら五仏と、三国（天竺、震旦、日本）の天狗が顕現したことによって五岳に千手観音を置き、朝日峰に神廟を造立した。雲遍は泰澄と改名して開山第一祖となり、のちに大安寺の慶俊が再興、さらに和気清麻呂が白雲寺を建立したという。小角、泰澄の開山伝承に加えて天狗の顕現を伝え、修験道の反映が著しい。

これは『本朝神社考』や『山城名勝志《やましろめいしょうし》』、『愛宕神道縁起』にも引かれる「白雲寺縁起」だが、近年、相国寺七十九世横川景三《おうせんけいさん》（一四二九―一四九三）による『愛宕護山修造幹縁疏并序』（延徳四年、一四九二）にほぼ同文が記載されていることが報告されている（徳田 二〇一三）。やはりアタゴ山と修験、そして天狗信仰の結びつきは、十五世紀末の社会背景と密接に関わっているようだ。

五　アタゴの天狗

時代が前後するが、愛宕山の伝承としてよく知られるものに、藤原頼長の日記『台記《だいき》』久寿二年（一一五五）八月二十七日条における「天公像」にまつわるものがある。それによれば、巫女に取り憑いた霊の託宣から頼長に近衛院を呪詛したとの疑いがかかり、愛宕山の住僧に確かめたところ「天公像」の眼に釘が刺さっていたという。頼長は「愛宕護山天公飛行」は知っているが、天公像のことは存在も知らなかったと弁明している。

同一の噂を記したと思われる『古事談』巻五ノ二二話では「愛太子給明神四所権現を尋ね出だし

奉り、之れを呪詛す」とあり、この部分は別本では「愛太子竹明神」、『山城名勝志』所引記事では「愛太子坐給明神」となっている。「アタゴに給《いましたま》ふ明神」と訓ずればよいようだが、「天公」の名は見えない。

これまでも何度か述べてきたが、「天公」は漢籍では天帝、天主の意味で天を司る神をさす。日本での用例は少ないが、『台記』の「天公」をいわゆる「天狗」と同一視する必要はなく、天神や天霊をさす語彙だろう。実態は明らかではないが、『古事談』にいう「明神」と互換可能な、在地の神格であったと考えることができる。

しかし、院政期のアタゴ山は魔所としても認識されていた。旧稿に付け加えておけば、『三代実録』記事にあったような雷神信仰をともなうアタゴ山の信仰が残存していたとすれば、「天公」像とはこの在地信仰にかかわるものだった可能性がある。とすれば、在地信仰に否定的な「愛宕護山住僧」が「天公」像呪詛の噂を積極的に語ったことが、魔所、天狗のメッカとしてのイメージ形成につながったとも考えられる。

この記事からさらに八十年ほど後の『明月記《めいげつき》』寛喜三年（一二三一）七月二十七日条では「愛宕護山脚天狗之所レ集歟、其無レ由之所也」とあり、延応元年（一二三九）成立の『比良山古人霊託《ひらさんこじんれいたく》』では「愛太護山の衆は部類極めて多し」と語られる。さらに読み本系平家物語では柿本紀僧正と呼ばれる真済が日本第一の天狗「愛宕山の太郎坊」になったと語られ、安元の大火も愛宕山の天狗が火を起こしたという。

中世においてアタゴ山は「驕慢心、執着心の深き者」(『比良山古人霊託』)、「大驕慢ノ心」(『延慶本平家物語』)のように慢心、執心のため天狗道に墜ちた者が参集する山とされた。まさしく天狗を「反仏法的存在」として位置づけ、仏敵、魔として斥ける立場から批判しているのだ。

同時代に成立した絵巻『七天狗絵』(『天狗草紙』)では、諸宗諸大寺の僧を天狗と諷し、天狗の七類のなかに山伏をふくめている。第二巻で顕密に加え修験を学ぶのは園城寺のみと宣揚し、第五巻では役行者、空海、円珍が大峯で修行したことを讃えながら、山伏の形体は天狗の修因であると批判する。

同絵巻の描写には園城寺に連なる本山派修験の影響がうかがえるが、特に修験だけが天狗に近いとされたわけではない。むしろ諸宗兼学の立場から専修念仏の聖や放下禅師(芸能にかかわる下級の禅僧)を批判する。自宗にこだわる驕慢さを改め、諸学を研鑽しなおすことで天狗たちも往生を遂げたという。大寺に属さず山野を往来する山伏が天狗と同一視され批判されることはあったが、それはほかの下級宗教者とも同様だったのである。この認識が変化するのは、すでに見たとおり応仁の乱前後からである。

戦国時代末期の武将、一色直朝の残した『月庵酔醒記《げつあんすいせいき》』のなかに、「天狗住山之名所」と称する火難除けの呪言が記録されている。ここには天狗と積極的に一体化しようとする山岳修行者の姿がうかがえる。

根本中堂ヨリハジメ、僧正嶽、愛宕山、平野山、石山、山上善、小吹嶽、富士前上、浅間嶽、日光山、羽黒山、木古山、白山、浅上前、万城二大千町嶽、吉野、熊野山、足ズリ、伊散山、宝塔、屋獄ガ嶽、伊与ニ石渕、大峯、高城、筑紫二彦山、自雲山、冠ガ嶽、高呂山、冨万ガ嶽、安楚嶽《*阿蘇カ》、タカクナル、雲善嶽《*温泉カ》、切嶋、阿楚山、本是、无理嶽。
以上右読誦スレバ火難フ除。(1)

これに類する霊山の物尽くしは、古くは『梁塵秘抄』二九七番、二九八番があり、能『花月』、『鞍馬天狗』にも天狗の名前を列挙する天狗揃えの趣向があり、祭文よりも文芸面で充実していた様子がうかがえる。

『月庵酔醒記』注釈では地鎮・宅鎮を担った「中下層の宗教者」による除災修法の天狗祭文が「少なくとも中世には溯り得るものであり、この月庵が書き留めたものは、記録されたものとしては最も古い例と言える」とする。天台系の山渡り祭文や修験道修法、お伽草子類にも目を配って宗教者の活動を想定しているが、能やお伽草子との先後関係は定かでない。

近世初期には古浄瑠璃『あたごの本地』、今道念節「天狗そろへ」、上方子供絵本『天狗そろへ』など、同種の天狗揃えを語る芸能や娯楽本が流通している。山岳修行者の携行した天狗祭文も、文芸上の趣向を取り入れて成長した可能性があろう。信仰と文芸、芸能との交流は単線ではなく、相互に影響しあう関係なのである。

六　愛宕山縁起と日羅

林羅山『本朝神社考』では「愛当山の神は日羅の霊なり」として、敏達天皇の時代に百済から招かれたという日羅の事績を紹介する。天皇の諮問に答えて国策を献じたが、ともに来日した百済官人に暗殺されたという説と、身から光を放つ神人であり聖徳太子の正体が観音であると見抜き礼拝したという説を紹介し、そのうえで、

余、駿府に侍する時、幕下一日顕密の諸師と対語す。次で愛宕山の権現の事に及ぶ。幕下告げて曰く、此の神は聖徳太子の師日羅なり。後又、勝軍地蔵の法なり。諸師歎服す。余、側に在りて耳を聳つ。(2)

とする。すなわち愛宕権現を日羅とする説は、幕下（徳川家康）が顕密の諸師（僧たち）と対話しているなかで話題に及び、家康自身が語ったというのである。これがいつのことかわからないが、家康は慶長八年（一六〇三）、勝軍の法を修めたという僧を招いて江戸の防火鎮護のため愛宕神社（港区）を開かせた。家康もかねて愛宕の勝軍地蔵に対して関心を寄せていたのであろう。

羅山はさらに、「白雲寺縁起」、真済と染殿后説話、『河海抄』の空也伝承、慶俊、仁鏡、円久らの事績を紹介しており、愛宕山にまつわる諸説を概観する。

日羅に関して羅山のあげる説は、第一に『日本書紀』、第二に『聖徳太子伝暦』の抄出である。日羅は六世紀に実在した百済の達卒であるが、聖徳太子伝承に組み込まれ、太子と肝胆照らす百済の高僧と語られるようになった。摂津国槻峯寺の開基として天狗退治の伝承があることは、すでに述べたところである。

愛宕権現を日羅の後身とする説が特殊なものでなかったことは、慶長の役で捕虜となった朝鮮儒者姜沆《きょうこう》の手記『看羊録《かんようろく》』に、次のようにあることからわかる。

新羅人日羅が倭にやって来ましたが、倭人はこれに尊事して大〔太〕郎房としました。死んでからは愛宕山権現の守り神として尊び祀られ、銭や米を擲げて服を求める者が今でも〔多数やって来て〕輻輳し、神門がうずまってまるで市の〔立つ日の〕ようであります。〔加藤〕清正などがもっとも甚だしく鬼〔神〕を尚ぶのであります。(3)

愛宕権現を信仰する戦国武将の間では日羅後身説はかなり広まっていたようで、寛文期には日羅を主人公とする古浄瑠璃『あたごの本地』も版行されている。これは日羅を文武両道の超人と設定する荒唐無稽な活劇で、日羅は唐の是害坊率いる天狗たちを配下に従え、本国の百済軍や不動を相手に勇戦し、最後は愛宕権現になったとする。日羅は天狗の火を防ぎ、そのため防火の神として祀られているとも語られている。

一方でお伽草子に『愛宕地蔵物語』あるいは『愛宕の本地』と名付けられた物語がある。内容はまったく異なり、天竺のゑんぎ長者の四人の子がそれぞれ立身し、出家した姿の醜い末子が家族を成仏に導くというものである。古写本では愛宕権現との関連が説かれないが、承応二年（一六五三）刊本では物語末尾に「白雲寺縁起」を略述し、末子四郎を愛宕山の勝軍地蔵と同体とする。もとは無関係に成立した物語がとりこまれた結果だろう。

アタゴ信仰は古代の雷神信仰、法華経信仰、中世の地蔵信仰、近世の火防信仰など、それぞれの時代に応じて変わってきた。特に中世末期から近世初期にかけては、複数の信仰や縁起説が錯綜していたようだ。おそらく修験を通じて勝軍地蔵だけでなく雑多な信仰がもたらされたためではないか。日羅伝承もその一つで、羅山は、家康の言説として一旦は尊重したものの根拠となる文献が見いだせず、諸説併記の形をとったのだろう。

しかし近世中期成立の『愛宕神道縁起』になると愛宕権現を日羅とする説は根拠のない説として斥けられ、天狗伝承を含む「白雲寺縁起」が正式な縁起として位置づけられていく。井澤蟠龍《ばんりゅう》『広《こう》益俗説弁《えきぞくせつべん》』（正徳五年〈一七一五〉刊行）でも日羅説は否定されているが、「白雲寺縁起」を通じて太郎坊伝承は認められている。

アタゴや鞍馬の天狗像は、宗教者の言説のなかで反仏法的な魔物や、兵法や山岳修行の守護者などそれぞれに位置づけられてきた。神霊の零落した姿や山で生活する民の投影としてのみとらえることは、こうした歴史的な変化から目を背けた理解といえる。天狗の多様な解釈は、凶兆や仏敵という原義を逸脱し、文芸や芸能とも相互に影響しあいながら展開する天狗像を生み出したのである。

注

（1）服部幸造、美濃部重克、弓削繁編 二〇〇八『月庵酔醒記』三弥井書店
（2）神道大系編纂会 一九八八『神道大系論説編二〇　藤原惺窩・林羅山』
（3）羌沆 一九八四『東洋文庫　看羊録　朝鮮儒者の日本抑留記』平凡社

参考文献

鵜飼均編 二〇一三『京都愛宕研究会発足10周年記念誌　あたごさん　愛宕信仰の諸相とその拡がり』京都愛宕研究会
久留島元 二〇一五「天狗説話の展開――「愛宕」と「是害房」」『国際日本文化研究センター国際研究集会45　怪異・妖怪文化の伝統と創造――内と外の視点から』報告書
久留島元 二〇一一「古浄瑠璃『あたごの本地』を読む」『京都精華大学人文学部紀要』五四
小林美穂 二〇〇四「中世に於ける武士の愛宕信仰」『三重大史学』四
小松和彦編 二〇〇〇『怪異の民俗学5　天狗と山姥』河出書房
近藤謙 二〇一三「愛宕山勝軍地蔵信仰の形成」『日本宗教文化史研究』一七
末柄豊 一九九二「細川政元と修験道――司箭院興仙を中心に」『遙かなる中世』一二
高岸輝 二〇〇四『室町王健と絵画』京都大学学術出版会

高橋秀栄 二〇〇三 「『七天狗絵』の詞書発見」『文学』四・六
時枝務ほか編 二〇一五 『修験道史入門』岩田書院
徳田和夫 二〇一三 「寺社縁起と文化現象――愛宕山縁起を巡って・もう一つの是害房説話」『中世文学と隣接諸学8 中世の寺社縁起と参詣』竹林舎
松本真輔 二〇一二 「日羅渡来説話から見た聖徳太子伝の「古典知」」前田雅之編『アジア遊学一五五 もう一つの古典知』勉誠出版
佛教大学宗教文化ミュージアム 二〇一二 『平成二三年度特別展愛宕山をめぐる神と仏』(近藤謙「アタゴの神の変貌」所収)
山中玲子 一九九八 『能の演出 その構成と変容』若草書房

疫病と化物

笹方政紀 ◉ SASAKATA Masaki

一　令和の流行病とアマビエ

令和二年（二〇二〇）になり、新型コロナウイルス感染症（COVID-19）が猛威を振るい、執筆時（十二月）現在もその脅威は衰えていない。治療法等も未だ確立されず、人々のコロナ禍への対応は如何に他者から感染しないかという点に重きが置かれた。感染しても無症状である者が多く、その上感染力が強いという特徴もあり、他者へ感染させないということを重視した。

緊急事態宣言発令の折には、特に不要不急の外出を控えた。行動が制限された人々の間では「疫病退散」に効果があるとして妖怪「アマビエ」の流行が拡大した。この流行は、日頃妖怪を描く者（妖怪掛軸作家の大蛇堂）から端を発し（大蛇堂 二〇二〇：三九二）、それを承けるように他の妖怪を描く者、そして妖怪を造作する者へと徐々に広がり、やがて普段は特に妖怪を描くことのない者、造作することのない者にも、疫病退散の象徴としてアマビエの姿を描き、その形体を作ることは拡散していった。

そもそもアマビエは、弘化三年（一八四六）四月中旬の日付があるかわら版に表された異形の物である。今のところ把握されているのは京都大学附属図書館が所蔵する一枚のかわら版のみである（当時のかわら版におけるアマビエの成立過程や、現在の流行におけるアマビエの変質については、長野栄俊の論考に詳しい〔長野 二〇二一：二四～二九〕）。そのようなアマビエが流行した経緯は先述のとおりであるが、巻には何故アマビエが流行したのか、という問いが散見される。飯倉義之はアマビエの特徴的な造作から「こうした造作は創作における幅広い解釈を可能にする「自由さ」と受け取られた」という〔飯倉 二〇二〇：六〕。飯倉と同様に、流行したのが他の妖怪でなくアマビエであったのは、元となった江戸時代後期のかわら版の絵図なども含め、アマビエが「ゆるキャラ」っぽく、どことなく可愛らしいことが大きな要因であったと筆者も考える。

このような疫病と妖怪・化物との関り(1)は、現在だけでなく近世の疫病を取り巻く社会にも見られる。本稿では、とりわけ江戸時代後期において市井の人々が疫病に関連してどのように化物を取り上げたのか見てみよう。

二　疫病神と甘酒婆

◉疫病神

現代に比べ医療技術が未発達であった時代に、疫病（流行病）を司る神として民衆の間に浸透していたのが「疫病神」である。疫病神は、時に疫病から身を守る福神であり、時に疫病をもたらす恐ろしい悪神であると考えられた。例えば前者は、疫病神を助けた者の名を張れば、その家の者は疫病に罹らないということ、また後者は疫病神が船に乗って訪れたから世間に疫病が流行っているといったことである。人々は悪神である疫病神に対し、疫病神送りとして形代に憑かせ川に流したり、家の門口に呪物を掛け、呪符を貼付したりして様々な方法で排除しようとした。

◉甘酒婆

疫病神から派生したと考えられるのが「甘酒婆」（あるいは酒を売る老婆）である。市中に甘酒（あるいは酒）を売り歩く老婆が現れ、その姿を見たり老婆の問い掛けに返事をしたりすると、流行病に見舞われる。老婆による受難を避けるためには、家の門口に呪物を掛けるか呪符を貼ればよい。拙稿で取り上げた呪いを並べると、呪物としては「南天、笹、松の葉を釣り置き候」、「杉の葉に南天の枝ととうからしを結びつけて、門毎に懸たり」や「馬の沓をかけし」、「蕃椒と杉の葉と南天の葉をつるす」などの記述が見られるが、これらの呪物は疫病除けに使用していたアイテムと重なるものであり、日常的に使用されていたものの流用と考えられる。呪符としては、「上酒有」、「甘酒無御座候。唐がらし有、亭主留主、家内皆聾。」、「あまの岩戸の糸酒屋女酒売り入るべからず」などが見られる。文言を記した呪符を貼り疫病除けとする光景は当時の日常を記録した随筆等にも散見される風習であった〔笹方二〇一二：六七～八六〕。

疫病神は複数で訪れたり若い女性であったり、その姿は幾種類かあるものの老婆であることが多い。その点からも甘酒婆が疫病神から派生したことが伺える。この類型の噂話が記された場所を上げると、広島、尾張（愛知）、江戸、大坂、京、小繋（秋田）、長岡（新潟）と広範囲に跨っている。このように多くは都市部を中心として噂されており、今でいう都市伝説である。老婆は酒や甘酒を売り歩くことから町中で見掛ける行商の老婆と重なり、またそれは市中を移動する存在であることから、噂が立つ場所も潜在的に移動しやすく、それ故に伝播しやすかったのだろう。

老婆は疫病神の要素を持つことから、初期は「邪病神」や「厄病の神」と呼ばれることもあったが、「甘酒婆（醴婆）」と名付けられたことにより、徐々に化物としての要素が強くなった。この名付けは甘酒（酒）を売るという属性を薄弱化させ、老婆の性質について甘酒（酒）を売る者から乞う者へと、また疫病をもたらす者から頓死させる者へと変容させた。

さらに甘酒婆と市井の人々との関係を取り上げると、①甘酒婆の噂の流行により呪物の唐辛子が高騰したり、呪符に使用する赤紙が売切れたりしたこと、②老婆を真似て門戸を叩き婦女児童を怖がらせるなど、悪戯の材料として他の人々を脅かす者もいたことなどがあり、社会現象として考えるにも興味深い材料である。

甘酒婆は、疫病神の概念に甘酒売や酒売りといった現実の行商の姿が加味され、身近な恐ろしい存在としてその噂は世間に流布され、専ら忌み嫌われ、自分とその身内で構成された「家」を単位として除けられるべき疫病神に類似する存在であった。

三　疫神送りと高入道

◉疫神送り

疫病神を自分たちが属している共同体から、その外へと送り出す行事、儀式のことである。『日本民俗大辞典』では、「疫病神を追放するまじないが「疫病送り（疫神送り）」といわれるもので、その悪霊を人形にとりこめ、これを村の境までもっていって、川へ流した」とある。疱瘡神送り、はしか神送り、そして風の神送りなど種々の疫病神に対して疫神送りは行われていた。

風の神送りなどは、都市部でも安永五年（一七七六）のお駒風、享和二年（一八〇二）のアンボン風（お七風などともいう）、安政四年（一八五七）から翌年に掛けてのアメリカ風などが流行した際に行われた記録は日記や年代記などの近世史料の随所に見られる。なお、風とは風邪のことであるが、今でいうインフルエンザを示す。

◉高入道

山岡元隣『古今百物語評判』(2)には、商人が月の晩、辻から身の丈高い坊主に負いかぶさられた話がある。この不思議な話の解釈として、商人は臆病風に吹かれ夜道で心細くなり、自分の影法師を見誤ったものと記されている。ちなみに同書では見越入道と高坊主（高入道と同意）は同類のものとしている。

西村白鳥『煙霞綺談』(3)には、吹き荒れる旋風《つちかぜ》を伴い現れる大入道、山都(見越入道)に出逢う話がある。その者はその後病に伏し、そして亡くなる。見越入道は病気をもたらす「疫病の神」だからという。

このような例をみると高入道は影法師であり、また疫病神の性質を持つものと思われる。特に高入道には「辻」や「辻風」が関連することに留意したい。大坂において高入道は風に関わる化物であったからである。

寛政三年(一七九一)の評判記『大坂寺社内作り物開帳品定』(4)には、「神躰之部」において、「上上吉」、つまり良い出来であるとの記述がある。その様子は絵本『天満天神　造物略縁起』にも描かれており、高入道は近江の多賀大明神の作と書かれている。これは、古謡の「お伊勢参らばお多賀へまいれ　お伊勢お多賀の子でござる」に呼応し、神風の吹くところであり、また風の神の居る場所である伊勢は、多賀大明神の作った子であることを示す。そうであれば「お伊勢」は「風の神」、さらに「高入道」と置き換えることが可能となる。

大坂ではこのように風の神と同一視されていた高入道は、風の神送りの際の藁人形の題材としても使用されていた。

松岸義哲『至享文記』(5)において、お駒風が流行した安永五年(一七七六)の条に次のような記述がある。

正月末より二月廿日頃迄風はやり、在も町も風の神送りにてさハか敷、大坂長町にてハ風の神の藁人形を拵へてうり家御座候。或は高入道、また八道成寺・鎧武者抔、何時にても出来合御座候よし。

長町（現、日本橋筋辺り）ではこの風の神送りの人形を拵えて売る者がいたという。『夕涼新話集』「風の神」(6)には、この流行時の風の神送りの様子が話と共に挿絵を載せている。二本の角を生やし団扇を持つ手を前方に差し出す武者姿で鬼面の藁人形を、数人の者が竿で刺し掲げており、その周りでは鉦や太鼓で囃し立て送る者たちの様子が描かれている。高入道の藁人形もまた鬼面の藁人形同様に風の神送りの人形であったと思われる。

近世大坂の風の神送りは、当初は甚大な被害をもたらす風邪に対する呪いという切実な対処であった。しかし、時代が下るにつれ造り物の文化を取り込むことにより、神送りの人形には趣向が凝らされ、正遷宮時の造り物や砂持ちなど他の催し物と同様、一つの祭りの如く行われるようになった。ここで取り上げた高入道はそれらの題材の一つであるが、一定の共同体において疫病の依り代となり、疫病と共に川に流し排除される存在であった。

四　疱瘡神祭りと猩々

◉疱瘡神祭り

疱瘡とは天然痘、痘瘡とも言い、痘瘡ウイルスの感染によって起こる伝染病であった。高熱と全身に小水疱とが出て死亡することが多く、治っても痘痕が残る病気である。疱瘡は子供の時に罹患するのが一般的であり、一度罹患する者は概ね二度は罹らず子供の通過儀礼のように考えられていた。疱瘡をもたらす疱瘡神への対処として、疱瘡神を祭る儀礼を行うこともあった。疱瘡を発症した子供は赤い頭巾・赤い着物と身体に赤色を纏うこともよく見られた。発症後、疱瘡棚（痘神棚）を設け供物を供え、疱瘡が治癒する頃に酒湯（米のとぎ汁に酒を混ぜた湯）を浴びせ終える。香川雅信によると、疱瘡神祭りには玩具を用いる習慣があり、江戸、京都、大坂といった大都市に盛んに見られ、特に、猩々、達磨、ミミズクの玩具は疱瘡棚や壇に祭られていたが、江戸では張り子の達磨とミミズクを、また上方では猩々の人形を飾っていたようである〔香川 一九九六：二一二〜二一四〕。

◉猩々

猩々の特徴を上げると、赤面・赤髪であり、もっぱら酒を好み、福をもたらす存在である。近世も後期になるとオランウータンが猩々と同一視された。能の世界では酌めども尽きない酒甕を持つ赤髪の童子姿である。この全身赤い姿は赤色の呪力と結び付き、疱瘡神とも同様に扱われることが多く、時に疱瘡を除ける存在でもあった。

猩々と疱瘡との関わりをみると、例えば大阪天満宮の天神祭においては天神信仰が疱瘡退散の疫神信仰を採り入れていることにより、御迎人形は当時の評判の芝居から題材を採用しただけでなく疱瘡神の依代の意味もあり、猩々もその一つであった〔高島 二〇一二：一九七～一九八〕。見世物では、天保六年（一八三六）、赤い頭髪の猩寿・猩美の兄弟が能の猩々の装束に扮し舞をする興行が立った。「藤岡屋日記」(7)によると、「この猩々の参り候家にては、皆々無病にて、灸治服薬等もいたすことなく、または疱瘡もいたさず大丈夫にて、一度疱瘡症のところへ参り候へば軽くいたし候、産家へ参り候へば安産いたし候。」と、猩々の見世物が疱瘡に効く、取り分け疱瘡を軽くすると謳っていたようである。

そして先述のとおり、猩々の人形は大坂や京都などの上方では疱瘡神祭りに使用され、起き上がり小法師と共に棚に飾られることが多かった。佐藤文子によると、村落の行事としての疫神送り（佐藤は「疫病おくり」と表記している。）や都市部の疱瘡以外の疫病流行時の疫神送りの多くは共同体単位で行い、神を祭り上げ、祭り捨てられるが、対して近世都市の疱瘡神祭りの多くは罹患後に行われ、疱瘡に罹らないことより、軽く済ませることを目的としていた〔佐藤 二〇〇〇：一二三～一二四〕。子供の通過儀礼であったから、軽いことに越したことはなかった。疱瘡神祭りにおける猩々は、やはり自分とその身内で構成された「家」を単位として除けられるべき疫病神と同等の存在であり、また赤い呪力纏ったその赤い姿は、祭りや見世物などにおいて展開された。

五　疱瘡絵と豆腐小僧

◉疱瘡絵

先の疱瘡神祭りのように、疱瘡には幾つかの対処法が見られ、その一つとして疱瘡絵が描かれた。川部裕幸は疱瘡絵について、「疱瘡に罹った病人の枕元近くに貼られたり、見舞品として贈られた簡略な一枚絵である。疱瘡神が描かれているものもあるが、多くは全面、濃淡二種の紅（赤）のみで、ダルマ（起き上がり小法師）や犬張子やミミズクなどの玩具、または獅子舞いや宝船などの縁起の良い絵柄が摺られている。」と説明している〔川部 二〇〇〇：一一七〕。

◉豆腐小僧

豆腐を乗せた盆を持つ化物の豆腐小僧は、近世から明治の初めに掛けて黄表紙や狂歌、双六などの遊戯等に見られる人気の高い化物であった。現在では人畜無害な可愛い化物として認識されているが、竹原直道は豆腐小僧の着物の柄や小僧の持つ豆腐の紅葉や小僧の被る大笠などから、豆腐小僧が疱瘡神と深い関わりがあると示唆した〔竹原 二〇一一：一四八〜一六〇〕。確かに豆腐小僧を疱瘡という観点から捉えると、幾つかの点でこの疫病の特徴と重なる箇所が見えてくる。

豆腐小僧が描かれた初期の頃、天明八年（一七八八）の北尾重政門下の兄弟弟子たちによる二作品、北尾政美（鍬形蕙斎）画『夭怪着到牒』(8)と北尾政寅（山東京伝）画『酒宴哉夭怪会合』(9)に描かれた小僧を確認してみよう。なお、区分のため前者を【夭】、後者を【酒】と表すとともに、筆者と相違する竹原の見解を〈竹原〉と記すことにする。

①頭部（疱瘡の症状を表す）…【夭】豆粒状（発疹の形状）、【酒】一つ目（目蓋が膨れ上がることも）

②衣装の柄（民間療法）…【夭】玩具尽くし（疱瘡除けのアイテム・春駒、だるま、ミミズク、振り太鼓、赤魚など）、【酒】黒点（兎の糞・粉末にして、挽茶に合わせ、水で溶いて用いる）

③豆腐の模様（赤の呪力）…【夭】・【酒】紅葉豆腐（疱瘡神の詫び状には赤い手形）、〈竹原〉疱瘡絵モチーフの一つの金太郎の母親山姥の表象である深山を指す。

④笠（治癒間近を示す）…【夭】・【酒】竹の子笠（笠は瘡の暗示、竹の子は笹の同義であり、笹は酒湯（笹湯）に通じる。つまり、笹湯を被った瘡）、〈竹原〉笠は隠れ蓑で、疱瘡が忍び寄る感染症である暗示。疱瘡に対し攻撃と防御の両義性を持つ。

このように豆腐小僧が疱瘡に関わることを暗示するとともに、疱瘡への対処の仕方をも匂わせている。そうして小僧を弱い存在として扱い、疱瘡の症状を軽くして抑えることを含ませている。豆腐小僧は疱瘡絵のキャラクターであった。その証左は次の点にも見られる。豆腐小僧を取り上げた作品は、図鑑の要素が強い化物尽くしの系統と物語の系統に分けられる。化物尽くしの系統では多くの化物の一つとして紹介されるので、小僧が一度しか描かれなくとも不自然ではない。

しかし、物語の系統においても、豆腐小僧は一つの作品の中では一度しか登場しない（描かれない）。物語の登場人物（子供が多い）が脈絡もなく笠を被り豆腐を乗せた盆を持ち、いきなり豆腐小僧の格好をするのである。これは先述のとおり、疱瘡が一度罹れば二度と罹らない、子供にとっては通過儀礼であったことを表現するものと思われる〔笹方 二〇一九：六四〜六六〕。大多数の者は子供の頃に疱瘡に罹る。また豆腐小僧が描かれた黄表紙などが、大人向けの読物であることを考慮すると、実際に疱瘡絵として使用されたというより、一種の面白さの演出や趣向であったのだろう。

六　護符と神社姫

◉護符

護符とは、『古事類苑』(10)によると「神符ハ諸社ヨリ信徒に授与スルモノニシテ、或ハ之ヲ神棚ニ安ジ、或ハ門戸ニ貼シ、或ハ嚢ニ納レテ身ニ帯ビ、以テ災異ヲ攘ヒ福祉ヲ招クモノトス」とある。

例えば大坂の出来事を記録した『摂陽奇観』を確認すると、安永の始まり（一七七一年〜）から文政の終わり（〜一八三一年）までの六十年間において、市井の人々の間で種々の呪いが流行した。その傾向をみると、呪いの目的には火除けや犬除けなどもあるが、大半は疫病を除けるものである。呪う方法の多くは短歌形式の呪歌を詠った文字による呪符などを身に付けたり、門戸に張ったりして対処とするものであった〔笹方 二〇一五：二五二〜二五三〕。

◉神社姫

「予言獣」の提唱者である湯本豪一は「この世に存在しないにもかかわらず、さまざまなかたちで記録、伝承されてきた幻の生物を「幻獣」とした上、その中でも予言をするもの」を「予言獣」と呼んだ〔湯本 二〇〇三：一〇三〕。常光徹は湯本が提示した資料の類似性から、「妖怪のなかでも、農作や疫病の流行など未来のことを予言したあと、除災の方法を告げて消え去ったという異形のモノ」と定義した〔常光 二〇一六：四八〕が、筆者もこれに従う。

予言獣には、神社姫の類（大神社姫、神蛇姫）を初め、件、クタベ、人魚、アマビコなどの名称の異獣があり、これらを描いたかわら版が流布したり、また人々が転写したりして広まった。これらの類が明治の初め頃まで受容されていたことは、その流行を取り上げた新聞記事などで確認できる。特徴は先の常光の定義にもあるように、「吉凶（農作や疫病の流行）の予言＋対処法（柱や屏風に貼付）」といえるだろう。

予言獣の先駆けとなった神社姫のかわら版について、加藤曳尾庵『我衣』(11) 文政二年（一八一九）の記事をみても分かる。

當四月十八日九州肥前國去る濱邊へ上りしを、獵師八兵衛と云もの見付たり。其時此魚の曰、我は龍宮よりの御使者神社姫といふ物也。當年より七ケ年豊年也。此節又コロリといふ病流行す。我姿を畫に寫して見せしむべし。其病をまぬかれ長壽ならしむると云々。

平井隆太郎は、かわら版にも護符としての性格を持った「託宣型かわら版」が発行されていた〔平井 一九七八〕というが、神社姫のかわら版は正にそれである。このかわら版の記事や絵図から神社姫は、①龍宮（海神）の御使者であること、②豊年や病（コロリ）流行の託宣（神のお告げ、神が人に乗り移り神の意志を伝えること）を告げること、③尾の形である剣は護符に描かれることなどがある。そして④「我姿を畫に寫して見せしむ」（病流行の対処法）と、⑤「其病をまぬかれ長壽ならしむる」（効能）ことができる。

媒体の形式からすると、「託宣型かわら版」ではあるが、護符という機能を重視するならば、かわら版を模した護符、言わば「疑似護符」である。つまり、前記①、②、③は護符らしさを装う装飾だと捉えることができる。そうであれば、②は⑤と合わせ護符の効験である招福と攘災を表している。「七ケ年豊年」は招福であり、また「コロリといふ病流行」は「其病をまぬかれ長壽ならしむる」と合わせ攘災を表現したものである。つまり予言獣である神社姫の予言とは、護符としての効験をかわら版の記事に落とし込んだ結果でしかなく、それ以上の意味はない〔笹方 二〇一八〕。また、「我姿を畫に寫して見せしむべし」とは、本来はかわら版の製作者が神社姫の姿を人々に代り写し録ったので、かわら版の絵図にして提供するというものであったと推測される。しかし、かわら版の購買者やその周囲のものは神社姫を疑似護符として描き写したのである。このように考えると、神社姫とは神を投影した神使として扱われる存在であったと言えるだろう。

七　化物・妖怪を信仰すること

これまで見てきたように、疫病あるいは疫病神と化物との関りは種々様々である。甘酒婆のように疫病神と同一視され怖れられるものもある。高入道や猩々のように疫神送りや疱瘡祭りなどの儀礼において、疫病神として対処されるものもある。また、豆腐小僧や神社姫のように疫病除けの効験を期待されるものもある。片や医者などは愚かな習俗と考える者もいた。民衆を取り締まる御上や奉行は、民衆により社会秩序の揺らぎが生じれば、御廻文や触書をして秩序の維持回復を図った。とはいえ全ての人々が化物を信仰するかといえば、決してそういう訳ではなかった。

それは令和の今でもそうであろう。未知の流行病が蔓延する社会の脅威は、医学が未発達の時代のそれと違いはない。しかし、いくらアマビエが疫病退散に有効な妖怪とされても、その絵姿が実際に新型コロナウイルス感染症という疫病に効果があると信じる者は少ないだろう。それでは人々がアマビエの姿を描き、形を作った心意はどのようなものであろう。それはただ、疫病に対して何ができるか、自分ができる何かをしたい、そのような誰か他者のためという思いの表出ではないだろうか。自分のことであれば信仰に値しないものであっても、他者のためなら自分が信じていない妖怪ですら使用することができる。そう考えると、近世における高入道や猩々、神社姫なども自分の関わる他者のために使用された化物であったのではないか。筆者はアマビエが疫病退散の効果を有するとは信じていないが、一日でも早くこの流行病が終息することを誰かのために祈っている。

注

（1）「妖怪」や「化物」の定義は難しく、本稿では不思議なモノゴト程度を示すこととする。また、「妖怪」と「化物」の使用の違いは近世以前と近代以降とに時代を区別するだけと捉えてほしい。
（2）太刀川清校訂『続百物語怪談集成』（国書刊行会、一九九三年）に所収。
（3）日本随筆大成編輯部編『日本随筆大成』第一期第四巻（吉川弘文館、一九九三年）に所収。
（4）船越政一編纂校訂『浪速叢書』其五「摂陽奇観」（浪速叢書刊行会、一九七八年）に所収。
（5）大阪市史編纂所編『近世大坂風聞集——至享文記・あすならふ・あすならふ拾遺』（大阪市史料調査会、一九八八年）に所収。
（6）武藤禎夫編『未翻刻安永期上方咄会本・六種』（近世風俗研究会、一九七三年）に所収。
（7）鈴木棠三・小池章太郎編『近世庶民生活史料　藤岡屋日記』一（三一書房、一九九五年）。
（8）アダム・カバット『江戸化物草紙』（小学館、一九九九年）に所収。
（9）新日本古典籍総合データベース【酒宴哉夭怪會合（しゅえんかなばけもののまじわり）】。https://kotenseki.nijl.ac.jp/biblio/100093633/viewer/1
（10）国文学研究資料館「古事類苑データベース　全文・抜粋検索版」。http://base1.nijl.ac.jp/infolib/meta_pub/detail
（11）森銑三・鈴木棠三・朝倉治彦編『日本庶民生活史料集成』第十五巻「都市風俗」（三一書房、一九七一年）に所収。

参考文献

飯倉義之　二〇二〇「アマビエはなぜゆるキャラ的にコロナ禍のアイコンとなったのか——予言獣

「アマビエ」ブームの観察と考察」『子どもの文化』五二巻九号、子どもの文化研究所
H・O・ローテルムンド　一九九五　『疱瘡神――江戸時代の病いをめぐる民間信仰の研究』岩波書店
大島建彦　一九八五　『疫神とその周辺』岩崎美術社
大蛇堂　二〇二〇　「アマビエ騒動の顛末」『怪と幽』五、KADOKAWA
香川雅信　一九九六　「疱瘡神祭りと玩具――近世都市における民間信仰の一側面」『大阪大学　日本学報』一五
川部裕幸　二〇〇〇　「疱瘡絵の文献的研究」『日本研究』二一
笹方政紀　二〇一二　「近世疫病神と妖怪――甘酒婆の全国的展開から」『御影史学論集』三七、岩田書院
笹方政紀　二〇一三　「近世大坂の造り物と風の神送り――化物の高入道を起点として」『御影史学論集』三八、岩田書院
笹方政紀　二〇一五　「転写する呪い――クタベの新史料から」『怪』四四、角川書店
笹方政紀　二〇一八　「護符信仰と人魚の効能」東アジア恠異学会編『怪異学の地平』臨川書店
笹方政紀　二〇一九　「疱瘡絵としての豆腐小僧」『怪魅型』一
佐藤文子　二〇〇〇　「近世都市生活における疱瘡神まつり――「田中兼頼日記」を素材として」『史窓』五七
高島幸次　二〇一二　「コミュニケーションを誘発する「造り物」――大阪天満宮の祝祭を中心に」『懐徳堂研究』三
竹原直道　二〇一一　「疱瘡神のパロディとしての豆腐小僧」国際日本学研究会『Cultures/critiques』三
常光徹　二〇一六　「流行り病と予言獣」『予言する妖怪』歴史民俗博物館振興会

長野栄俊 二〇二一 「変質するアマビエ――二〇二〇年の「疫病退散」から考える」「歴史地理教育」九一九、歴史教育者協議会
平井隆太郎 一九七八 「かわら版の謎をさぐる」『かわら版新聞 江戸・明治三百事件』一、平凡社
湯本豪一 二〇〇三 「予言する幻獣――アマビコを中心に」小松和彦編『妖怪学大全』小学館

崇る「水子霊」

陳宣聿 ● CHEN Hsuanyu

現代日本において、流産、死産、人工妊娠中絶（以下は中絶）された胎児や、生まれて間もなく亡くなった赤子は「水子」と呼ばれ、一九七〇年代から一九八〇年代にかけて、中絶された水子の霊が、女性やその家族に祟り、様々な災いをもたらすという言説が日本社会を騒がせた。しかし、亡くなった胎児の霊（特に中絶された胎児の霊）が祟りを起こすことは日本だけの信仰と限らなかった。日本の「水子」に相当する存在は台湾で「嬰霊《えいれい》」（中国語　インリン）と呼ばれている。中国語で赤子のことを「嬰児」といい、嬰霊とはすなわち亡くなった赤子（嬰児）の霊を指しているが、「水子」と同様に、中絶された胎児の霊が祟ることが特に注目されてきた。しかし、この言葉の歴史は長いとは言えず、三十年余りでしかない。「嬰霊」という言葉は一九八〇年代の台湾で登場し、その後、二〇〇〇年代の中国、そして東南アジアの華人社会にも見られるようになってきた。嬰霊は自身の命が奪われた恨み、もしくはあの世で苦しんでいる状況から救い出されたいため、母に当たる女性やその家族に祟りを起こすと言われた。寺院、廟といった宗教施設で嬰霊を慰める儀礼を行うことによって、祟りの形として現れた災いもなくなると言われた。

嬰霊の概念は現代人の日常生活と密着している一方、我が子を殺した罪と祟る赤子の霊は、決して現代的な考えと限らなかった。避妊と中絶の手段が不確かな時代に、人口調節などの原因で生まれたばかりの赤子を殺すことは、世界中多くの文化で見られる。文化人類学ではこの現象を嬰児殺し（infanticide）と呼び、江戸時代の日本における「間引き」「子返し」も一種の嬰児殺しである。嬰児殺しは清代（一六四四―一九一二）の中国で広く行われた一方、罪深い悪行と評価されることもあった。本稿においては、清代中国と現代台湾の善書（人々に善行を促す書籍、後述）を通して、意図的な嬰児殺しと中絶の事例に着目し、祟る胎児霊のことについてみていきたい。

中国における嬰児殺し

伝統的中国社会において、嬰児殺しのことを「不挙《ふきょ》」という。「挙」とは赤子に入浴させ、乳を与え、その子を養うことを意味する。反対に、「不挙」とは養わないことを指す。直接その子をあやめるほか、子捨てや育児放棄など消極的手段も含まれていた。不挙を行う理由は様々あった。宋代（九六〇―一二七九）から、不挙がより普遍的な風俗になってきて、主要な手段は溺殺であった。溺殺と言っても、赤子を川や湖に流すのではなく、生まれた赤子を水を溜めた桶、盥、便器などに浸けて、溺れさせることを指している。主に女性や産婆が部屋で行っていた。曾我部静雄によると、宋代、元代（一二七一―一三六八）から不挙を行う際に「溺す」「溺子」という表現が使われるようになり、そして、男児よりも、女児の方が不挙の対象とされることが多かったため、後に「溺女《できじょ》」という言葉に発展した〔曾我部 一九三五：一一〕。

「溺女」は文字通り女児を溺殺することを指している。性別の選択も中国における嬰児殺しの一つ注目すべき特徴である。男児の命を重んじ、女児の命を軽視することは長い期間続いてきたが、明代（一三六八―一六四四）、清代に注目される文化現象となってきた。女児が口減らしの対象になりやすい原因は多様であるが、特に父系の血縁を重視する家族制度と高額な持参金が原因であると論じられてきた。

ここではムジェロの説明を参照し、その概略を提示していきたい。「中国において最も理想かつ典型的な婚姻は、娘を思春期まで養い、親の意思で娘を夫の家に嫁がせていく形式である。その際に、親は夫の家への持参金を用意する必要がある。新妻は嫁ぎ先での地位が低く、常に家事雑用を強いられ、（時々いじめを伴う）姑の指図を受けられていた。彼女の地位向上の鍵とは、息子を産むことである」〔Mungello 2008: 11〕息子は母に孝を尽くす義務がある。新妻は母になることによって、夫の家での地位が確立される。そして、清代において、嫁ぐ際に持っていく持参金は、その女性が夫の家での地位を反映し、夫の家の結納品と相当、もしくは上回れば、比較的嫁ぎ先の尊重を得られるという。そのため、持参金も家にとって負担となり、溺女の風習を助長する原因とされていた。

清代において、溺女の風習が中国の南方で[1]盛んに行われ、男女比の偏りをもたらした。清政府、地方の官僚、名士などが溺女問題に取り組み、捨て子を受け入れる施設（育嬰堂）を作る一方、民衆への啓蒙活動も展開した。

溺女を戒める善書

人々に溺女を戒める方法の一つは、善書《ぜんしょ》を通して広めることである。善書とは、善行を促す書籍であり、殆ど無償で人々に頒布し、広く流通されることが特徴である。その内容は儒教、仏教、道教が混淆した思想を反映し、シンプルに「勧善懲悪」に要約できる。現存の最も古い善書は宋代に遡ることができるが、清代において印刷業の発展とともに善書の刊行、流通が大いなる進展を遂げた。文字だけではなく、新たな形式と編集手法も取り入れ、図像、講説、歌謡、演劇などの複合的な展開が見られる。このような書物に溺女も一つの道徳に反する悪行とみなされ、因果応報の枠組みに組み入れられた。

善書に溺女を戒める物語は非常に明白である。溺女という悪行を行った妊婦、産婆や家族などの協力者、見て見ぬ振りをする人々はその悪行による報いを受ける。具体的には、異形の出産、難産、後継となる男児が死亡、地獄に堕ちる、来世畜生に転生する、悲惨な死を遂げるなどがある。他方、溺女を阻止する人々は、その善行によって男児が授かる、息子、子孫もしくは自身（主人公が男性の場合）の出世などのご利益が得られる。文字の読めない人々にも理解できるように、図像が添付されることもあり、その内容もかつて起こった真実の事件と噂が混ざり合い、勧善懲悪の趣旨に沿って再編されていたものである。以下は善書にある「溺女傷子（溺女で息子を害した）」を題する話を紹介していきたい。

丹陽（現江蘇省鎮江）北部に王三元という人がいて、その妻は徐氏という。彼女は息子一人を産んだ後、続けて三人の女児を産んだ。その姑は「この悪運の持ち主、雌ばかり産んで」と徐氏をせっかんし、彼女は仕方なく二名の女児を溺死した。その後、徐氏が再び妊娠し、出産の際に三日苦しんでいたが、その子を順調に産み落とすことができなかった。夫の王三元は非常に心配で、天に祈り始め「今回産んでちゃんと育てるから、もう溺殺なんかしない」と誓った。すると、徐氏のお腹の中から声が聞こえた。「私はお前に二回も溺死させたので、今日は命取りに来た」と。王三元は非常に怖くて、再び許しを乞い、その後、徐氏は人間の頭で蛇の体の怪を産んだ。しかし（出産がうまく行かず）、赤子の体の半分しか出てこなくて、徐氏が気を失ってしまった。七歳の息子はその状況をみて驚きのあまりに亡くなってしまった。（男児を失ったことによって）姑も怒りのあまりに死んでしまった。王三元はそれをみて、再びかまどの前に頭を下げって「今後は必ず人々にこの話を語り、女児の命を救うことに尽力する」と誓った。その後、突然、金光が現れ、鞭を持っている金甲神が現れた。金甲神《きんこうじん》が鞭を振ってヘビを払い、すると、亡くなった妊婦も生き返した。その後王三元は人に会うたびに溺女してはいけないことを勧告し、最後ようやく息子一人をもうけた。これは乾隆年間（一七三六―一七九五）の出来事。

（〔余治　一八六八〔一八七五〕：『学堂日記』〕（　）内は筆者の補足説明）

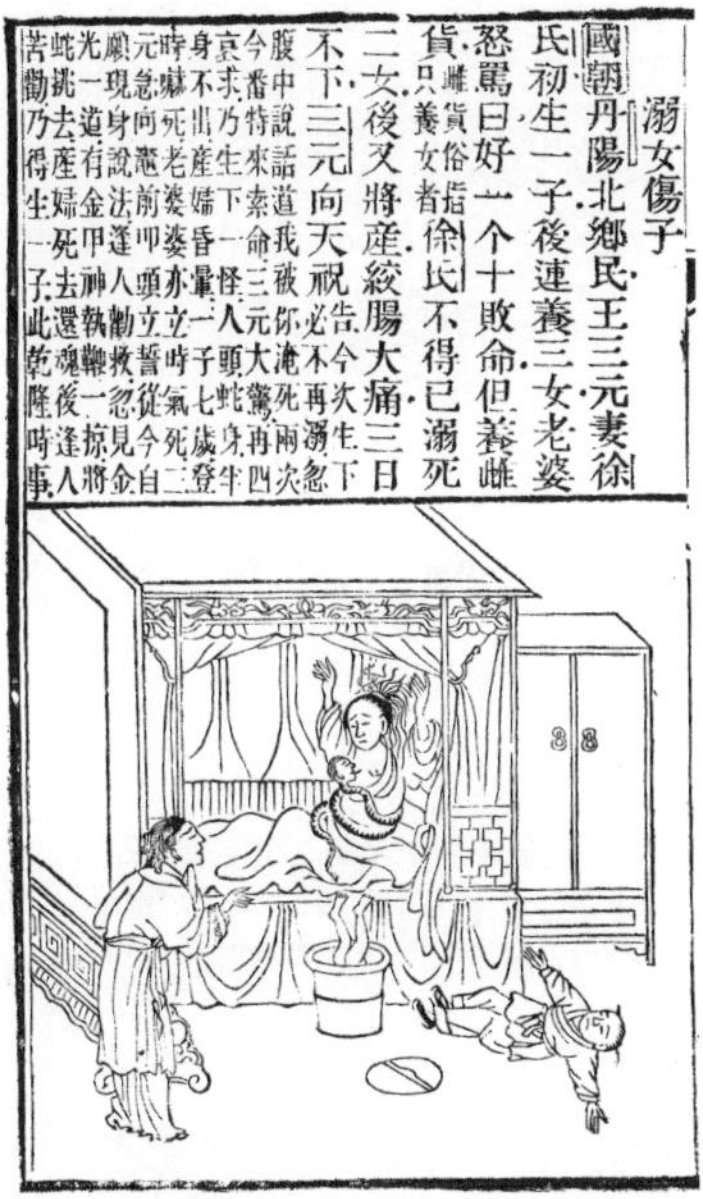

図1　溺女傷子（溺女で息子を害した）、余治（=晦齋氏）、『学堂日記』（1868[1875]、(seq. 38)）
（Australian National University所蔵、デジタル化）

図2　Palatre, *L' infanticide*(1878)(seq. 144)により引用。Harvard University所蔵、デジタル化。
Harvard Library, ©[2009] President and Fellows of Harvard College, licensed under a Creative Commons Attribution 4.0 International License

図3　Palatre, *L' infanticide*(1878)(seq. 140)により引用。Harvard University所蔵、デジタル化。
Harvard Library, ©[2009] President and Fellows of Harvard College, licensed under a Creative Commons Attribution 4.0 International License

前記の文章と図1は清代の地方名士、慈善家、余治（一八〇九―一八七四）によって編著した『学堂日記』に掲載された話である。『学堂日記』は子ども向けの啓蒙書として使われ、溺女を戒めるほか、多様なる道徳的訓示も書かれていた。そして、図2と図3は清代の時中国に訪れたイエズス会宣教師によって集めた善書の内容である。物語の一部や絵柄は異なるが、同じ事件をモチーフに参照し合う側面が見える。

図1の真ん中図2と図3の左下に描かれた桶は溺女に使われるものであり、逆さまになった足の持ち主は今まで溺死された女児のことを表している。そして、今回その女児は、人間の頭、蛇の体を持つ怪物として生まれ変わり、妊婦の体に巻き付いた。因果応報の原理で、復讐で産まれてきた女児の霊は難産、息子の死、姑の死など、一連な災いもたらした。唯一の息子が亡くなることで、家の血脈を継承する人もいなくなった。そして図像には描かれていなかったが、物語の最後、金甲神が登場し、夫の懺悔と善行によって、妻を生き返させ、最終的に家を継ぐ息子まで獲得した。

現代の「嬰霊」とその祟り

慈善家の余治は嬰児殺しを戒めるため、善書を著作するほか、積極的に育嬰事業に力を注ぎ、その善行も後世に大きく評価されていた。清代の善書に取り上げた話は、当時の人々の信仰、家庭観、そして結婚、出産に対する不安を映り出した。しかし、女児の命を救うことによって男児が得られるという男尊女卑の考えが当たり前のように記され、現代人にとって、やはり違和感が否めないであろう。社会に道徳的危機を感じ、人々の道徳観を正そうとする善書は現代にも出版され続けている。ここで本稿の最初で取り上げた現代の台湾における「嬰霊」の話に少し戻っていく。台湾で「嬰霊供養の元祖廟」として知られる龍湖宮《りゅうこぐ》で刊行した善書の中に記載された「実話」を通し、嬰霊の祟りをみていきたい。

台北に住む、二十代女性の曾さんが繰り返し数多く子どもの妖怪に襲われ、逃げ場のない悪夢を見ていた。彼女の男運が悪く、現在の夫と出会うまで複数の男性に騙され、妊娠と中絶を繰り返した。結婚前の四回と結婚後の四回を含め、彼女は計八回中絶した。中絶経験を重ねることにつれて、彼女もまた長い間、不正性器出血、めまい、頭痛、腰痛などの体調不良に悩まされていた。九回目の妊娠で曾さんは夫を説得し、出産を決意したが、生まれてきた女の子の体の右半分が麻痺して、障がいのある子であった。途方をくれた曾さんは友人の紹介で龍湖宮に訪ねた。「ねえさん、これは嬰霊が命を取りに来たせいだ。あなたは八回も子どもをおろしたでしょう？　自分の手でちゃんと供養しなさい。」と、龍湖宮の「先生」は彼女の顔を見た途端でズバリと言った。その後、曾さんは龍湖宮で中絶された八名の嬰霊を供養した。すると、長い間彼女を悩ませた体の不調が消え、子どもの妖怪に襲われる悪夢も見なくなった。しかし、子どもの障がいはそのままである。

（〔林 一九九六：五三〜五八〕により、筆者要約）

龍湖宮の中に、このような「実話」が数々掲載されていた。このような話を信じるも、非難するのも、いずれにして現代人にとって比較的に現実味を持つ話であろう。この話の中に神仏も、怪物も登場されず、龍湖宮で嬰霊の祟りと判断されなければ、「合理的」な内容とも言える。一九八〇年代中盤から、龍湖宮で人々の依頼に応じて嬰霊を慰める儀礼を始めたため、これらの「実話」は、戒めだけではなく、自身の儀礼の有効性を宣伝する側面もある。前述の話、病気、悪夢、子どもの障がいなどの災いが過去の中絶経験と結び付けられ、災いを引き起こした原因を「嬰霊」とされた。このような説明体系に基づき、儀礼を通して適切に対処すれば、身の回りの災いも軽減することが可能だという図式が見えてきた。

祟る胎児、赤子の霊の恐ろしい様子は、善書の教化や宣伝の手段として読者を怖らせる側面が否めないが、身の回りの災いに意味づけて、説明体系を提供する機能も持っている。そして、具体的な祟りの内容を通して、人々の不安の事柄の変遷を伺えることもできる。現代の嬰霊に関する話の中に、難産の恐怖、家の血脈の断絶が後退するものの、個人が抱く不安、科学で究明できない病気や災いの方が怪異への空間を与えた。

注

（1）清代で溺女が盛んになる省は南方の広東、福建、江西、浙江、江蘇、安徽、湖南、湖北、そして北方の山西がある。

参考文献（アルファベット順）

陳宣聿 二〇一七 「台湾における「嬰霊」の遡源：龍湖宮を手がかりに」『論集』四四
陳宣聿 二〇一八 「「嬰霊」に関する信仰への通時的考察：祟る胎児像と産死者救済儀礼から」『東北宗教学』一四
趙建群 一九九三 「清代「溺女之風」述論」『福建師範大学学報』四
夫馬進 一九九七 『中国善会善堂史研究』同朋社出版
李貞徳 二一〇二 『女人的中国医療史——漢唐之間的健康照顧与性別』三民書局
林健一 一九九六 『嬰霊与家運』明生出版事業公司
Mungello, D.E. 2008 *Drowning girls in China: Female infanticide since 1650*, Rowman & Littlefield
Palatre, Gabriel. 1878 *L'infanticide et l'Oeuvre de la Sainte-Enfance en Chine*. Autographie de la Mission catholique à l'orphelinat de Tou-sè-wè（Harvard University所蔵 https://nrs.harvard.edu/urn-3:FHCL:2556305 最終閲覧日：二〇二一年二月二十五日）
酒井忠夫 一九六〇 『中国善書の研究』弘文堂
曾我部静雄 一九三五 「溺女攷」『東北帝国大学法文学部十周年記念史学文学論集』岩波書店
游子安 一九九九 『勧化金箴——清代善書研究』天津人民出版社
余治 一八六八［一八七五］『学堂日記』得見斎蔵版（Australian National University所蔵 http://hdl.handle.net/1885/165359 最終閲覧日：二〇二一年二月二十五日）

附記　本研究の成果の一部は、科研費補助金研究活動スタート支援　課題番号20K22036の助成を受けたものである。

◎第3部

木場貴俊● KIBA Takatoshi

人のいとなみと怪異

第三部は、他の部門以上に、バラエティに富んだテーマを論じているが、口さがない物言いをすれば、統一感がないという印象は拭えない。

東アジア恠異学会（以下、恠異学会）は、歴史学、特に王権論の立場から「怪異」を考える学会だと、外部から見られる傾向が強い（例えば、〔香川 二〇二〇〕）。それは、学会設立時に掲げられた綱領、

①東アジア文化圏における「怪異」のあり方の把握
②「怪異」という言葉の持つ歴史的有用性の発見と解読
③「怪異」現象として表れる表象文化の解読
④前近代王権論を読み解く方法論的ツールとしての「怪異」の位置付け

のうち、他の研究会には見られない④が、設立当初より恠異学会内外でしばしば取り沙汰されてきたことに由来している。たしかに、初代代表の西山克（歴史学）は、④に立脚しながら、怪異学の意義を次のように表明している。

前近代の国家や社会を総体的に捉えようとするときにも、怪異の研究は決定的に重要である。国家や社会の動向が、超自然的で非合理的な現象や観念と不可分の関係にある以上、歴史学がそうした現象や観念を置き去りにして国家や社会を語ることはできないはずなのだ。

〔西山 二〇〇二〕

ここから、④が会の独自性を発揮する枢要として位置付けられていたことは間違いない。その成果を世に問うた『怪異学の可能性』（角川書店）は、日本における王権と怪異の関係性を通史的に描いている（明治時代に入るところで終わるため、明治以降に関しては今なお課題として残っている）。そうした意味で、④ばかりが注目を浴びることは詮無きことなのかもしれない。しかし、それは恠異学会の一面的な評価でしかない。そもそも恠異学会は、四つの綱領を提示しているのだから、残る①②③を無視することはできない。

西山は、第一論集『怪異学の技法』（臨川書店）「序章——怪異のポリティクス」の中で、「歴史学研究の新たな方法論的ツールとしての怪異」が、「鍛えようによっては、歴史学のみならず、文学・民俗学・地理学・美学など様々な領域で新たな扉を開く鍵ともなりうるだろう」と述べている〔西山 二〇〇三〕。ただ、注意しなければいけないのは、歴史学＝王権論（政治史）という図式は、あまりに短絡的だということである。恠異学会初期の研究会報告を見ても、歴史学研究者による王権論（政治史）に関する報告はそれほど多くない。それは、『怪異学の技法』でも同様である。

さらに、王権論（政治史）に特化した『怪異学の可能性』の大江篤「あとがき」においても、「東アジア恠異学会の特色というと、会員の研究分野に限らず国文学、民俗学、地理学、宗教学など多分野に及んでいること」、そして「お互いの研究の立場を尊重しながら、「怪異学」を構築しようとする議論」がなされていることを明示している〔大江 二〇〇九〕。つまり、研究者それぞれの「怪異学」の方法論的ツールを構築することが、恠異学会の本当の目的なのである。

以上の経緯から、第三部は、各分野の研究者が独自の方法論的ツールによる、怪異学の最先端の成果をもって構成している。

この部門で、研究テーマとして扱っている対象は、信仰・食生活・土地・絵画で、そのアプローチの仕方も歴史学・民俗学・美術史・文学などさまざまな成果を取り入れたかたちで行われている。

村上紀夫「近世京都の小社と怪異」は、十七世紀末に刊行された浮世草子にある京都四条京極での怪異譚を緒にして、その背景にある当時の信仰の実態を明らかにしたものである。そこには、宗教だけに留まらない「京都」という都市で生活する人びとの思惑が大きく作用している。

木場貴俊「怪物を食らう」は、江戸時代の資料に見られる怪物を食べた事例から、当時の食物観を考えたものである。特に、獣肉食をめぐる動向が、怪物を食べることとどのように関係しているのかを論じている。

木下浩「村と怪異」は、ツキノワと呼ばれる忌み地の土地性や変遷を明らかにしている。そのために文献資料だけでなく、現地のフィールドワークを実施することで、ツキノワの現況についても論述している点は、ツキノワの民俗調査報告としての意義も担っている。

山本陽子「絵巻の中の神と「モノ」——目に見えぬものをいかに描くか」は、絵巻という絵物語のなかで、本来不可視の神や「モノ」を表現する行為を通して、そこにどのような意味や背景があるのかを、数多くの作品を駆使しながら追究している。

冒頭で、この部門には統一性がないという印象に言及した。各論考で提示された研究テーマに敢えて統一性を持たせるならば、いずれも「人のいとなみ」と怪異の関係を明らかにしようとしている。人のいとなみという点について、飲食や描画といった行為はもちろんその中に含むことができる。そして、都市（マチ）や村（ムラ）もまた、人びとが生活をいとなんでいる「場」と表現することができる。都市や村のあり方については、時代や地域、そして学問によってもその捉え方が異なっている。しかし、人びとが集まって生活をいとなむ場という理解は、共通しているだろう。そうした場に、怪異は生じる。

そして、山や海など「異界」と見なされる場＝空間で起きる怪異についても、人が生活をいとなむ場を基軸にして、その基軸から現実的に、あるいは文化的にどのくらい離れているかどうかによって把握されている。

すなわち、人がいなければ、怪異は成り立たないのである。

本書は、これから怪異を素材にして社会や文化、歴史などを研究していきたい人たちに向けて編まれたものである。怪異と人のいとなみの関係をめぐって、さまざまな論点を提起している第三部は、これから研究していきたい人たちにとっては、最も魅力的な部門かもしれない。

参考文献

大江篤 二〇〇九 「あとがき」『怪異学の可能性』角川書店

香川雅信 二〇二〇 「妖怪研究の四半世紀」『比較日本文化研究』二〇

西山克 二〇〇二 「怪異学研究序説」『関西学院史学』二九

西山克 二〇〇三 「序章―怪異のポリティクス」東アジア恠異学会『怪異学の技法』臨川書店

村と怪異

木下 浩 ● KINOSHITA Hiroshi

はじめに

本稿では村の中の怪異として、ツキノワ（月の輪）という忌まれる土地、忌み地を取り上げる。忌み地については、柳田国男は『禁忌習俗語彙』(1)で「五、土地の忌」として「ケチダ」「ヤマヒダ」「ブクダ」など三十一の語彙を挙げている。また、『綜合日本民俗語彙』(2)では「禁忌」部門の中の「五　土地の忌」で「耕作して悪い田畑、入って悪い山や藪など、忌まれている土地は多い」として八十三の語彙を挙げている。一例を挙げてみると、『禁忌習俗語彙』の「ヤマイダ」は、

病田といふ名は、東国には廣く知られている。栃木県足利郡では作るとその田主が病にかかるといい、宮城県伊具郡筆甫村（丸森町）ではヤンメエダは耕作すると、凶事があるとて嫌っている。新潟県北魚沼郡でもヤンマイダは、安く借りられるが、作ると災害がつづき、返せばまた無事だという。富士山麓地方でヤミタといふのもこれである。(3)

とある。

しかし、本稿で取り上げるツキノワは、『禁忌習俗語彙』には挙げられていない。『総合日本民俗語彙』では、

月の輪。この地名を持っている土地は中部から近畿、中国など各地にある。多くは月の輪田といって通常の田地と区別されている。禁忌の厳重な田で、男でなければつくれぬ、肥料を用いてはならぬなどという。(4)（後略）

として、「農業」と「信仰」に分類されている。

しかし、三浦秀宥はツキノワについて、

もともと忌み田であったらしく、そこだけ作らずに残してあったり、田の一隅や中に小宮を祀っているものもある。今は本来の意味は忘れられて、そこを作れば祟るといって恐れられ、地価も安い。(5)（後略）

と述べており、その内容からツキノワを忌み地と考えることができる。

ツキノワについて、事例報告はいくつかの自治体史の民俗編や伝説集などに見ることができるが、

先行研究としては三浦秀宥の「月の輪伝承の系列について」が中心となる。(6) その中で三浦は、ツキノワが神社の神田であったり、月が映るなど月の信仰と関係するなど常の田と区別される忌み田であること、ツキノワの伝承が変貌し、不吉感や畏怖感のみが残っていること、もともとは田の神の斎場たる異形の忌み田とそこに繋がる禁忌の姿態であり、農村における精神構造の伝承的呪術的性格を強く指向しているなどと述べている。また、いくつかのツキノワは三日月という特異な地貌を持っており、新たに自然条件に基づく月の輪や人為的に生み出されたツキノワもあるとも述べている。

三浦の論文にはツキノワの伝承地は数多く記され、その特徴や解釈がまとめられているが、個々のツキノワについての村の中での具体的な姿は見えてこない。波平恵美子は「墓地や忌み田、くせ田などと呼ばれる場所はやはり特別な場所である」と述べているが〔波平 一九八四：二〇三〕、筆者は、現在も聞き取ることができるツキノワについて調査を行い、どのように特別な場所なのか、忌み地としてのツキノワの現状を明らかにしたい。ただし、三浦論文が発表されたのが今から六十六年前の昭和二十九年であり、今ではほとんど伝承が伝わっていないこと、その原因の一つとして昭和四十年代から急速に進んだ区画整理・圃場整備により田は統合・整備され、当時のツキノワがほとんど残されていないことはあらかじめ指摘しておく。また、忌み地という性格上、所有者の特定を避けるため、必要な場合は具体的な地名を伏せることにする。ツキノワの表記についてはカタカナを使用するが、引用などについては出典の表記を優先する。

一 ツキノワ伝承の概要

ツキノワの特徴として筆者は次の四点を挙げる。

① 特別な名称で呼ばれたり、他の田と区画などで区別されたりしている。（名称・区別）

② 所有したり、耕作したりすると、自分や身内に不幸を生じる。（凶事・制裁）

③ 女人禁制や肥料の禁止など禁忌を持っている。（明確な禁忌）

④ 月と何らかの関連を伝承している。（月との関連）

①については、区画整理される以前に、数多くの田の中から「あの田んぼがツキノワ」などと呼ばれていたということから、明らかに区別されて認識されていたと考えられる。

②の凶事・制裁について、所有したり耕作したりするとどんな不幸に会うのか、具体的な言い伝えとしては、三年作れば主人が死ぬ（真庭市久世町・湯原町など）、火事になる・牛が死ぬ（久米郡美咲町）[7]、作ると病気する（津山市久米町）[8]などがある。

同じく忌み地として特徴的な③の明確な禁忌については、女を忌んで男のみで作り、牛を入れず、厩肥・下肥を用いない（久米郡美咲町・真庭市北房町など）、全部金肥を用いる（苫田郡鏡野町）[9]などが代表的である。

④は月の輪という名称に関連するものと考えられるが、現在ではその月との関連の伝承が失われた事例も多くある。代表的なものとしては、闇夜に月の輪形が見える（津山市・真庭市勝山町）、十一月十五日、月が田に下りてきて休む（真庭市北房町）[10]、月のある頃にたらいに水を入れておくと昼に月がうつる（美作市）[11]などである。

ツキノワと同じように②③の特徴を備えた忌み地は他にも存在する。人待田（高梁市備中町）は三畝ほどの田で、田植えをした人は田の中に消えてしまう[12]。ほとけ田（津山市加茂町）は人糞尿などを忌む[13]。三日月田（高梁市備中町）は丸みを帯びた三角型で、所有したり耕作したりすると不幸がつきまとうと言われ[14]、不幸な出来事の内容とその形状、名称からツキノワとの関連性があると思われる。

さらに、ツキノワ（月の輪）という名称で、実際の田ではない忌み地も存在する。津山市阿波地区では月の輪は田にも畑にもあるという[15]。新見市の月の輪は畑で、作ると悪いことがあるとされ[16]、同じく津山市久米町の月の輪も月の輪の形をした畑で草が生えないという[17]。美作市勝田地区の月の輪は山の麓で木が生えないという[18]。ただし、ツキノワが現在でも田など当初の形状を伝えているとは限らず、耕作が放棄され、畑やただの土地になった事例も多いと思われる。

月の輪の名称を持つ地名や寺社は全国に見られる。京都市右京区には月輪寺があり、埼玉県比企郡滑川町には月輪という町があり、そこには東武東上線つきのわ駅や月の輪小学校、月の輪神社がある。また三浦も前掲論文の中で徳島県名西郡高志村の月の輪神社や島根県の「月の輪神事」などについて触れている[19]。さらに岡山県には美咲町飯岡に発掘調査で有名な月の輪古墳がある。しかし忌み地としての月の輪は、岡山県北部の旧美作国と備中国北部が中心となっている。

二　二箇の月の輪田

京都府京丹後市峰山町二箇には月の輪田が伝承されている。パンフレットには、豊受大神が天照大御神のために稲作を始めたとされる田んぼで、三日月型の小さな田で「月の輪」と呼ばれ、祟りがあるので年貢地から除外され、不浄な肥料を入れることや女性の立ち入りが禁止されていたと記されている。「丹後旧事記」には「三ケ月形ノ小キ田アリ月ノ輪ト云地頭モ祟ル故除地ニシ玉フ」[20]とある。さらに『峰山郷土史（下）』には、収穫された米が伊勢の御師幸福出雲大夫に初穂として奉られたこと、いつの間にか祟りを恐れて、耕作されなかったことなどが述べられている。[21]この月の輪田は、平成二十四年（二〇一二）、地区の長老たちが復活を提案し、現在は保存会によって古代米の栽培や保存活動などが行われている。二箇の月の輪田の特徴は、月の輪田が稲作の始まりの地であること、三日月の形をしていること、不浄の肥料の禁止や女性の立ち入り禁止など禁忌の伝承が

写真1　京丹後市峰山町二箇の月の輪田

あること、伊勢の御師が出雲大夫に初穂として奉納していることである。禁忌の伝承は岡山のツキノワと共通であるが、三日月型の形状については、輪型が多い岡山とは相違点が認められる。しかし、岡山にも前述の三日月田の事例も見られる。二箇の月の輪田の世話人への聞き取り（昭和十八年生男性）によると、江戸後期には既にこの月の輪田は耕されずに荒れていたという。祟りを恐れて耕されなくなったのが江戸時代であり、岡山にはない稲作起源の伝承が伝わっていることから、二箇の月の輪田と岡山のツキノワでは二箇の月の輪田の方が古く、この伝承が誰かを通じて岡山県北部に伝わった可能性も考えられる。

三　現在も残るツキノワ

ツキノワの伝承は昭和四十年代以降の大掛かりな耕地整理・圃場整備で田の形が変わるとともに急速に失われていった。しかし、かろうじて伝承が残された所もある。

◉事例1　真庭市（旧落合町）のツキノワ

旧落合町の西部にあるツキノワは、現在もその形をとどめている。大正十二年生まれの男性によると、つつくとマンが悪い、昔から耕作していないというが、それ以外のことは何も聞いていないという。

現在のツキノワは田んぼの中の一区画で、およそ五メートル四方、コンクリートによって明らかにツキノワだけ、周囲の田から区切られている。そしてその中央には石の祠が置かれている。

◉事例２　新見市（旧神郷町）のツキノワ

旧神郷町のツキノワは、『新郷・美甘の民俗』によると、

（３）ツキノワ　釜本村の庄屋は土岐家でその屋敷を末国といった。東寺文書に見える末国名に当るのであるが、その庄屋屋敷の西の接した山裾に荒神祠があり、その前の田がツキノワ田である。その田を庄屋の田とか末国の田と呼び、約八畝歩ほどの半円形の田である。この田は田植をする時に平年は藁十二把、閏年は十三把の藁で円く土俵の形を直径約五尺ぐらいに作る。女の入られない田であるという。(22)（後略）

写真2　事例1のツキノワ(中央)

とあり、『岡山県史民俗Ⅰ』や『岡山民俗事典』などに県下の古いツキノワの形を残した事例として紹介されている。

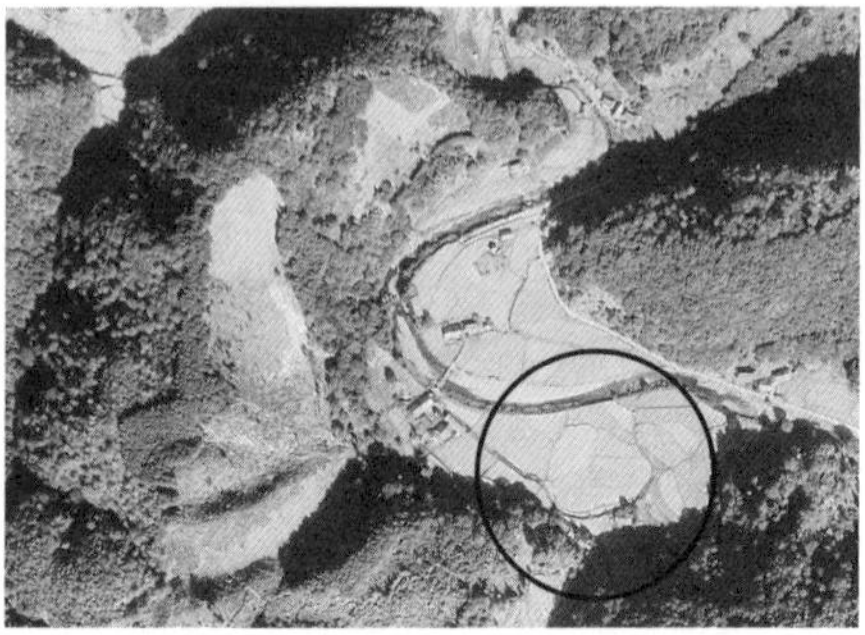

写真3　事例2のツキノワ空中写真
丸部分がツキノワ（昭和22年、国土地理院提供）

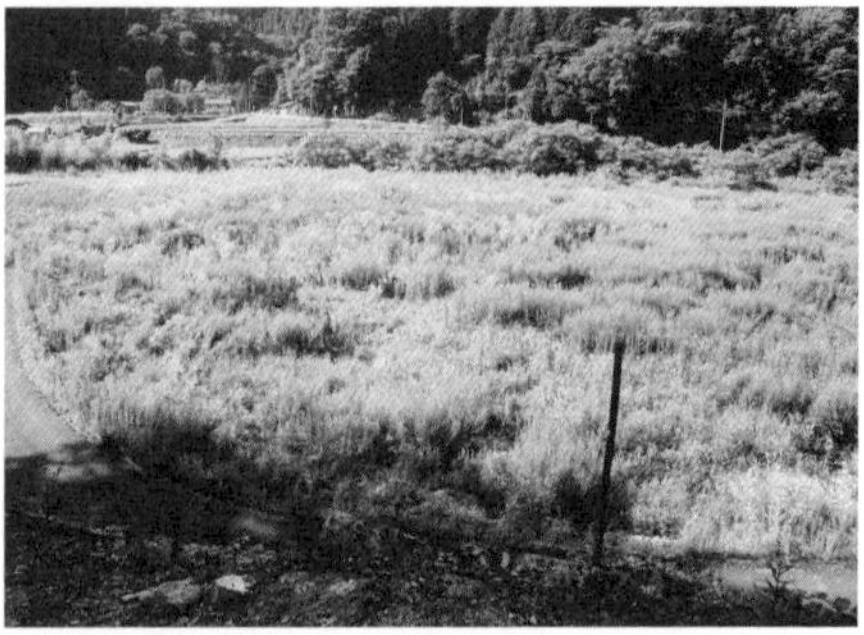

写真4　事例2のツキノワ
昔の形が残っているが、今は耕作されていない

　ツキノワに接する昭和十六年生まれの男性によると、その田は確かにツキノワと呼ばれ、田の真ん中に藁で円い輪を作り、それで田植えをしていたと聞いてはいるが、その男性は実際には見たことがなく、米作りも七～八年前にはやめたという。また、女性が入ってはいけないという伝承は聞いたことがないという。同じく昭和五年生まれの男性は、ツキノワの中心に円形かどうかはわからないが、腰の辺りまでくる深いところがあった。この男性も藁の円い輪は見たことがなく、女性も田に入っていたという。そして、田が深く米作りがうまくいかないので、石灰のバラスをツキノワ

に入れたが、それでもうまくいかなかったという。

現在のツキノワは写真のように雑草が生えているが、半円上の地形は確認できる。話者二人が成人し耕作にかかわったのは戦後ということから、藁の円い輪の行事は戦前で中止されたのではないかと思われる。さらにその行事がなくなると、女性が田に入ってはいけない禁忌も失われ、女性もこの田に入っていったと考えられる。これは制裁や凶事が伝わっていないことから、行事をやめたり女人禁制の禁忌を破ったりすることへの抵抗感もなく、さらに米作り自体を止めたことから、急速にツキノワの伝承は失われていったと思われる。

ところで『神郷町史』には興味深い記載がある。釜村についての記載のところに、

湯を噴出していたところは、〈月の輪〉といわれ、近年までそこは土俵で仕切られ、女人の立ち入ることが禁じられていた。（中略）「月の輪は、今でも時に水を噴くことがある、私もそれを見た――（田中光枝談）――という人もある程で、(23)（後略）

これによると、ツキノワの円い土俵の中から水やかつては湯も噴き出していたという。実際、文中に登場する田中光枝氏の屋号は銭湯でもないのに「風呂屋」であった。『神郷町史』の記載が古いツキノワのことを表しているなら、真ん中から温泉が湧きだす特別な田であった。聞き取りの中で腰の辺りまでくる深いところがあったということは、水が常に湧出していたことを表すのかもし

れない。

四　特異な立地のツキノワ

次に立地の場所が特異なツキノワについて見ていきたい。

◉事例3　岡山県北部の輪田《わだ》
◉事例4　岡山県北部のイハイダ
◉事例5　岡山県中央部のツキノワ

事例3と4は非常に近い位置に存在している。昭和十七年生まれの男性によると、事例3の輪田はマンが悪いので近くの神社の宮司が作っていたが、今は耕していないという。事例4のイハイダは、由来は不明だがマンが悪い田で、そこを持った人が災難に遭うという言い伝えがあり、土建屋が買って団地にしたという。

ツキノワやツキノワ田を輪田と呼ぶことは他の場所で確認できるので、事例3もツキノワとして見ていきたい。この輪田は、大きな主要道路と通常の道路が交差する三角形の土地（図1）で、長辺がおよそ一五メートルほどの三角形に近い。そのため、三角田とも呼ばれていたという。事例4は①名称が位牌を想像させる忌み地である。現在は全て住宅が建っているが、その大きさはおよそ五〇メートル×二〇メートルほどの長方形で、南の道路から同じような形の田が北に向けて並んでいたその二枚目の田がイハイダだという（図1）。

輪田が三角辻のところにあり、辻や境界との関連性も疑われるが、イハイダは道路に面して同じように四枚並ぶ田の二枚目ということで、なぜその田が忌み地となったのか、想像することが難しい。しかし、この輪田・イハイダ共に、西側の神社から鳥居を経たほぼ一直線上に位置している。これは岡山で古くから伝えられてきた家を建てるのがあまりよくない場所の一つとされている「宮の正面、お寺の後ろ、尾ばな、谷尻、ナワメスジ」の宮の正面（宮下）にあたる。[24] なぜそれらの場所が良くない場所とされるのかは、これから調査研究を重ねないといけないが、それに該当する土地の一部がここでは輪田やイハイダとして忌み地になっていた。これらの土地はかつて村の中で何らかの役割を持っていたと思われる。その役割の一つが、かつてそれぞれの村に存在していた神社に供える米を作る神田である。神田にはいろいろな形態があり、田は神社や集落が所有し、氏子が輪番で耕作して、収穫した米や加工した酒などを神社に供えるといった形式が一般的で、名称も「神の田んぼ」「荒神様の田んぼ」「カンダ」「カミタ」「ジンデン」などいろいろあった。それらの田は

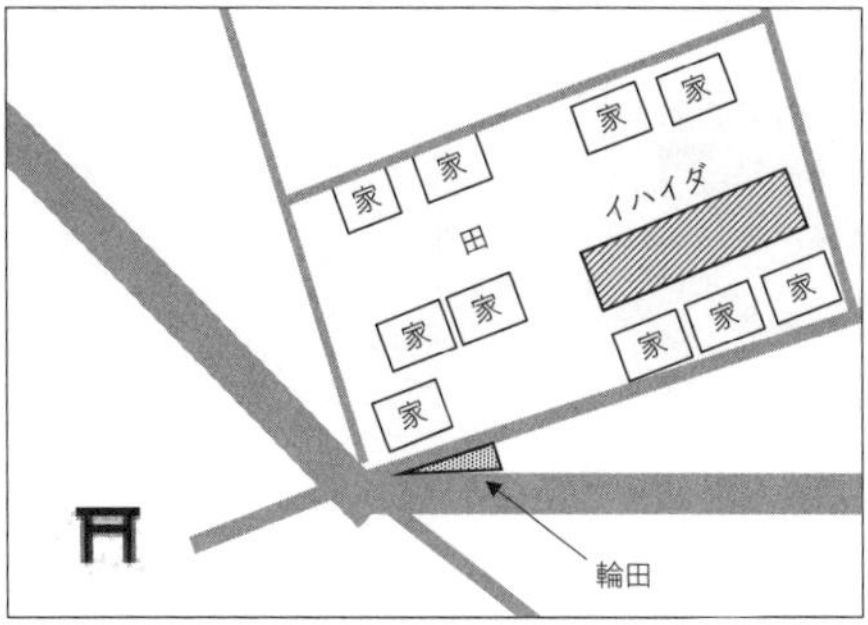

図1　事例3・4の見取り図

「宮の正面」など宗教施設に近い場所に存在することが多かった。しかし、戦後、田の個人所有と米作の機械導入による個人作業化が進んだこと、さらに村の社会の変化で、氏子の共同作業による米作りから、氏子個人が現金でお金を納めることへ変わったことなどによりこれらの神田は消滅していった。個人所有になる田も多かったが、かつてそういった役割を持っていた田をおろそかにはできないという記憶だけが残っていき、やがて凶事や制裁を持つ土地の性格、ここでは土地性と呼ぶが、忌み地の土地性が残っていったのではないかと考えられる。事例3の輪田を宮司が耕していたということはその名残と想像される。

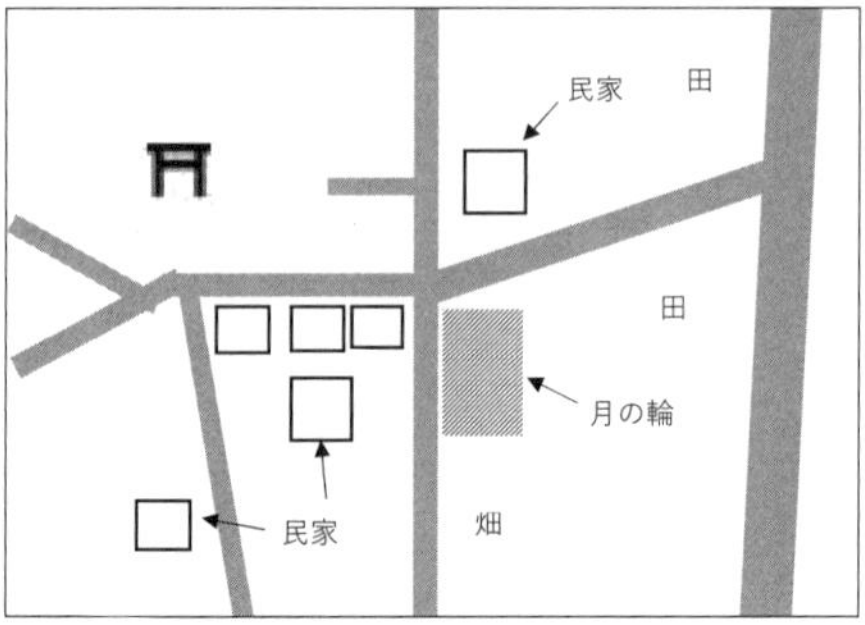

図2　事例5の見取り図

事例5の岡山県中央部にあるツキノワは、東西と南北の道路の四つ辻の東南角にあり、図2のように神社の宮の前にある。この土地の購入を勧められた人が「マンが悪い」として買わなかったという。このツキノワも辻に存在し、宮の前にある。

現在、輪田は荒れ地となり、イハイダは住宅となっている。かつての村の中には、個人所有の田の他にも神田だけでなくいろいろな所有形態の田が存在した。これらの土地の性格が土地性として残存しその一部が忌み地として記憶されていったと思われる。

五　神聖な土地としてのツキノワ

場所だけでなく、ツキノワに神聖な土地性が残されていたと思われる事例を見ていきたい。

◉事例6　真庭市（旧落合町）のツキノワ（輪田）

◉事例7　真庭市（旧落合町）のツキノワ

旧落合町にある二つのツキノワは、どちらも区画整理によって田が統合され、当時の姿はとどめていないが、隣接した位置にあった。七十代男性によると、北側のツキノワ（事例6）は輪田とも呼ばれていて、マンが悪いなどとは言われていなかったが、作物ができなかったという。今でも少し、稲の生育が悪いという。南側のツキノワ（事例7）は、細かい田の一つを二十年ほど前までツキノワと呼んでいたという。かつてはお宮があって、法印か太夫かが「何月何日かに月が立つ」と言っていたが、小作がお宮を取っ払って一つの田にしてしまったという。

事例6は②凶事や③禁忌は伝わっていないが、作物ができず、稲の生育も悪いという。そのため特殊な田ということで、輪田という名称が付けられたとも考えられる。これはツキノワに自然現象的な土地性があることを示唆している。一方、すぐ近くの事例7では、作物の生育の報告はなく、北側の輪田にはなかったお宮があり、④の月との関連の伝承が残されている。何らかの宗教者が関係してお宮を祀っていたということは、ツキノワと言う田が神聖な土地性を持っていたか後に

写真5　事例6の輪田　電柱の右の田の一部

写真6　事例7のツキノワ　田の中央辺り

意図して持たせたということである。二箇から来た御師によって伝えられたツキノワを「法印か太夫」が受け継いでいった可能性もある。なぜ多くの細かい田んぼの中からその田んぼを撰んだのか、そのお宮も今はなく、伝承の由来も現在では判明しない。また、真庭市（旧北房町）の東部にあったツキノワは、かつて田の中に三十cm四方ほどの板で囲んだ所があって、それをツキノワと呼んでいた。中はただ水が溜まっているだけであったが、人肥などの肥料や汚いものを入れてはいけないとされていた。また月の輪を作る家はマンが悪い、祟りがあるとされ、持ち主がさっさと売ってしまったという。これもツキノワが何らかの神聖な土地性を持っていたことが示唆される。

事例6と7の輪田とツキノワは、同じ忌み地として近接し、ツキノワと呼ばれながらも、その成立に自然現象と神聖な信仰という土地性の違いがあると思われる。

六　禁忌や凶事が変遷していくツキノワ

ツキノワが伝承されていく中で、その核となる禁忌や凶事が変遷したり、ツキノワの役割が新たに変わったりした事例を見ていきたい。

◉事例8　美咲町（旧中央町）のタケナリタンボ

通称タケナリタンボは、昭和十五年頃にはツキノワ田と呼ばれ、女性が四〜五人で米を作って、男が田に入るのを禁止していた。旧暦十五日に田んぼに映った月を見たら不幸になると言われていたが、これを迷信として医者が実際に見に行くと、見た途端に目がかすみ、目が見えなくなったという。その後、タケナリタンボを耕す人がいなくなり、田は次々と所有者が変わっていった。昭和三十年代には、作り手がおらず、町の青年団が代行して耕した。このとき実際に耕した青年団員によると、この田には女が入ってはいけない、作ったらマンが悪いと言われていたという。このの ち、ある男性がこの田んぼの購入を持ちかけられたが断り、別の男性が購入したが、先に断った男性は叔父と一緒にタケナリタンボの田植えなどの手伝いを依頼され、それには行ったという。朝、お清めすれば祟りがないからと言われ、お清めして手伝いに行ったが、それも数年で辞めたという。昭和六十三年（一九八八）に行われた圃場整備でタケナリタンボも他の田と合わさり、女性の立ち入りの禁忌も忘れ去られ、かつての田の面影はなくなった。しかし、現在もかつてのタケナリタンボの部分だけ土が多く、たくさん米が獲れるという。

①のツキノワ田の名称だけでなくタケナリタンボという名で広く知られていたことが、既にこの

写真7　事例8タケナリタンボ付近の空中写真
丸で囲んだ辺り　昭和50年撮影（国土地理院提供）

写真8　現在のタケナリタンボ付近

田の特殊性を表している。現在の大きさはだいたい六〇メートル×三〇メートルほどの長方形で、一見すると、他の田と何ら変わりはない。

③禁忌の変遷について注目すると、おそらく古い言い伝えを残した戦前の禁忌は男性の立ち入りと耕作禁止であった。しかし、医師の失明の噂と相まって、タケナリタンボへの凶事・制裁の恐怖が増大し、耕作者がいなくなっていった。そのため、村の若い者たちの集まりで、あまりそのような凶事を気にしない青年団が耕作を請け負ったのであろう。しかもこの頃には男性の耕作禁止から女性の耕作禁止へと禁忌が転換されている。それは青年団という男性中心の集団に耕作を依頼するために、あえて意図的に転換が行われたのかもしれないが、理由は不明である。さらに耕作者の男性にも、祟りを避けるための朝のお浄めを求めているところから、女性だけでなく、男性の耕作者への禁忌もまだ残っている。何らかの理由で形成された禁忌、この場合は男性の立ち入りと耕作禁止という禁忌が、田の維持など村の情勢のために変換している。しかし、禁忌を破ったことによる凶事の恐怖やお浄めしての男性の耕作という制裁の回避も記憶されている。村の中の忌み地も、凶事・制裁や禁忌の変化を余儀なくされることもあり、それに対応できたとしても、区画整理という大変革によって、ツキノワの多くは消滅していった。

◉事例9　鏡野町（旧富村）のツキノワ田

旧富村富東谷のツキノワ田は昭和十一年生まれの男性とその土地を所有する昭和十三年生まれの

写真9　事例10のツキノワ田　現在は畑になっている

写真10　ツキノワ様

女性から聞き取った。男性によると、以前からツキノワ田と呼ばれ、由来は不明だが元古墳とか何かを埋葬しているなどと言われており、祀らないといけない、汚してはいけない、牛のたい肥を入れてはいけないとされていた。また月の輪の形に稲ができるとも言われていたという。二人によると、昭和三十年代初めに病気が次々と起こり、マンが悪いことが続いたので、タユウさんに拝んでもらうと、ツキノワグロがあるというので、それを取ってツキノワ様またはミサキ様というのをこしらえて祀った。丸い石が実際にあったと言う。そしてそこから一年に一回、近所の荒神様と一緒

写真11　事例9のツキノワ田の空中写真　丸で囲った付近　昭和51年撮影（国土地理院提供）

に、十件ほどの集落で祀った。昭和六十一年（一九八六）に区画整理と圃場整備でツキノワ田はなくなり、平成五年（一九九三）に新しく道ができてツキノワ様を道路の反対側に移転した。平成三十年でツキノワ様を祀るのも辞めたという。

かつてのツキノワ田は、道路から二枚目の田んぼであったが、現在は旧道と新道の間に挟まれ、区画も変わって畑となり、その中にあったツキノワの原形はとどめていない。また、ツキノワの西南隅地にあったツキノワ様は、新道を渡って川との境の東側に移転している。

特徴的なのは、禁忌を犯していないのに、②凶事・制裁と思われる病気が次々と起こり、マンが悪いので、ツキノワ様を新しく祀ったということである。凶事を回避するために、集落の宗教者に拝んでもらい、ツキノワ様として新しく祀る、しかもそれを荒神様と一緒に祀るということは、集落の神様として祀られてきた荒神様と同格ということになる。病気の流行という集落にとって「マンが悪い」ことの理由をツキノワに押しつけ、新しく神を祀ることで、集落の不安を回避したのである。これはまさにツキノワという忌み地の有効活用であろう。

さらに、ツキノワグロという丸い石が多く出てきたり、何かを埋葬しているのではないかという証言はクロップマークを想起させる。クロップマークとは地下に埋没している遺跡の影響により、農地の作物などに生育の差が見られることで、作物痕とも呼ばれる。また埋没遺跡などの影響で、地表面の土壌が周囲との違いを見せることをソイルマークと言い、土壌痕とも呼ばれる(25)。何か遺跡が地下に埋まっており、長い年月でそれが忘れられて、その上に田が作られ生育差ができたり、周囲と土壌の差ができてしまったりして、そこがツキノワと呼ばれるようになった事例も考えられる。ツキノワの立地が多くは田の中や集落の近くであるということは、昔から人々の営みがあった場所であり、ツキノワの下には遺跡や先人の遺構などが埋まっていて、それがソイルマーク・クロップマークとして土地性に影響を及ぼし、ツキノワと呼ばれた事例も多いのではないかと考える。

この事例9では、かつてその場所に何かがあり、祀られていたか埋まっていたが、それが失われて、ツキノワ田という恐怖の土地性だけが残されていた。その恐怖を再登板させ、人々の病気の流行という不安をツキノワ様を祀ることによって収束させたことは、宗教者によるファインプレーと言えるであろう。あるいはそのように方向付け、操作していったのは集落自体の持つ力なのかもしれない。現在、ツキノワ様はひっそりとたたずみ、かつての集落での恐怖と不安の出来事を吸収したまま忘れ去られようとしている。

七 江戸時代の地誌に見るツキノワ

ツキノワについて、最後に江戸期の地誌から昔の姿を探ってみたい。

◉事例10 「山陽道美作記」の月の輪

十八世紀後半に書かれた美作地方の地誌「山陽道美作記」の巻八が津山を中心とした怪談集であるが、その中に月の輪の記述がみられる。

白木道歌か事并屋根市兵衛被召捕事
(前略)私曰、白木道歌家ハ二階町今山手屋か家宅是なり、此門前に月の輪といふ物あり、誠異物なり、快晴によく顕る、空くも出ハ見へす、古き文にも月の輪のある家は分限成ルという寔に宜なるかな(26)

これによると、白木道歌の門前に月の輪が出るという。しかしそこには「誠に異物なり」とあるだけで、具体的な月の輪の様子はわからない。田とは書かれておらず、快晴の時に現れるというから、月に関わる何かが現れるのであろうが、具体的には記されていない。また、古くから月の輪がある家は分限者、つまり金持ちで今もそれに当てはまると述べている。この月の輪には②凶事・制裁も③禁忌も記されていない。ただ快晴の時に月に関わる何かが現れるという自然現象だけがその土地性を表している。しかもそれが悪い忌みではなく、月の輪の現れる家が金持ちであるという富をもたらすものとなっている。江戸期には富を表す月の輪であったものが、零落して凶事や不安、恐ろしさだけが一部の月の輪に残されていった、あるいは月の輪が特殊な土地として読み替えられていったとも考えられる。

◉事例11　「東作誌」の月の輪

「東作誌」は十九世紀前半に記された美作東部の地誌で、その中にも月の輪の記載が見られる。

鷹取庄　池ヶ原村之記
月の輪　荒地なり、往来筋にあり、月影澤一面にみゆることありと云ふ、往古より不浄あれは、村内牛馬損すと云傳へて牛馬に草も不飼、永荒減免の地なり(27)
大野保　川上村之記　古名大野村
月の輪田　仁壽山より出る月影正月十五日、三月十五日、九月十八日、此田に移り映する故、

名ありと云ふ(28)

池ヶ原村の月の輪は、月の影が一面に見えるという④月との関連が伝えられているが、「往古より不浄」と②凶事があり、牛馬の草にもしない「荒地」「永荒減免の地」とまでされている。川上村の月の輪田も月影が年に三回田に映り出すという④月との関連が記され、その名の由来①ともなっている。

両事例とも④が語られていることでは共通であるが、土地性では対照的である。池ヶ原村は忌み地としての土地性が強いが、川上村の月の輪田は忌み地としての土地性を帯びていない。同じ地誌の中に記載されている二つの月の輪田のどちらが古いのか、どちらが本来の形を残しているか、簡単に比較することはできないが、信仰の零落という観点で見ると、川上の月の輪田が月影が映るという神聖な土地として信仰の対象となる形を残しており、そこから神聖さが失われていき、恐怖だけが記憶されて池ヶ原のような荒地となっていったとも考えられる。しかし、どちらが先と言うことではなく、神聖な土地性を持った川上村の月の輪田も、神聖さを失った忌まれる土地としての池ヶ原村の月の輪もどちらも村の中で保存され、そこに多様な土地性を言い表すツキノワという名称が付けられていったのではないか。このように他にもツキノワは、かつて神社に捧げる米を作っていた神聖な田や、満月がきれいに映るような何らかの自然現象がみられた田、さらには生育の悪い土地であったり、かつて恐ろしい争いなどがあった土地であったり、地面に何かが埋まっていたような土地であったところにもツキノワという名称が付与されていったとも考えられる。それらのツキノワは、一部がその属性を変化させ、近代前期までは恐怖や忌みを記憶し、村の中で共存していったと思われる。

また、月の輪田が存在した川上村は「東作誌」が編纂された間の寛政三年（一七九一）から天保十三年（一八四二）の約五十年間、丹後久美浜陣屋支配の天領となり、丹後から代官が派遣された。(29) 丹後の二箇の一部は久美浜代官の所領であり、二箇の月の輪田の伝承がこの時期に丹後から美作の地に伝承した可能性も考えられる。月の輪の地名や名称が全国にあることは前述したが、忌み地に関する月の輪の伝承が美作・備中北部に集中して残されていることに関して、この丹後二箇の月の輪の伝承が美作に伝わり、神聖な土地や忌まれる土地にツキノワの名称を付けていったとするならば、岡山県北に月の輪の忌み地が分布することに説明がつく。

さらに「東作誌」の中の次の事例にも注目したい。

苫田郷　円芝

小原惣社村界に在り。昔九月中山祭に神輿を此の地に安んじ惣社に会するに頼るなり。(30)

小原の村境に円芝があり、ここで祭りの御輿を安んじたという。円芝とは『植物妖異考』の「高月ノ輪芝」と同じと思われる。この輪芝は「不結実菌類の一種が草根に寄生し、之を枯死せしむるが為に起る現象」として「円形の荒無地を生じ」るという。(31) 信州武蔵野ではこれを月の輪と名付けているとも記載されている。一方で、備前国周匝にも毎年夏に、低い山の半腹のところで、月の暈《かさ》のような一町ほども草が枯れて円になるところがあることを紹介し、それを現地の人々は「蛇ばみ」と言っているとも述べている。円形に草が枯れている土地が備前ではツキノワとは呼ばれていないことにツキノワの伝来と範囲について丹後との関係を補完するものと考えられる。

このように、円形に地面が何らかの特殊な状態を表していると、そこが御輿を安んずるなど信仰対象の土地になり、やがて信仰が失われると土地性が変化していった。このような植物の植生から見られる円形の土地は欧米でも見られる。フェアリーリング（妖魔のリング）と呼ばれ、妖魔が真夜中に踊り舞うなどの伝説があるという。(32) 津山出身の川村清一は菌類が作る大きな輪である菌輪について触れ、日本でも大きな菌輪が発生すること、それをドイツでは日の輪、日本では月の輪と呼ぶことを指摘しており、(33) 三浦も円芝など作物の生育の悪いところを月の輪と呼ぶことに言及している。(34) つまり菌輪や円芝という丸い輪の植生を持った、奇妙な自然現象をツキノワと呼んだ事例もあったであろう。

まとめにかえて

ここまで現地調査と文献資料によって見てきたツキノワについてまとめてみる。

耕作するとマンが悪いだけでなく、所有するだけでもマンが悪いとされ、事例8のタケナリタンボのように次々と所有者が変わったり、現在では田でないツキノワも多い。これらは忌み地として記憶され続けた結果といえよう。しかし一方で、忌み地ではないツキノワも存在する。既に江戸時代からツキノワが出た家は金持ちになるとされた事例10をはじめとして、凶事・制裁が無く月が映るとされるだけのツキノワもある。また、木の板で囲んで特別視されていたり、地域の宗教者に祀られていたところもあり、神聖な土地性を持つツキノワの存在も見過ごされない。さらに、水が出る深い田であったり、稲の生育が悪かったりと、何らかの自然現象によって特別視された土地性を持つツキノワも存在する。ほかにもかつての神社の神田であったり、出土物が出たり、事件や事故が起こった土地であったりと村の中ではいろいろな特殊な土地が存在していた。その一部をツキノワと呼び、いろいろな土地性を持ちつつ村の中に存在していた。やがて、それぞれが持つ土地性が失われていき、一部のツキノワは、凶事・制裁や禁忌という恐怖の側面だけが残存していき、忌み地として村の中に記憶されていった。しかし、年月の流れと耕作者の減少、そして何より区画整理・圃場整備によるツキノワという土地そのものの変容により、ツキノワの伝承は消滅していった。その流れを表したのが図3である。宮田登は「聖地とみなされる空間が、土地開発都市化する過程で、依然自然の持つ霊力を滞留させており、不思議現象を生み出すことがあったのではなかろうか」と述べているが〔宮田 一九八五：一七八〕、ツキノワは土地開発都市化の中で、滞留すべき霊力が依るはずの田が区画整理されることによって失われていったと思われる。それはまた、村の中でツ

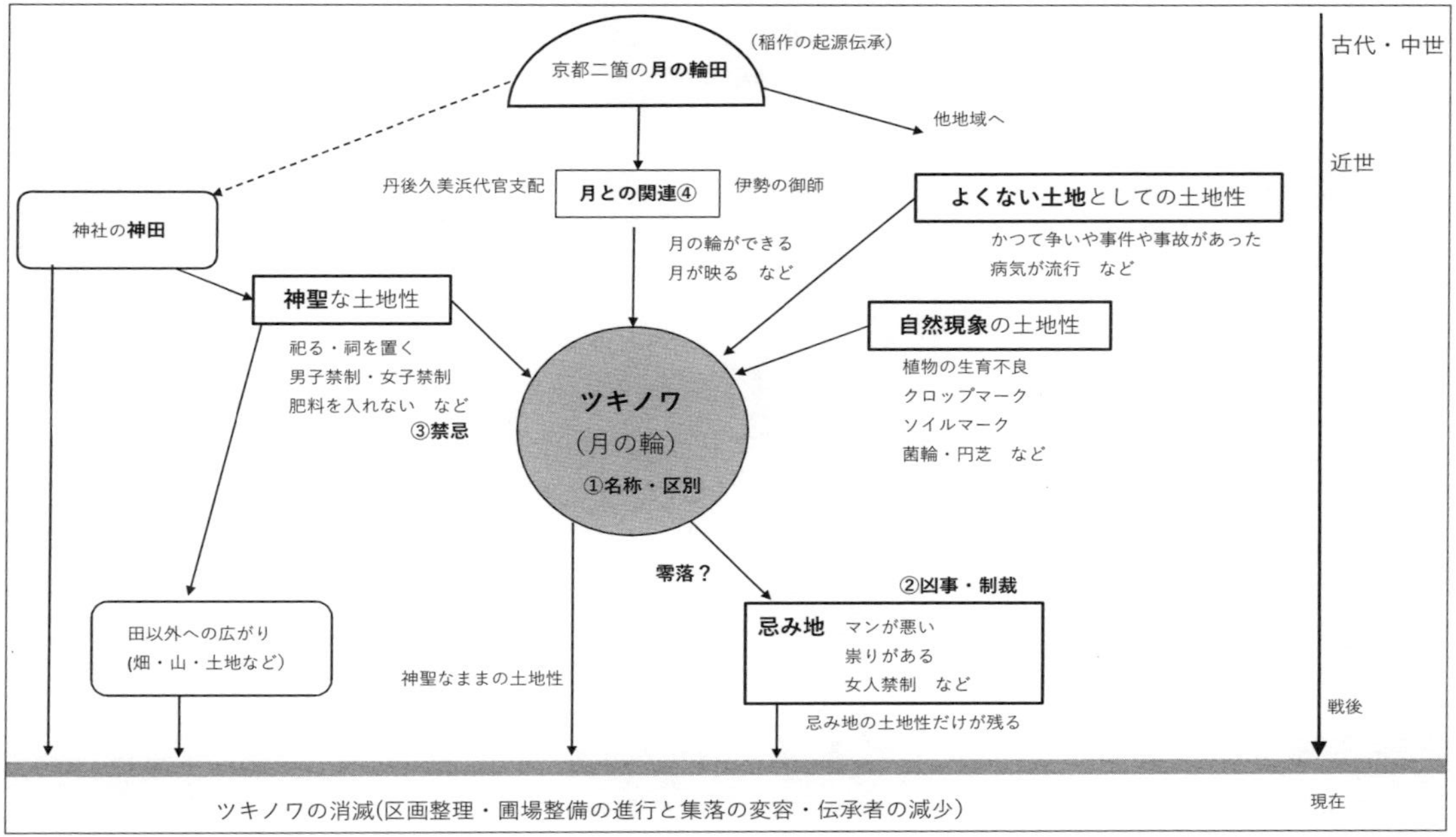

図3　ツキノワ(月の輪)構造図(木下作成)

キノワという土地性を表す土地の果たす役割が終了したということを表している。
本稿では、岡山県北部に伝わる忌み地ツキノワについて、その土地性の種類や変遷、現状などについて述べてきた。しかし、多くの課題が残っている。特に辻と比較して、ツキノワを境界と捉えることができるかについてはこれから検討を要する。また、ツキノワの伝承者についても研究が必要である。全国にはツキノワだけでなく、多くの忌み地が伝えられており、その名称や土地性について調査・研究していくことは、村の土地利用の実態を知るだけでなく、村に暮らす人々の心性の一端をかいま見ることができるのではないかと考える。また、忌み地の地方における分布の濃淡も大きな意味をもつと思われる。これらの解明のためにも、何よりも消滅する前に一つでも多くのツキノワの事例を採集することは喫緊の課題であろう。

注

（1）柳田国男　一九三八　『禁忌習俗語彙』国学院大学方言研究会、三一〜三八参照。
（2）民俗学研究所編　一九五六　『総合日本民俗語彙』第五巻、平凡社、部門別索引禁忌五土地の忌、四一〇〜四一一参照。
（3）民俗学研究所編　一九五六　『総合日本民俗語彙』第四巻、平凡社、一六四二参照。
（4）民俗学研究所編　一九五五　『総合日本民俗語彙』第三巻、平凡社、九四四参照。
（5）岡山民俗学会編　一九七五　『岡山民俗事典』日本文教出版社、二二一参照。

（6）三浦秀宥　一九五四「ツキノワ伝承の系列について」岡山民俗学会『岡山民俗』第一一号、岡山民俗学会。
（7）注（6）前掲三浦論文、二参照。
（8）立石憲利　一九六四「大井西・宮部村（久米町）の信仰」岡山民俗学会『岡山民俗』第五九号、七参照。
（9）注（6）前掲三浦論文、一参照。
（10）注（6）前掲三浦論文、二参照。
（11）岡山県教育委員会　一九七一『阿波・梶並の民俗』岡山県教育委員会、二一二参照。
（12）備中町史編集委員会　一九七〇『備中町史民俗編』備中町史刊行委員会、五一四参照。
（13）豊岡貢　一九七六『かもの夜ばなし』加茂町郷土研究会、七四参照。
（14）土井卓二　一九七六『吉備の伝説』第一法規出版、九八参照。
（15）注（11）と同じ。
（16）新見市史編纂委員会　一九九一『新見市史通史編下巻』新見市、四六六参照。
（17）注（8）と同じ。
（18）注（11）前掲書、二八六参照。
（19）注（6）前掲三浦論文、一参照。
（20）其白堂信佶・小松国康「丹後旧事紀巻八」京の記憶アーカイブ
https://www.pref.kyoto.jp/rekisaikan/丹後旧事記分冊六コマ番号二九
（21）峰山郷土史編集委員　一九八五『峰山郷土史下』臨川書店、三一五参照。
（22）岡山県教育委員会　一九七三『新郷・美甘の民俗』岡山県教育委員会、五二参照。

(23) 神郷町史編纂委員一九七一『新郷町史』神郷町、二一四参照。
(24) 牛窓町史編纂委員会一九九四『牛窓町史民俗編』牛窓町、七五二参照。
(25) 奈良国立文化財研究所一九九一「埋蔵文化財ニュース」七一号、三六～三七参照。
(26) 木下浩二〇〇五「『山陽道美作記巻之八』について」岡山県立博物館研究報告二五、岡山県立博物館、五九～六一参照。
(27) 正木輝雄一九一三『新訂訳文作陽誌中巻』日本文教出版、六〇五～六〇六、現在の津山市池ヶ原附近。
(28) 正木輝雄・矢吹正則一九一三『新訂訳文作陽誌下巻』日本文教出版、一四七七、現在の美作市川上附近。
(29) 大原町史編集委員会二〇〇八『大原町史通史編』美作市、二九八～三〇一参照。
(30) 長尾勝明一九一二『新訂訳文作陽誌上巻』日本文教出版、九二参照、現在の津山市小原附近。
(31) 白井光太郎一九二五『植物妖異考』岡書院、二四二～二四五参照。
(32) 日野巌一九七八『植物怪異伝説信仰』有明書房、一八七～一九〇参照。
(33) 川村清一・山田幸男・竹中要一九四三『菌類実験法・藻類実験法・植物生態写真撮影法』建文館、三〇～三六参照。
(34) 注(6)前掲三浦論文、五参照。クロップマーク・ソイルマーク・菌輪については岡本泰典氏より多くのご教示をいただいた。ここに感謝の意を表す。

参考文献

石川栄吉・岩田慶治・佐々木高明編一九八五『生と死の人類学』講談社

小松和彦 一九九四 『妖怪学新考』 小学館
小松和彦・香月洋一郎 一九九八 『講座日本の民俗学2身体と心性の民俗』 雄山閣
小松和彦責任編集 二〇〇一 『怪異の民俗学8 境界』 河出書房新社
佐々木高弘 二〇〇九 『怪異の風景学』 古今書院
常光徹 二〇一九 『魔除けの民俗学』 KADOKAWA
波平美恵子 一九八四 『ケガレの構造』 青土社
三浦秀宥 一九七七 『岡山の民間信仰』 日本文教出版
宮田登 一九八五 『妖怪の民俗学』 岩波書店
柳田国男 一九六三 「石神問答」『定本柳田国男集第一二巻』 筑摩書房

近世京都の小社と怪異

村上紀夫◉MURAKAMI Norio

一　土佐坊昌俊と冠者殿社

◉四条京極の「怪異」

丹波国穂積城主の赤井強左衛門は、武勇で知られた人物であった。京に上った際、「大なる法師」の「妖物」が出るという京極四条の古屋敷を借りて逗留していた。夜、家来たちは気味悪がって屋敷を抜け出したが、赤井はひとりで眠りについていた。しばらくすると、「大法師」が現れて赤井強左衛門に告げた。

「我はこれ、土佐坊昌俊、すなわちこの屋鋪の主なり」。いま、ここでは「誓文返しの神とあがめられ」ているものだ。いますぐ、この屋敷を立ち去れ。

——「悪鬼邪神なるべし。しからば、生けておくべきものにあらず。」

赤井は臆することなく土佐坊の生前の悪事を数え上げ、太刀を抜いて斬りかかる。そこへ主君の身を案じた家来たちが帰ってきた。

家来が、眠っていた赤井強左衛門を起こすと、彼は汗だくで荒い息をつきながら、こう言ったという。

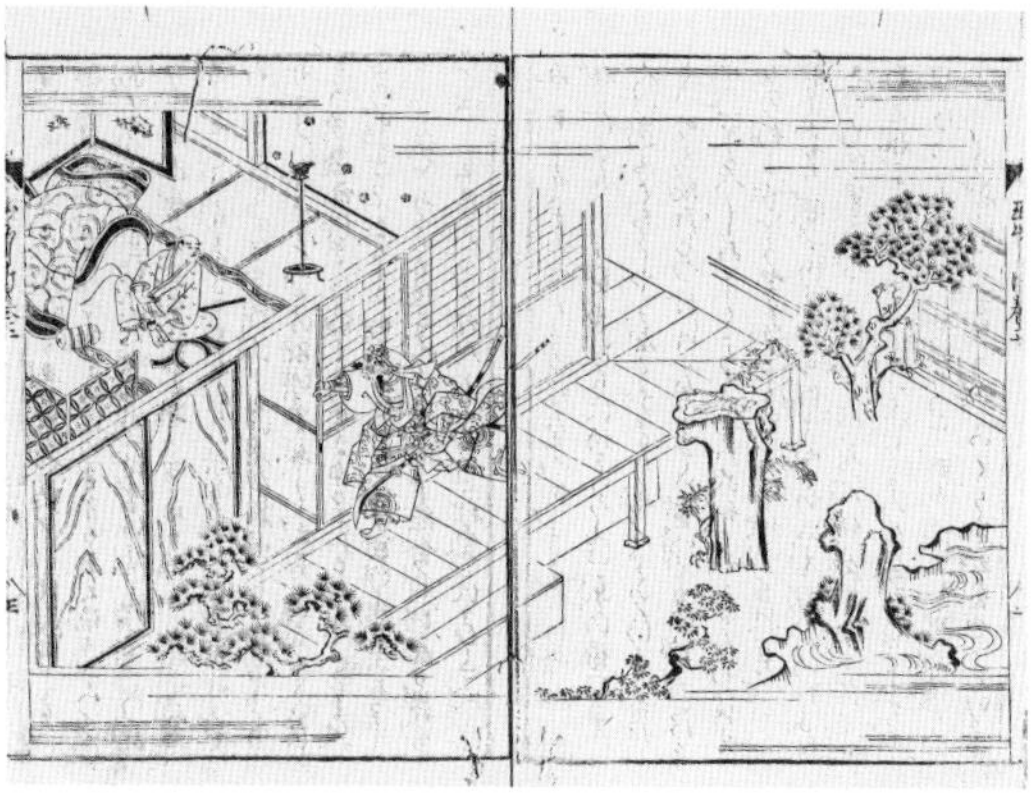

図1　『玉櫛笥』巻2(国立国会図書館蔵)

「夢で土佐坊昌俊がやってきた。太刀を手にして戦っていたが、危ないところでおまえたちが来て、起こしてくれた」

どうやら、この屋敷に巣くうといわれていた「化物」とは土佐坊のことらしい。だが、もう現れることはあるまい。そう赤井は語っていた。果たして、「そのことばにたがわず、あくる夜より、何の怪異もなく、今に人住み続けるとぞ」〔木越治責任編集二〇一六〕。

元禄八年(一六九五)刊の浮世草子『玉櫛笥』巻二に載っている話である。著者は、京都の書肆であった林義端。この書物には、先行諸作の翻案や創作も多いようで、京都の京極四条で実際にこのような「怪異」があったとか、そうした噂があったとまではいえない。とはいえ、京都在住の著者が京極四条を物語の舞台に設定したのは、それなりの理由があったはずである。少なくとも怪異譚の舞台として、当時の京都において一定のリアリティがなければ、京極四条という固有名詞を持ち出す必要もなかったはずだ。

本稿では、この怪異譚――四条京極での赤井強左衛門による「化物」退治がうまれた背景を明らかにすることを試みたい。

●怪異譚の舞台は

あらためて、物語の舞台を確認しておこう。「四条京極のわたり」とあり、その屋敷の主だと主張していた土佐坊は「誓文返しの神」だと言っている。とすれば、ここは四条京極にあった祇園社御旅所内の冠者殿社《かんじゃでんしゃ》だと思われる。

貞享二年（一六八五）の京都の年中行事書『日次紀事』を見よう。十月二十日のことだ。

洛中諸商夷祭リ・四条京極冠者殿社参詣〈俗ニ伝フ此ノ神偽盟ノ罪ヲ免ゼシム、故ニ商売此ノ社ニ詣テ、欺キ売ルノ罪ヲ祓フ、故ニ今日参詣ヲ誓文祓ト曰フ、然レドモ此ノ社実ニ何ノ神為ルヲ詳ニセズ、世ニ或ハ土佐房昌俊トス、昌俊義経ノ前ニ於テ、追討使タラザルヲ誓フ、此ノ神罰ニ因テ果シテ殺サル、故ニ他人ノ偽誓ノ罪ヲ救フト云フ、未ダ然リヤ否ヤヲ知ラズ〉

〔野間光辰編 一九六八〕

四条にある冠者殿社は、誓いを破ったことによる罪を赦免する「誓文祓」の神とされ、「土佐坊昌俊」を祀るといわれているとある。この冠者殿社が土佐坊昌俊を祀るという話は、その後の地誌類でも広く見られるようになる。

こうした一致から、ここが赤井強左衛門の「化物」退治の舞台だといって大過ないだろう。ただ、注意を要するのは、『日次紀事』では冠者殿社について、「何ノ神」なのかはよくわかっていないが、「世ニ」土佐坊昌俊だと言っているのだと記していることだ。

土佐坊昌俊とは、源頼朝の命令で京都にいた源義経を暗殺するために派遣された刺客であった。決行前に義経にとらえられた際、自分は追討使ではないといい、偽りの起請文を書いて許されるが、その後で義経の館に夜襲をかけて失敗する。こうした偽りの誓いをしたという話から誓文返しの神とされていたのであろう。土佐坊昌俊のエピソードは、『義経記』はもとより、謡曲『正尊』や曲舞の『堀川夜討』でも取り上げられており、室町時代の京では文学や芸能を通して広く知られていたと考えていいであろう。しかし、土佐坊昌俊と冠者殿社がなぜ結びついたかは、これだけでは判然としない。

赤井強左衛門が出会った「怪異」を理解するためには、もう少し冠者殿社について知る必要がありそうである。

二　冠者殿社をめぐる人びと

◉素戔嗚尊と土佐坊昌俊

先に確認した『日次紀事』では、祭神については巷間で言われている土佐坊昌俊説を紹介しつつも、未詳としている。現在の冠者殿社にある祇園社の解説板では「御祭神は八坂神社と同じであるが、ここは荒魂を祭る」とある。八坂神社のご祭神は、現在は素戔嗚尊とされている。これが祇園社の公式見解であり、土佐坊昌俊説はまったく言及していない。

いっぽうで、江戸時代においては土佐坊昌俊説は広く知られていたと思われ、延宝八年（一六八〇）刊の地図「洛陽東山名所鑑」には、祇園社御旅所の冠者殿社と思われる社に「正そんのミや」と記している〔京都文化博物館 一九九八：一二二〕。「昌俊」と「正そん」では違うようだが、謡曲では土佐房昌俊を正尊としているから、これも土佐房昌俊を祀る社のことであろう。地図の表記として、正式な「冠者殿社」ではなく、「正そんのミや」が選択されたということは、人びとの間でそう通称されていたことを示唆している。

そして、十八世紀の『都名所図会』から二十世紀の『昭和都名所図会』まで、冠者殿社には土佐房昌俊を祀るという記述が続いているから、そうした認識の根強さはうかがえる。まずは、このあたりの断絶を解きほぐしていくことにしよう。

◉冠者殿社の再興

冠者殿社は京都市下京区貞安前之町（四条通寺町東入南側）に所在する祠で八坂神社の境外末社にあたる。現在は、八坂神社（祇園社）の御旅所に隣接している。

近世には、豊臣秀吉の京都改造にともなって祇園社御旅所が現在の四条に移転したことで、冠者殿社は祇園社の御旅所内に組み込まれる。しかし、この祠は御旅所が移転する以前の戦国時代から現在地付近にあったことが上杉本洛中洛外図からうかがえる。

冠者殿社は十六世紀後半には、すっかり衰退していていたという。衰えていた冠者殿社を再興したのは連歌師の里村紹巴であった。「祇園本縁雑実記」の元亀二年（一五七一）の項に次のようにある。

此社ノ形アリトイヘトモ久ク修理スルコトモナク、誠ニ樹下ニ社地ノ形ハカリナレハ、宮守者モ程遠クテ朝夕ノ供物・御灯ナト奉コトモナカリシヲ、臨江斎紹把再興之志アリトイヘトモ、自力ニスヘキコトナシ、連歌之友ニカタラヒ、諸人ノ助力ニテ当年社再興ス、其後宮守ノ方へ毎年公用銭両足百文ヲ遣シ宮守トナリケルカ、其比連歌之友ニ四條道場金蓮寺僧直阿トシタシカリケレハ、朝夕之御灯ノコトナトモ預ナカラ、直阿ヲ宮守トセシヲ（下略）

〔八阪神社文書編纂委員会編 二〇一六〕

このように、里村紹巴は衰退していた冠者殿社を再興し、近い場所にあって「連歌之友」であった四条道場の直阿に管理を任せていたという。

◉冠者殿社の由来記

興味深いのは、里村紹巴は再興するための寄進を集めるにあたって、吉田に頼んで「由来」を書いてもらっていることである。その時のことを伝えているのが「祇園社本縁雑録」である。吉田とは、いうまでもなく、唯一神道と呼ばれる吉田神道を大成した吉田兼倶以来、神祇管領長上を名乗って神道界に君臨していた吉田家である。当時の当主は父の兼右の家督を継いだばかりの兼和（のち兼見）である。

△四条官者殿社中古大破損の時、連歌師紹巴此社再興の志あり、其の時奉加を以て再興す、其の時吉田を頼みて此の社の由来を望み、其の時吉田より紹巴へ書き遣わさるの文の写

（中略）

蘇民将来

一上古尾張国ニ巨旦将来・蘇民将来トテ二人アリ、巨旦ハ大ニ富リ、蘇民ハ大ニ貧シ、或時素戔嗚尊遊行シタマイテ宿ヲ巨旦ニカリ玉フ、慳貪ニテカサス、蘇民ニカリ玉フ、慈悲心ニシテ宿ヲカシ申シ、殊ニカシツキ申ス、此尊返リ玉フ時ニ宣ク、来年天下ニ疫癘多ク煩ヘシ、其時ニ蘇民将来子孫ナリトカキテ札ヲ天下ニアタヘヨ、其人ハ疾ヲ去ヘシト約シ玉ヘリ、果

シテ天下ニ多ク民病リ、巨旦カ従類ハ悉ク病テ、其子孫絶タリ、蘇民将来約ニ任テ札ヲ天下ニ与フ、各病ヲ去、ソレヨリシテ家モ富貴セリ、蘇民カ従類酒ヲス、メ申ス、其時ニ此神約シテ宣ク、汝カ酒屋弥繁昌シテ酒ノアヤマリヲユルスヘシトアリ、祇園社進雄尊ニテマシマセハ、近所ニ勧請セリ（中略）

元亀二五四、臨江斎紹巴四条道場ノ南ノ森ノ下ノ官者殿奉加ノ為所望の間、これを調へ遣わす吉田

〔八阪神社文書編纂委員会編 二〇一六〕(1)

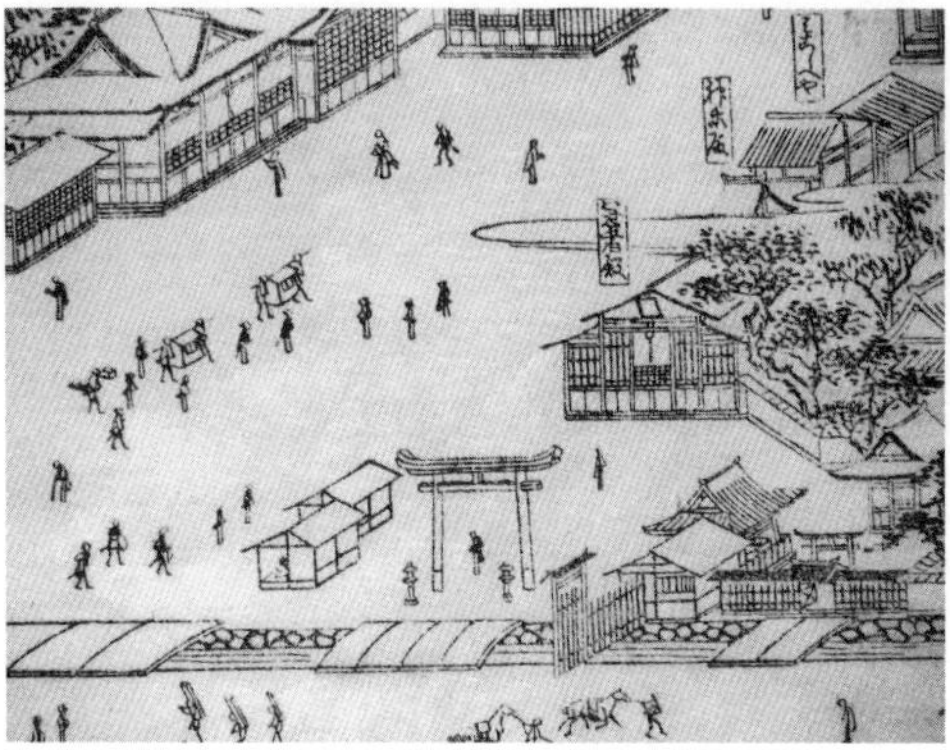

図2　冠者殿社（『都名所図会』巻2、筆者蔵）

ここで記されているのは、よく知られた蘇民将来説話である。すなわち、蘇民と巨旦という兄弟がいて、疫神が宿を借りようとした際に、豊かな巨旦はそれを拒否したが、貧しい蘇民は快く宿泊させ、その礼に蘇民たちだけは疫病を免れたという話である。宿を借りようとしたのが素戔嗚尊であり、祇園社の祭神も同じ素戔嗚尊なので、蘇民将来が勧請したのが冠者殿社だという。

興味深いのは蘇民将来が「酒屋」とされていること、そして「酒ノアヤマリヲユルスヘシ」とあることだ。いうまでもなく、中世後期の酒屋といえば、土倉とならび富商と

して金融などにも関わっていたものが多い。この「由来」が「奉加ノ為」に吉田に所望して書いてもらった物だということを想起すれば、こうした富商である酒屋からの寄進をあてにして語られた可能性もあるだろう。

◉吉田神道と祇園社

ここで注意したいのは、蘇民将来のもと訪れていたのが素戔嗚尊であったということである。現在、祇園社の祭神は素戔嗚尊ということになっているが、中世には牛頭天王とする言説も多く、素戔嗚尊であったという見解が一般的だったわけではない。では、この説は誰がもたらしたのか。

蘇民将来譚は祇園社外部で語られたものだといわれ、祇園社の祭神を素戔嗚尊としたのも『釈日本紀』が最初であり、その後も秘説として一般化することはなく、吉田兼倶の手で完成されたとされている〔鈴木耕太郎 二〇一九〕。こうした「由来」が、元亀二年(一五七一)ころに祇園社周辺で語られていたとは考えにくく、吉田兼和らの手で創作されたものと見るのが妥当であろう。

以上のことから、この「由来」は、里村紹巴の依頼を受けた吉田家が、自らの祇園社理解に沿って、酒屋などの富商からの奉加を効果的に進めるために創出したものだろう。

冠者殿社にも近い四条京極では、祇園会の際に神輿に粟飯を供える行事も行われていた。これは貧しい蘇民将来が粟飯でもてなしたことに由来するといわれていて、こうした祇園会にかかわる蘇民将来説話と整合するようなかたちで四条京極の冠者殿社の「由来」も構想されたものであろう。

なお、吉田兼和の日記（『兼見卿記』）には冠者殿社を再興した連歌師の里村紹巴がしばしば登場しており、両者の関係が浅からぬものであったことは間違いないようだ。

三　誓文返しの神由来

◉誓文祓いのはじまり

この「由来」の時点では、「誓文返し」（誓文祓い）について全く書かれていなかった。では、こうした信仰がでてくるのはいつのことか。

先に貞享二年（一六八五）序の『日次紀事』十月二十日条に、「四条京極冠者殿社参詣」の項があり、「誓文祓」が行われ商人たちによって信仰されていたことに触れた。「誓文払い」のルーツは十七世紀後期にまでは遡りうるだろう。

興味深いのは、同じ十七世紀の史料だが、『日次紀事』成立の二十年前にあたる寛文五年（一六六五）刊の『京雀』に、やや異なったことが書かれていることである。冠者殿社について「十二月大晦日の日は京中の商人空誓文のほどこしに此社へもうでゝいのりまいらするといふ」とする（野間光辰編 一九六七）。十月二十日ではなく、大晦日である。

大晦日であれば、一年の最後にこれまでの「空誓文」を白紙にする日として相応しいといえるが、十月二十日となれば中途半端な時期にも思える。実は、この十月二十日は商人が信仰する恵比須講

図3　誓文祓い(『都名所図会』巻2、筆者蔵)

の日である。つまり、誓文払いは恵比須講の日と結びついていったのである。

　祇園社境内には北向恵比須という祠があり、十月二十日には、多くの商人たちが参詣者していたという。おそらくは、この多くの商人が祇園社に参詣する恵比須講にあわせて冠者殿社の誓文払いも整えられていったのであろう〔村上 二〇一九〕。

　十七世紀の半ば頃においては、「誓文祓い」の日は未確定で、寛文五年（一六六五）から貞享二年（一六八五）までの間に、商人が信仰する恵比須講の日である十月二十日に定着していったものと考えられる。

　「誓文祓い」は十七世紀後半になって次第に広まり、(2)十八世紀には日にちも確定して年中行事として定着したとすれば、誓文返しの神としての冠者殿社というイメージは十七世紀半ばになって生み出されたものだということになる。この時、なにがあったのか。

四　十七世紀の冠者殿社

◉四条御旅所神主津田兵部

冠者殿社に隣接する祇園社御旅所と神主組織の十七世紀における動向については、既に下坂守によって詳しく明らかにされている〔下坂守 二〇一六a・二〇一六b・二〇一八・二〇一九〕。祇園社御旅所は、高辻東洞院の大政所と烏丸竹屋町の少将井に分かれていたが、天正十九年（一五九一）に豊臣秀吉によって統合されて現在の四条寺町に移された。

下坂によれば、祇園社御旅所少将井では世襲神主は確認できず、大政所神主職も十五世紀に途絶するという。その後は、宮守が大政所の運営にあたるが、四条寺町に御旅所が移転すると祇園社が管理下に組み込もうとし、大政所の自立性を否定していった。

これに対し、宮守の津田家が神主家を名乗って抵抗する。だが、祇園社との訴訟に敗れて寛文十年（一六七〇）には追放となり、以降は祇園社が社僧の親族から藤井主膳を宮守に任命し、幕末まで藤井家が御旅所宮守を継承したという〔下坂守 二〇一六a・二〇一九〕。

冠者殿社の「誓文払い」が整えられていた時期が、津田家と祇園社の間で御旅所の権利をめぐって激しい火花が散らされていた頃と重なっていることに気付くであろう。

実は、津田家はもと僧侶で、還俗して目薬の販売や扇製造を生業としていたが、御旅所支配の足がかりとしていたのが、冠者殿社の権利であった。衰退していた「四條京極ノ森ノ官者殿社再興」

後、その宮守の権利は四条道場金蓮寺僧直阿から四条京極の奈良物町喜平に売却され、奈良物屋の娘から「承応之比」に津田兵部の手に渡っている。冠者殿社の宮守としての権利取得により、四条寺町に移転して冠者殿社と一体化していた祇園社御旅所の権利も手にしたと津田家は主張したのであろう。

その頃の津田家の様子について詳しく記しているのが「祇園本縁雑実記」である。

其子男ヲ兵部ト云、其子ヲ久米助ト云リ、然ルニ承応ノ比歟、岸道可トテ織田有楽殿へ出入シテ茶湯セシ人有ケルカ、其人何方ヨリ取出ケルヤラン、岩崎神主トアルフルキ御教書二通アリケルヲ、或縁ニヨリテ津田兵部買取、御旅所之旧記トシテ、津田ヲ改テ岩崎ト名乗リ位階ナト申ケレハ、六位ニナサレタリ　〔八阪神社文書編纂委員会編　二〇一六〕

もともと、津田兵部は、「承応」のころ（一六五二―一六五五）、どこからか「岩崎神主トアルフルキ御教書二通」を買い取って、それを「御旅所之旧記」とした。そして、津田家が「岩崎」を名乗ることで、自分の家が古くから御旅所の権利を相続していたかのように見せようとしていたとされている〔下坂守　二〇一九〕。実際、津田家は、岩崎久米助の名前で吉田家に出入りし、万治三年（一六六〇）には十八神道の伝授もうけているようで、「岩崎神主」としての既成事実を積み上げようとしていたようである（天理大学附属天理図書館蔵「御広間雑記」）。

◉津田兵部による誓文祓いの創始

こうした津田家の動向に関連して、山口幸充による随筆『嘉良喜随筆』のなかに、次のような記事を見つけることができた。

〇四条ノ御旅ノ南ニ冠者殿辻、誓文ヲ云ヒ商人《アキ》参ル。近頃ハ誓文ノ免ヲ出ス。今ノ兵部ガ、是ヲ町人ノ手前ヨリ買時ニ、古キ皮籠ニ古反故共ノ入タヲ渡ス、アケテミレバ誓文ノ許ヲヤリタ事抔アリ。夫ニヨリテ今専タユルシヲ出ス。世俗ニ昌俊ガ社ト云ハ誤ル

〔日本随筆大成編輯部編 一九七六：二七四〕

ここには、津田兵部が冠者殿社を買い取った際に「古反故」の入った古い皮籠を手に入れていたことが記されている。恐らく、この記事にある「古反故」のなかには「祇園本縁雑実記」が伝える「岩崎神主トアルフルキ御教書二通」もあったのであろう。

『嘉良喜随筆』は江戸中期の成立だが、この記事は、『日次紀事』などの著者である黒川道祐が記した随筆『遠碧軒記』の抜き書きで、当該部分は津田兵部が追放されて間もない寛文十年（一六七〇）から延宝年間のものだから史料的には価値が非常に高いといってよいだろう。

そして、ここで見落としてはならないのが、「アケテミレバ誓文ノ許ヲヤリタ事抔アリ。夫ニヨリテ今専タユルシヲ出ス」という記載である。津田兵部は、手に入れた反故のなかに「誓文ノ許」

を出していたという記事を見つけ、それから「近頃」になって「ユルシ」を出すようになったというのである。

このことから、まさに「誓文祓い」が整えられていく寛文年間は、津田家によって見出された「反故」をもとにして行事が始められた時期であったということができるであろう。

◉津田兵部が手に入れた文書とは

それでは、津田兵部が所有していた文書とはどのようなものであったのか。それをうかがうことが出来るのが次の『嘉良喜随筆』が引く『遠碧軒記』の一節である。

○官者殿ハ、今ノ祇園ノ御旅ヨリ以前ヨリ有タカト云。依之祇園造営ニモ、公儀ヨリノ修復ナシ。縁起ヲミレバ、天照大神ヘ対シテ、素戔烏尊悪行アリ。自今以後悪行ヲスマジキトノ誓ナリ。夫ヨリ誓ト云事起レリ。ソコデ吾勝々々ト、天照大神被仰シト也。スレバ官者殿ハ素尊歟〔日本随筆大成編輯部 一九七六：二五五〕

ここでは、「天照大神ヘ対シテ、素戔烏尊悪行アリ」という記紀神話に基づいた説明がなされている。さらに「官者殿ハ素尊歟」とあり、土佐房昌俊ではなく、現在と同じように素戔嗚尊であるといった見解が示されている。

ここまでくれば、津田家が手に入れた「反故」が、どのようなものであったのかは明らかである。すなわち、里村紹巴の依頼で祇園社の祭神を素戔嗚尊だとする吉田家によって書かれていた「由来」であろう。事実、「祇園本縁雑実記」には、里村紹巴が書いてもらった「由来」について、「四条道場直阿弥ニアリ、其後奈良物町喜兵衛持、承応・明暦比ヨリ御旅乃兵部持」と記している。十七世紀半ばには、津田兵部の手に「由来」が渡っていたことは間違いない。

ただし、この「由来」には、富商であった酒屋を意識した「酒ノアヤマリヲユルスヘシ」ということが記されていただけであった。そもそも、神との契約である起請文を破棄することは容易なことではない。『兼見卿記』を見れば、起請文の破棄について依頼を受けた吉田兼見は、きわめて厳重な祈祷を行ったうえで霊符や守りを渡している〔齋木 一九八九〕。延宝七年（一六七九）刊の『京師巡覧集』巻二には、吉田神道での起請返しの方法について、同書では「起請文ノ上ニ霊印ヲ書テ、一七日コレヲ祭ル」とするから、一般的にはこうした厳格な手続きが必要だと認識されていたのだろう。「官者殿」での誓文祓いについても、同書では「唯一ニ伝フ所ノ起請返シノ神カ」とし、吉田神道との関係を推察している。しかし、神社が簡単に「誓文の免」を出すというのは、「由来」を拡大解釈した津田家が、吉田神道を参考にして、信仰を広めるために簡略化して始めた新規の行事ということになろう。

図4　現在の冠者殿社（2019年筆者撮影）

おわりに

ここまで、あれこれと論じてきたが、なぜ冠者殿社の祭神を土佐坊昌俊とする言説があったのかを明らかにしうる史料は見いだせなかった。ここで改めて振り返れば、「世俗ニ昌俊ガ社ト云」（『嘉良喜随筆』）、「世ニ或ハ土佐房昌俊トス」（『日次紀事』）とある。つまり、土佐坊昌俊説はあくまでも「世俗」でいわれていることにすぎず、公式には認められていないということであろう。

冠者殿社の文書を手に入れた津田家は、そこに書かれていた吉田家によって創出された由来譚を拡大解釈し、京都の商人たちの宗教的な需要に応えるように「誓文返し」というサービスを提供し、「誓文祓い」という行事が始まっていった。

これに対して、恐らくは都市の商人たちは、津田家の情報発信からは自由に、その誓文祓いのご利益を合理的に理解するためのコードとして、曲舞や謡曲などの既存の知識から、誓いを破棄して義経暗殺を遂行しようとした土佐坊昌俊を想起したのだろう。

ここに、神社による公式な見解と異なる土佐房昌俊を祀るという言説の間に、吉田神道の解釈

（メーカー）と冠者殿社を信仰する都市京都の商人たち（ユーザー）側の断層を見ることができよう。「現実の信仰習俗」がメーカーとユーザーと論理の「せめぎあいのなかで生まれている」と認識して、ユーザーとメーカの間にある宗教的職能者の役割を「ディーラーともいうべき」存在として注目する見解がある〔鈴木岩弓 二〇〇九：一四八〕。冠者殿社で吉田神道的解釈を逸脱するような拡大解釈をして、あらたなサービスを創出した津田兵部は、ユーザーの方針とメーカの需要の間にある間隙を、由緒の読み替えによって橋渡しをして信仰習俗を創出した媒介者、まさにディーラー的存在であったといえる。(3)

ここで、冒頭に紹介した怪異譚をもう一度見ておきたい。冒頭では詳細は省略したが、赤井強左衛門は、現れた土佐坊昌俊に対して、生前の偽りを指摘したうえで、こう言っている。

天子一人より外、誓文返しの法なし。世の邪欲ふかき商人、ものを売買するに真偽をみだり、その価をいつわる。人の信ぜざる時、誓言を吐き、起請を書きていつわりなきよしをつくろふといへども、心には神罰あらんと恐れ、幣帛をささげ、供物をそなへてまいりつどひ、日比の誓言解けたりとて、ますますその邪欲を逞しふす。世の諺にも「神は正直のかうべにやどる」といふに、いつわりの人をすくふとは、悪鬼邪神なるべし。〔木越治責任編集 二〇一六〕

赤井強左衛門は、土佐坊昌俊に対して誓文返しができるのは「天子一人」だけだと否定し、さらに嘘を吐いていた商人たちを後ろめたさから解放し、さらに不誠実な商売を繰り返させると批判する。「いつわりの人をすくふ」のは、仮に神であったとしても「悪鬼邪神」だから生かしておけない、といって斬りかかっている。

赤井が土佐坊に向かって投げつけた言葉は、公式な神道の議論に近く、民間に流布する言説を否定するものであった。通俗的な理解に対する啓蒙を意図した台詞ともいえるかもしれない。つまり、民俗的な冠者殿社の祭神である土佐坊に対し、理詰めで反論し、太刀を抜いた赤井の姿はメーカーの論理を反映したものであった。『玉櫛笥』が書かれた元禄期といえば、すでにディーラー的な存在であった津田家は追放され、祇園社が補任した藤井家が御旅所を預かっていた。祇園社としては、津田兵部が創出した非正統的な言説は否定したいところであろう。

一方で、都市にあって商いで生活をする人びとにとって、商売上の駆け引きは当然のことでもある。ユーザー側の土佐坊昌俊説や誓文返しの神としての信仰は生き続けている。

『玉櫛笥』が書かれた元禄期、ふたつの解釈が交錯し、衝突するなかで、ユーザーとメーカーをつなぐ媒介者であった津田家は不在となっていた。そうした状況のなかで、正統的な神道解釈を主張する赤井強左衛門と民俗的信仰を背景にした土佐坊昌俊が対決をするような「怪異」譚が創出されたのだろう。

赤井強左衛門が土佐坊昌俊を退治したことで、「あくる夜より、何の怪異もなく」なったという。だが、メーカーの論理である神道論に対立する土佐坊昌俊が、ユーザーである都市商人の信仰に支えられて姿をあらわした「妖物」だったなら、果たして本当に「怪異」はなくなったのだろうか。

注

（1）「祇園社本縁雑録」（『新編八坂神社記録』臨川書店、二〇一六年、二二九～二三〇頁）。本史料は、『新編八坂神社記録』の「解題」（下坂守）によれば、大半が寛文九年（一六六九）に書かれ、元禄四年（一六九一）ころまで加筆されたものとされている。本史料について仲林亨は、祇園社の片羽屋役者であった臼井定清によるものとする〔仲林亨 二〇二一〕。なお、この記事については、頭書に「百七代正親院之年号元亀二辛未ヨリ寛文九己酉迄九十九年歟」とあるので、寛文九年（一六六九）に記されていたものと見てよいであろう。

（2）寛文二年（一六六二）刊の京都の年中行事を記した仮名草子『案内者』には、十月二十日の「上下の諸商人面面の家にて内まつりす」という夷祭は見えるが、同日も大晦日にも誓文払いは見えない。十七世紀半ばには、顕著な行事だったわけではないようだ。

（3）宗教をユーザーの論理とメーカーの論理で整理する視点は、梅棹忠夫が座談会の席上で提起したものである〔梅棹忠夫ほか 一九七二〕。

参考文献

梅棹忠夫ほか 一九七二「座談会 神々の分業」梅棹忠夫・多田道太郎編『論集・日本文化22 日本文化と世界』講談社（講談社現代新書）

木越治責任編集 二〇一六 『江戸怪談文芸名作選 第一巻 新編浮世草子怪談集』国書刊行会
京都文化博物館 一九九八 『京都文化博物館開館一〇周年記念特別展 京の江戸時代』京都文化博物館
齋木一馬 一九八九 「〝起請破り〟と〝起請返し〟」齋木一馬『古記録の研究 下 齋木一馬著作集2』吉川弘文館
下坂守 二〇一六a 「祇園社・同社御旅所の役職歴代」八阪神社文書編纂委員会編『新編八阪神社記録』臨川書店
下坂守 二〇一六b 「神宝『勅板』について」八阪神社文書編纂委員会編『新編八阪神社記録』臨川書店
下坂守 二〇一七 「神宝『勅板』と祇園会」『芸能史研究』二一八号
下坂守 二〇一九 「近世祇園御旅所考」『奈良史学』第三六号
鈴木岩弓 二〇〇九 「宗教的職能者と民俗信仰」宮本袈裟雄・谷口貢『日本の民俗信仰』八千代書店
鈴木耕太郎 二〇一九 『牛頭天王信仰の中世』法藏館
仲林亨 二〇二一 「片羽屋役者から見た近世祇園社」『神道史研究』第六九巻第一号
日本随筆大成編輯部 一九七六 『日本随筆大成』第一期第二一巻、吉川弘文館
野間光辰編 一九六七 『新修京都叢書』第一巻、臨川書店
野間光辰編 一九六八 『新修京都叢書』第四巻、臨川書店
野間光辰編 一九七四 『新脩京都叢書』第十一巻、臨川書店
村上紀夫 二〇一九 「京都祇園の夷社と恵比須信仰」西宮神社文化研究所編『えびすさまよもやま史話』神戸新聞総合出版センター
八阪神社文書編纂委員会編 二〇一六 『新編八坂神社記録』臨川書店

怪物を食らう

木場貴俊 ● KIBA Takatoshi

はじめに――貝原益軒の日記から

福岡藩の儒者であり、江戸時代を代表する本草学者でもあった貝原益軒《かいばらえきけん》の『居家日記』を繙《ひもと》いてみると、元禄十七年（宝永元〈一七〇四〉）三月二十六日に、遠賀郡大曲村《おんがぐんおおまがりむら》（現福岡県遠賀郡遠賀町）の者が「奇獣」を捕えたという記事が載っている。その「奇獣」の特徴は、次の通りである。

大抵狸に似て細長し、大さも狸の如し、つらは狸より小也。目ハ三角の如くたてにきれたり。爪長し、前足の爪殊長し、物を取事自由なり。尾は狸より少し、毛は狸に似たり。あと足にて立走りよく飛ふ、つふて打ハ投返す。〔九州史料刊行会編 一九五六：二七〕

狸とは似て非なる「奇獣」。だが、驚くべきは、末尾にある「打殺し食す、味よし、無臭」〔同右〕、つまり、捕まえた人は「奇獣」を美味しく食したことにある。

いくら獣だからといっても、得体の知れないものは、まず口にすることはないと思うのだが、江戸時代の資料を色々見てみると、奇異なものを人びとは少なからず食している（あるいは、食そうとしている）。本章では、こうした奇異なもの＝怪物を食する行為を通して、当時の人びとの心性について考えてみたい。

一　さまざまな怪物を食らう

本節では、さまざまな怪物を食した事例を紹介する。

●人魚

食される怪物として、有名なのは人魚だろう（人魚については〔田辺 二〇〇八〕など参照）。古くは、橘《たちばな》成季《なりすえ》『古今著聞集《ここんちょもんじゅう》』（一二五四年成立）巻二〇に浦人《うらびと》が人魚を食べた話がある（味はよいが効能に関する言及はなし）〔橘 一九六六：五三三・五三四〕。後に、人魚の肉を食べた者は不老長寿になるといわれ、林《はやし》羅山《らざん》『本朝神社考《ほんちょうじんじゃこう》』（一六四〇―一六四五頃成立）下之六「都良香《みやこのよしか》」には、人魚を食べ、「延年不老」となり四百歳余りになった若狭《わかさ》国の白比丘尼《しらびくに》が載っている〔神道大系編纂会編 一九八八：二六七〕。彼女は、室町時代の明法《みょうぼう》家中原康富《なかはらやすとみ》の日記『康富記《やすとみき》』文安六年（一四四九）五月二十六日条にも、「二百余歳の比丘尼」が若狭国から上洛してきたとあり〔増補史料大成刊行会編 一九六五：一二・一三〕、よく知られた存在であった。

貝原益軒の『大和本草《やまとほんぞう》』(1)(一七〇九年刊)巻十三魚類にも、人魚の別名がある「鯑魚《にんぎょ》」が立項されている。これは、『本草綱目《ほんぞうこうもく》』巻四十四鱗部無鱗魚「鯑魚」を受けたものだが、食用には触れていない。ただし、『大和本草附録』(一七一五年刊)巻二には、海中にいる上半身は女人、下半身は魚の「海女」を取り上げていて、その骨は下血の妙薬になり、蛮語では「へいしむれる」という。(2)寺島《てらじま》良安《りょうあん》『和漢三才図会《わかんさんさいずえ》』(一七一二年序)巻四十九魚部魚類「人魚」にも、オランダでは骨が解毒薬になっていることを記している〔寺島 一九七〇:五五〇〕。

肉や骨を摂取せずとも、江戸後期には、「此魚を一度見る人は、寿命長久し悪事災難をのがれ一生仕合《しあわせ》、よく福徳幸を得る」という『人魚図』(一八〇五年)の瓦版が売られ〔阿部・千葉編 一九九六:九〇・九一〕、また見世物の引札と思われる『人形魚　悪病除』には、人魚のミイラと思しき絵姿に「是を見れば寿命ながし」とあり〔国立歴史民俗博物館編 二〇一五:八六〕、人魚を見ただけでも長寿や除災の効能があることが喧伝されていた。

◉雷獣

落雷とともに地上に落ちるという雷獣もまた、人に食べられた。平戸《ひらど》藩主だった松浦静山《まつらせいざん》の随筆『甲子夜話《かっしやわ》』(一八二一年起稿)巻二によれば、出羽《でわ》国秋田の冬の落雷時には「必ず獣ありて共に堕」ち、それは猫のような姿をしていた。ある時、強壮な秋田侯の近習《きんじゅう》が落ちてきた雷獣を「捕獲煮て食」したという。これをついて静山は、「然《しかれ》ば雷獣は無毒のものと見えたり」と感想を述べている

（類似した話が栗本玉屑《くりもとぎょくせつ》『阿都満珂比《あずまがい》（東貝）』（一八〇〇年刊）にも載っている）〔松浦 一九七七：三六〕。

◉河童

昌平黌《しょうへいこう》儒者の古賀侗庵《こがとうあん》は、怪異に関心を持ち、漢文体怪談集『今斉諧《きんせいかい》』などの著述を残している。彼の「水虎説」（『侗庵文集（初集）』巻七、一八一二年）には、水虎（河童）に襲われて逃走していると、次第に水虎の頭頂部の窪みにある水が涸れて弱体化したので、逆に生け捕りにして煮て食べた者の話を記している。侗庵は、そこから、自身の才能を過信すると、却ってその才能により破滅を招くという教訓を得ている〔木場 二〇二〇：三五三・三五四〕。

◉三十三間堂の妖物

京の三十三間堂《さんじゅうさんげんどう》に妖物が現れ、三十三のものに化けるという。ある士《さむらい》が肝試しへ行くと、果たして妖物は恐ろしい鬼や不気味な青入道に化けてきた。しかし、士は驚かず「上手に化けるものだ。持ってきた酒を飲んでいるので、焼味噌などの酒肴に化けたら興味深い」というと、妖物は忽ち焼味噌になった。士はそれを手に取り口の中に入れてガチガチと噛み潰してしまった。昔話「三枚の御札（護符）」に類似した話であるが〔飯島 一九九一：二七〕、この話が載る山口春水《やまぐちしゅんすい》『強斎先生雑話筆記《きょうさいせんせいざつわひっき》』によれば、これは御伽衆《おとぎしゅう》の曽呂利新左衛門《そろりしんざえもん》が、豊臣秀吉へ「微行」を窘《たしな》めるために話したものだという〔続日本随筆大成編輯部編 一九八一：一三九・一四〇〕。

◉植物の奇譚

これまで生類に関する事例を見てきたが、次に植物に関する事例を二つ紹介しよう。まず、中世の成立だが、江戸前期になって広く読まれるようになった、兼好法師『徒然草』第六十八段である。筑紫の「なにがしの押領使《おうりょうし》」などという者が「大根は万能薬だ」といって、長年毎朝二本ずつ焼いて食べていた。ある時、館に人が少なくなった隙を狙って敵襲があると、兵士二人が出てきて、命を惜しまず戦い、追い返した。不思議に思った男は、兵の素性を尋ねると「長年信頼して、毎朝召し上がっている大根です」と答えて消え失せてしまった。兼好は、「深く信を致しぬれば、かかる徳もありけるにこそ」と述べている〔兼好 二〇一五：七四・七五〕。ありふれた大根でさえ、こうした不思議なことを起こす。

もう一つは、林羅山『怪談全書』（一六九八年刊）巻二の「歙客《しょうかく》」という中国の話である（典拠は『春渚記聞』）〔朝倉・深沢編 一九九一：二一〕。歙客が山を越えていると、腹が膨れた蛇を見つけた。その蛇は、ある草を咬み割って、腹の下に敷いて擦りつけると、腹が元通りになり去って行った。これは「脹満腫毒《ちょうまんしゅどく》」を消す薬だと、歙客は草を摘んで、先を急いだ。ある宿で、腹痛で困っている隣の旅客に、この薬草を飲ませると、苦痛の声がなくなり静かになった。明朝に隣室へ行くと、なんと客の血肉は溶け、骨ばかりになっていた。実は、この草は人を溶かすもので、あの蛇も小児を食べていたのだろう。この話は、落語「蛇含草」の原話とされている〔桂 二〇〇二：二二五〕。

二　江戸時代の肉食をめぐって

◉肉食への忌避

前節では、いろいろ奇怪な物を食べる事例を紹介してきたが、その多くは肉であった。室町〜江戸時代にかけて頻繁に出された辞書『節用集』を引くと、妖怪や化物が生類に関する語彙とされている点からも怪物と肉の関連を推し量ることができる〔木場 二〇二〇：一五六・一五七〕。

よく知られているように、江戸時代の肉食（〔長谷部 二〇〇六〕〔原田 一九九三・二〇〇三〕〔若尾 二〇〇四〕など）、特に獣肉食は、血や死のケガレから忌避されていた（その一方で、魚や鳥類、卵はよく食されていた）。神谷養勇軒《かみややようゆうけん》『新著聞集《しんちょもんじゅう》』（一七四九年刊）第九祟厲《すいれい》篇には、獣肉食のケガレにまつわる怪談が載っている。

寛文五年（一六六五）の事である。江戸から伊勢へ参宮した者が、下向の途中、三河《みかわ》国岡崎《おかざき》で鹿を食べた。江戸に帰って四五日経つと、ご飯を食べなくなり、土から虫を掘り出して食べ始めた。この者は、後に柳原の堤に捨てられるが、死ぬまで猫や犬、鼠などの死体を食べ続けた（「参宮の者鹿をくらひ身を終るまで肉食す」）〔日本随筆大成編輯部編 一九七四：三四七〕。

清浄の象徴たる伊勢神宮の神罰のおそろしさを説いた、この事件が起きた寛文年間頃から、肉食をケガレとして忌避する意識が強まったとされている。また、寛文七年三月二日付の書付によれば、飛騨内匠《ひだのたくみ》・竹田番匠《たけだのばんしょう》が、内裏造営の時に人形を作って働かせたところ、その人形が官女と契って子をなしたので、造営後に河原へ捨てると牛馬を取り食らった、これが非人のはじまりだという（『享保世話』巻二）〔森・北川 一九八二：三四六〕。死牛馬の処理を職とした非人に関するこの由緒は、河童起源譚と内容が共通している〔小松 一九九五：二五七〕。

そして、五代将軍徳川綱吉《とくがわつなよし》の治世に出された生類憐れみの令（一六八五〜）や服喪に関する服忌令《ぶっきれい》（一六八四〜）が、ケガレ観念や肉食への忌避に更なる拍車を掛けることになった〔高埜 二〇一五：七七〜八四〕。

●獣肉料理

しかし、獣肉食が江戸時代を通して全く行われなかったわけではない。冒頭の「奇獣」を捕獲して食べた事件も、生類憐れみの令が発布されている状況下での出来事である。

『料理物語』（一六四三年刊）獣の部には、鹿・狸・猪・兎・獺《かわうそ》・熊・犬それぞれの料理法が紹介され、江戸時代前期には肉類の流通ルートも確認されている。将軍家へ、彦根藩主が牛肉の味噌漬けを献上してもいた。

都市には獣肉を売る店があり、江戸では麹町《こうじまち》が有名であった。豊嶋《とよしま》治左衛門《じざえもん》・豊嶋弥右衛門《やえもん》撰『江戸名物鹿子《えどめいぶつかのこ》』（一七三三年刊）中巻にも、麹町の名物として「獣」が挙げられている[3]。喜田川守《きたがわもり》貞《さだ》『守貞謾稿《もりさだまんこう》』（一八三七〜一八五三年成立）後集巻一には、「獣店《けものだな》」として「三都ともに獣肉売店には、異名して山鯨《やまくじら》と記すこと専らなり」と、獣肉は「山鯨」と呼ばれていた〔喜田村 二〇〇二：一三九・

図1　歌川広重『名所江戸百景　びくにはし雪中』（1858年、国立国会図書館所蔵）

一四〇〕（図1）。寺門静軒《てらかどせいけん》『江戸繁昌記《えどはんじょうき》』（一八三二年刊）初篇「山鯨」によれば、麹町で売られている肉について、「其の獣は則ち猪・鹿・狐・兎・水狗《かわうそ》・毛狗《おおかみ》・子路《くま》・九尾羊《かもしか》等の物」が店先に積み重なり、主に葱と一緒に鍋で煮炊きされていた〔寺門 一九八九：四九・五〇〕。列挙されている獣は、野生の獣であり、そして田畑を荒らす害獣でもあった。

川柳にも、猪や鹿、狸、牛、豚などを食べることを詠んだものが多く、それらで使われる「牡丹（猪）」や「紅葉（鹿）」などの隠語は、今でも使われている。

仙台藩料理人の橘川常房《きっかわつねふさ》『料理集』（一七三三年成立）には、獣類として鹿・猪・牛などの調理法が記されているが、牛のみ「給候《たべそうろう》ものは百五十日の穢《けがれ》と申候」とある〔松下・吉川・川上 一九八一：四三五〕。牛馬といった人間に有益な家畜類に対して、人間の生活に害をなす野生獣の肉は食してもケガレが少ないと見なされていたようである。

◉ももんじい

獣肉の隠語には、山鯨の他に「魑魅《オバケ》」（『江戸繁昌記』）〔寺門 一九八九：五〇〕や「ももんじい（ももんぢい）」があった（猪や鹿、狸など獣自体も指した）。後者について見てみると、式亭三馬《しきていさんば》の『浮世床《うきよどこ》』初編下（一八一一年刊）には、「猪《もゝんぢい》を百目買てやる筈」〔式亭 二〇〇〇：三〇五〕という記述がある。だが一方で、同じく三馬『浮世風呂《うきよぶろ》』二編上（一八一〇年刊）には「ヲ、こはいの。早く寝《ねんね》しな。もゝんぢいが来るよ」〔式亭 一九八九：一〇八〕と、先の意味とは異なる、化物を指す言葉として用いられている。化物のモモンヂイ（モモンガー・モモンジーなど）については、柳田国男も「妖怪古意」（一九三四年）の中で取り上げている〔柳田 二〇一三：五四〕。

図2 『今昔画図続百鬼』「百々爺」
〔Yoda /Alt 2017: 147〕

絵師の鳥山石燕《とりやませきえん》は、『今昔画図続《こんじゃくがずぞく》百鬼《ひゃっき》』（一七七九年刊）で「百々爺《もゝんじい》」という化物を描いている（図2）〔Yoda /Alt 2017: 147〕。説明には、「未詳。愚按ずるに、山東に摸捫窠《ももんぐは》と称するもの、一名野《の》襖《ぶすま》ともいふとぞ。京師の人小児を怖しめて啼を止むるに元興寺《がごぢ》といふ。もゝんぐはとがごしとふたつのものを合せて、もゝんぢいといふ歟《か》。原野夜ふけてゆきゝたえ、きりとぢ風すごきとき、老夫と化して出て遊ぶ。行旅の人これに遭へば、かならず病むといへり」と、動物のモモンガ（ノブスマ＝ムササビ、通行を妨げる怪異をなすとされた）と、子おどしの化物として知られるガゴゼが合わさった造語だろうかと解説している。「ももんじい」から老爺の姿を連想して描き、まわりには紅葉と柏などの葉っぱが舞っている。紅葉はもちろん鹿肉、そして柏は鶏肉の隠語である。

◉薬としての獣肉食

では、何故忌避されながらも獣肉を食したのだろうか。それは「薬食《くすりぐ》ひ」〔寺門 一九八九：四九〕、つまり薬効を期待してのものであった。

薬食、すなわち獣肉を薬と見なす視角は、本草学《ほんぞうがく》と関係している。本草学とは、動植物や鉱物などあらゆる物の薬効を探究する中国由来の学問で、現在でいうところの薬学に当たる。多岐にわたる物の薬効を記した本草書は、百科辞典的な側面も持っていた。

日本の本草学者の獣肉食に対する見解〔若尾 二〇〇四など〕を見てみると、人が生活する風土との関係から言及している。例えば、人見必大《ひとみひつだい》は『本朝食鑑《ほんちょうしょっかん》』（一六九七年刊）巻十一獣畜部獣類「牛」の中で、中国人はその風土に由来する「壮実堅固《そうじつけんご》」な体質から、獣肉食をしないと保養することができず、一方の日本人は「升騰浮揚《しょうとうふよう》」な体質から、「淡薄」な味しか受けつけず、「穀菽《こくしゅく》魚鳥」を食べるという。一方で、牛肉食に合う体質の日本人の存在や牛の皮から作る膠《にかわ》には「聖薬」のある薬効を説くなど、獣肉食忌避に疑念を抱いている〔吉井編 一九八〇：三一五～三二〇〕。貝原益軒も『大和本草』巻二「節飲食」で、「凡《およそ》日本人の性質は薄弱」ゆえに「牛馬犬羊等の畜を不食」と説く。獣肉食は、異国人の慣習という認識があったことも確認しておきたい〔塚本 一九八六：一〇六～一一七など〕。

古医方の医師である香川修徳《かがわしゅうとく》は、『一本堂薬選《いっぽんどうやくせん》』下「鹿」の中で、獣肉食の忌避は「神州之風俗」と世間では言われているが、神武以来、古代日本では忌避されずに獣肉食が行われていた。忌避されるようになった原因は、仏教の伝来にあり、修徳は「古道」つまり神道を再興して、薬効のある獣肉食を推奨している〔大塚・矢数編 一九八二：二一七～二二六〕。修徳の主張には、多くの反論も見られた。本草学者（医師）による獣肉の薬効に関する主張は、獣肉食忌避の社会通念との格闘でもあった〔若尾 二〇〇四：二〇二〕。

◉本草書に見る怪物

本草書には、怪物の効能についても紹介されている。江戸時代の本草学に多大な影響を与えた、中国の李時珍《りじちん》による『本草綱目』[4]（一五九六年刊）を引いてみると、例えば巻四十九禽部山禽類の姑《こ》獲鳥《かくちょう》は「有毒」とある。姑獲鳥は、出産で死んだ女性が変化する鳥で、江戸時代日本の産女《うぶめ》と同一視されていく。また、巻五十一獣部怪類の彭侯《ほうこう》は、人面で体が黒犬の樹木の精である（日本の木霊に相当）。その彭侯も煮ると甘酸っぱく、「辟邪《へきじゃ》」の効能があるという。

日本の本草書を見ると、先述の益軒『大和本草附録』巻二には、「トロンベイタ」という、蛮語での「川太郎」が紹介され、「其の骨を薬に用ゆ」とある。『本朝食鑑』には、怪物の薬効は載っていないが、巻十鱗介部亀鼈類では、老いると河童になる鼈《すっぽん》は「甘平、無毒」とある〔吉井編 一九八〇：二一七〕。また、巻十一獣畜部獣類では、老雄が妖をなす「猫麻多《ねこまた》」となる猫は「甘、酸温、小毒」で喘息などに効き、人を惑わす「妖魅」をなす狐や老いると「変妖」して人を食べる「怪物」の狸は「甘温、無毒」で体を温める効果などがあるいう〔吉井編 一九八〇：三四七～三五五〕。これらは、『本草綱目』由来の味と効能を引いたものである。

怪物を食する行為は、怪物を生類（獣＝ももんぢい・おばけ）と位置付け、その効能に期待したものだったといえる。本草書（医書）は、獣肉食への忌避を批判し、薬効を保証する機能を果たしていたのである。

三　怪物と薬食

◉『一宵話』の異人

怪物と薬食の関係について、さらに秦鼎《はたかなえ》（滄浪《そうろう》）『一宵話《ひとよはなし》』（一八一〇年序・跋）に載る「異人」を取り上げてみたい（図3）〔日本随筆大成編輯部編 一九七六：四二二・四二三〕。割注によれば、「慶長十四年（一六〇九）四月四日に出し事は、旧記に見ゆ。今此にあげしは、或雑書の説なり」とある。以下、全文を載せる。

神祖、駿河《するが》にゐませし御時、或日の朝、御庭に、形は小児の如くにして、肉人ともいふべく、手はありながら、指はなく、指なき手をもて、上をさして立たるものあり。見る人驚き、変化の物ならんと立さわげども、いかにとも得とりいろはで、御庭のさう〴〵敷なりしから、後には御耳へ入れ、如何《いかが》取はからひ申さんと伺ふに、人の見ぬ所へ逐出しやれと命ぜらる。やがて御城遠き小山の方へおひやれりとぞ。或人、これを聞て、「扨《さて》も〳〵をしき事かな。左右の人達の不学から、かゝる仙薬を君には奉らざりし。此は白沢《はくたく》図に出たる、封《ほう》といふものなり。〔頭書〕「此怪物は、切支丹《きりしたん》なり。逐やれと仰れしといふにて、封とは形ことなり。封はツトヘビ、ソウタの類ならん。封は、の形なり。」此を食すれば、多力になり、武勇もすぐるゝよし見えつるを、縦《よし》君には奉らずとも、公達又群臣迄も、たべさせ度ものを、かへす〴〵も其時、ものしり人のなかりしからなり」と、をしがれど、此は譬《たと》へば生質虚弱なる人は、養生食といふ事をし、常々持薬に、八味地黄剤《はちみじおうざい》など、たえず服する事なり。又強健の人

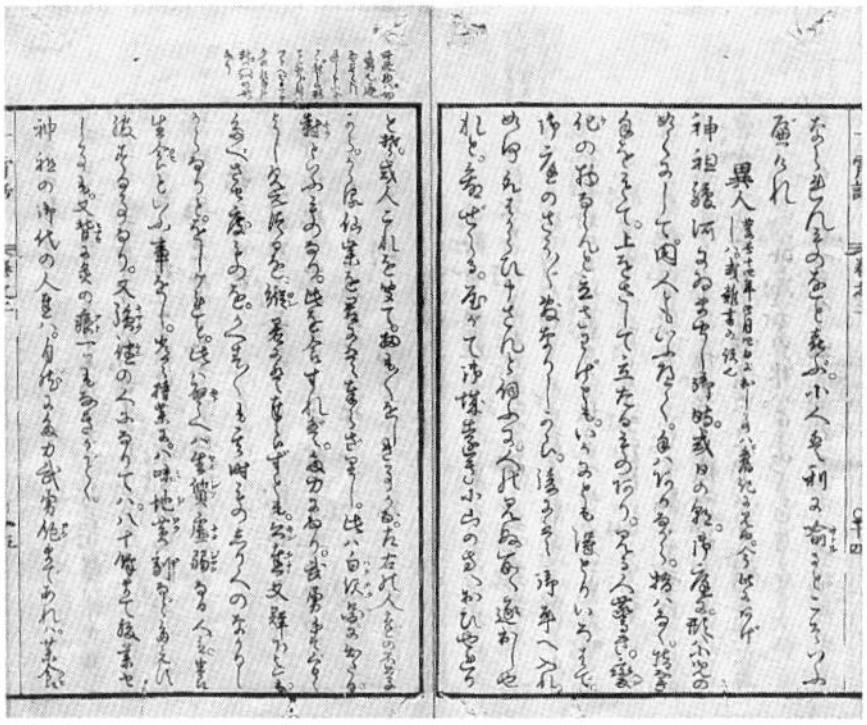

図3 『一宵話』「異人」(国立公文書館所蔵)

になりては、八十余まで服薬せし事も、又背に灸の痕一ツもなきがごとく、神祖の御代の人達は、自然に多力武勇飽まであれば、薬食などこのむ事なし。君も臣も、封の事はよくしろし召されつれど、穢はしき物をくひ、多力武勇にならんとは、武士の本意にあらず。いと卑怯なる事なりと、捨させ給ひつらめ。徼幸《ぎょうこう》の福を志ざす人等、淫祠を崇め祭るも、大かたは此に似たる事なり。

◉旧記

「異人」こと、神祖＝徳川家康が遭遇した「肉人」の話について、いくつかの論点がある。まず、割注の「慶長十四年四月四日に出し事は、旧記に見ゆ。今此にあげしは、或雑書の説」にある「旧記」に注目してみたい。「旧記」とは何か。例に、江戸幕府の正史『徳川実紀《とくがわじっき》』（一八〇九年起稿）「台徳院《たいとくいん》殿御実紀」巻九の慶長十四年四月四日条を見てみる。

駿城の前殿庭上に、四肢に指なき者弊衣をまとひ髪をみだし、青蛙を食したゞずみゐたり。近習の輩《ともがら》大にあやしみ搦《からめ》取て誅せんとす。然るを聞召て罪すべきにあらずとて追放たる。

〔黒板編　一九六四：四八三〕

当時駿府城にいた家康の体験談が載っているが、遭遇したのは「肉人」ではなく、指が欠損した怪しい風体の人間である。

次に、『徳川実紀』編纂用に作成した史料集『朝野旧聞裒藁《ちょうやきゅうぶんほうこう》』で、この記事の典拠としている二点の資料を見てみる。一つは、尾張《おわり》藩主徳川義直《よしなお》の『(神君)御年譜』(一六四六年序)である。

四日、賓殿の庭に人有り。四肢指無し。弊衣乱髪、惟《た》だ青蛙を食ふのみ。来る処を問へば、手を以て天を指す。(其の)兄引来る。左右之を殺さんと欲す。公命じて曰く、殺すこと勿《な》かれと。之を城外に放つ。其の行く所を知らず(読み下し)(5)。

もう一つは、編者未詳『当代記《とうだいき》』である。

(四日)駿府大御所御座の間近所へ、何とも知らざる人、水はしりの板をくぐり来る。則ち戒め見けるに、一円のたはけものなり。誅戮《ちゅうりく》有るべきに非ずとて追放さる。去る二月、清須《きよす》の殿守へ来居たる者の類か(読み下し)。〔続群書類従完成会編 一九九五:一五〇〕

怪しい風体だが、怪物ではなく、「一円のたはけもの」を家康が酌量して助けた話である(彼は関ヶ原の合戦(一六〇〇年)での傷痍者かもしれない)。『(神君)御年譜』の系統である、書写年不明の『東照神君年譜』(6)では、捕らえられた人物を「異人」または「妖人」と表している。『(神君)御年譜』『当代記』といった「旧記」の説から、『東照神君年譜』のような表現を経て、「或雑書の説」となったのが『一宵話』「異人」だと考えられる。

◉封

次に、「肉人」の正体についてである。ある人は、これを「封」と認定した。『本草綱目』巻五十一獣部怪類によれば、封とは、川辺にいる小児のようなもので、手に指がなく、食べると「多力」になるという。林羅山は、封を河童の類だと考えていたが（『多識編』『梅村載筆』）〔木場 二〇二〇：二九二・三〇八〕、ここでは「手無指」と「食之多力」に着目している。

また、頭書で「此怪物は、切支丹なり。（中略）封はツトヘビ、ソウタの類ならん」とあるように、当時の怪しい存在の代名詞である「切支丹」〔大橋 二〇一九：九七～一二三〕と、形状からツチノコの類とされる「ツトヘビ」〔伊藤 二〇〇八：二一～二三〕（「ソウタ」は不明だが、タは蛇《だ》の意か）を連想している。

いずれにしろ、「肉人」は、人に似て非なる「怪物」という理解がされている。本来は家康の撫《ぶ》民《みん》に関する話が、伝言ゲームのように、「怪物」譚へと変質していったことが窺える。

◉薬食と武勇

そして、ある人は、封は「多力になり、武勇もすぐ」れる「仙薬」で追放したのは惜しいとしているが、鼎はそれに否定的であった。彼は、「神祖の御代の人達は、自然に多力武勇飽まであれば、薬食などこのむ事なし。君も臣も、封の事はよくしろし召されつれど、穢はしき物をくひ、多力武勇にならんとは、武士の本意にあらず」と、薬効による強化を「卑怯」と断じている。

鼎は、寛政二年（一七九〇）から尾張藩に仕え、翌年藩校の明倫堂《めいりんどう》で教授を務めた。彼が教授を務めていた頃は、松平定信による寛政の改革（一七八七〜一七九三）の時期に当たる。その改革の一環として、田沼時代を経て喪失した武士の「義気」を引き立てようと、文武の奨励が行われていた〔藤田 一九九三：二三三〜三七〕。こうした状況を踏まえると、為政者たる武士としての心得を説くために、この話を書き留めた可能性を想定することができる。裏を返せば、当時「穢はしき物」だと思いつつ、薬効を目当てにした薬食が武士の中で横行していたことを物語っている。

おわりに

本章では、「食」の視角から江戸時代の怪異について考えた。食事は、人間が生きていく上で不可欠の営為だが、食生活の様相は、時代によっても地域によっても、また江戸時代では身分などによっても違いがある。そうした複層的な江戸時代日本の食生活から怪異を見ると、さまざまな面を窺い知ることができる。そして、怪物を食らう行為は、当時の獣肉食に対する理解や行動の延長線上に位置付けることができた。他にも、怪物が人間を食べること、また、人間が人間を食べたことの事例も多くあるが、これらについては、別の機会で考えることにしたい。

注

（1）国立国会図書館所蔵本（三〇四―〇三〇三）。
（2）国立国会図書館所蔵本（特一―二四六四）。
（3）国立国会図書館所蔵本（京―六四）。
（4）国立国会図書館所蔵本（WB二一―二）。
（5）〔史籍研究会編　一九八三：五七七〕を基準として、国立公文書館所蔵『御年譜』（一五八―〇三一二）、『御年譜』（一四九―〇〇二二）、『本朝通鑑続編』（特〇〇二―〇〇〇一）と校合したものを掲載した。
（6）国立公文書館所蔵（一五八―〇三二六）。

参考文献

朝倉治彦・深沢秋男編　一九九一　『仮名草子集成』十二、東京堂出版
阿部正路・千葉幹夫編　一九九六　『にっぽん妖怪地図』角川書店
飯島吉晴　一九九一　「三枚の御札（三枚の護符）」野村純一編『別冊国文学四一　昔話・伝説必携』學燈社
伊藤龍平　二〇〇八　『ツチノコの民俗学　妖怪から未確認動物へ』青弓社
大塚敬節・矢数道明編　一九八二　『近世漢方医学書集成』六九、名著出版
大橋幸泰　二〇一九　『潜伏キリシタン　江戸時代の禁教政策と民衆』講談社
桂米朝　二〇〇二　『上方落語　桂米朝コレクション一　四季折々』筑摩書房
喜田川守貞　二〇〇二　『近世風俗志　守貞謾稿』五、岩波書店

木場貴俊 二〇二〇 『怪異をつくる 日本近世怪異文化史』文学通信
九州史料刊行会編 一九五六 『益軒資料三 居家日記・雑記』九州史料刊行会
黒板勝美編 一九六四 『国史大系三六 徳川実紀』一、吉川弘文館
兼好法師 二〇一五 『新版 徒然草』角川学芸出版
国立歴史民俗博物館編 二〇一五 『大ニセモノ博覧会 贋造と模倣の文化史』国立歴史民俗博物館
小松和彦 一九九五 「妖怪と異人 新しい妖怪論のために」『異人論 民俗社会の心性』筑摩書房
式亭三馬 一九八九 『新日本古典文学大系』八六、岩波書店
式亭三馬 二〇〇〇 『新編日本古典文学全集』八〇、小学館
史籍研究会編 一九八三 『朝野旧聞裒藁』十三、汲古書院
神道大系編纂会編 一九八八 『神道大系 論説編二〇 藤原惺窩・林羅山』神道大系編纂会
増補史料大成刊行会編 一九六五 『増補史料大成 康富記』三、臨川書店
続群書類従完成会編 一九九五 『史籍雑纂 当代記・駿府記』続群書類従完成会
続日本随筆大成編輯部編 一九八一 『続日本随筆大成』十二、吉川弘文館
高埜利彦 二〇一五 『天下泰平の時代』岩波書店
橘成季 一九六六 『日本古典文学大系』八四、岩波書店
田辺悟 二〇〇八 『人魚』法政大学出版局
塚本学 一九八六 「肉食の論理と異人感覚」『近世再考 地方の視点から』日本エディタースクール出版部
寺門静軒 一九八九 『新日本古典文学大系』一〇〇、岩波書店
寺島良安 一九七〇 『和漢三才図会』東京美術

日本随筆大成編輯部編 一九七四 『日本随筆大成』第二期五、吉川弘文館
日本随筆大成編輯部編 一九七六 『日本随筆大成』第一期十九、吉川弘文館
長谷部恵理 二〇〇六 「江戸期における「肉」と「肉食」に関する一考察」『危機と文化　札幌大学文化学部文化学会紀要』八
原田信男 一九九三 『歴史のなかの米と肉　食物と天皇・差別』平凡社
原田信男 二〇〇三 『江戸の食生活』岩波書店
藤田覚 一九九三 『松平定信　政治改革に挑んだ老中』中央公論社
松浦静山 一九七七 『甲子夜話』一、平凡社
松下幸子・吉川誠次・川上行蔵 一九八一 「古典料理の研究七　橘川房常著・料理集について」『千葉大学教育学部研究紀要』三〇―二
森銑三・北川博邦 一九八二 『続日本随筆大成別巻　近世風俗見聞集』五、吉川弘文館
柳田国男 二〇一三 「妖怪古意　言語と民俗との関係」『新訂　妖怪談議』角川学芸出版
吉井始子編 一九八〇 『食物本草本大成』十、臨川書店
若尾政希 二〇〇四 「昌益の本草学　肉食をめぐって」『安藤昌益からみえる日本近世』東京大学出版会
Hiroko Yoda and Matt Alt. 2017 *Japandemonium Illustrated: The Yokai Encyclopedias of Toriyama Sekien*, Dover Publications.

附記　本章は、JSPS科研費（18H03573）による研究成果の一部である。

絵巻の中の神と「モノ」——目に見えぬものをいかに描くか

山本陽子● YAMAMOTO Yoko

はじめに

古代の日本では、不可思議な現象を起こす存在として、神やモノノケや鬼や妖怪などと呼ばれるものが想定されてきた。ここではその分類や定義には触れないが、とりあえず人から祀られる存在を善神か悪神かにかかわらず「神」、それ以外を「モノ」と呼び分けておく(1)。これら「神」と「モノ」のいずれも、かつてその本来の姿が「人の目には見えない」とされていたという共通点を持っている。

ところが物語を文と絵で語る絵巻には、物語の進行上、どうしても「神」や「モノ」を絵に描かざるを得ない場合も出てくる。そのような時に「神」や「モノ」は、どのように表されたのか。そこからは一体、何が判るのか。

一 「神」はどのように造形されたか

●見えない神々

古代の日本において神々とは、山や岩や滝に籠《こも》る、人の目に見えない存在で、たとえ人の前に正体を現したとしても、人はその姿を見てはならいと考えられていた（山折 一九八四：四二〜一二一）。その例として『日本書紀』崇神紀に、三輪山の神である大物主《おおものぬし》と倭迹迹日百襲姫《やまとととびももそひめ》の話がある。

大物主神は夜のみ訪れて昼は現れないので、姫は神に姿を見せてほしいと願う。神は「ならば明朝、お前の櫛の箱に入っていよう。だが決して驚いてはならない」と応える。翌朝、姫が箱を開けると蛇がいた（この神の正体は蛇だったわけだ）。姫が思わず悲鳴をあげると神は、「あれほど驚くなといったのに、お前は私を辱めた。ならば私がお前から去って辱めよう」と三輪山に帰ってしまう。悔いた姫は箸で陰を撞いて死に、姫の墓は箸墓と呼ばれたという。

人は神の本当の姿を見てはいけない、見れば死ぬか、死なないまでも自分のもとから神が去ってしまうという考えは、今でも昔話の鶴女房や狐女房（鶴や狐が神だったのだ）や雪女の中に残っている。実際、私たちは毎日拝んでいたとしても、自宅の神棚の中やお守りの中身を見ることはしない。見れば罰が当たる、眼がつぶれると言わないまでも、なんだかご利益がなくなってしまいそうな気がするのだ。

◉神々の姿を視覚化する

しかし目に見える仏像を祀る仏教が伝来して盛んになると、目に見えない存在、見てはならない存在であったはずの日本の神々を祀る側にも、仏像のように日本の神々を目に見える形で表わしたいという機運が高まって来る。そこで八世紀から九世紀にかけて各地の神社で、神自身が仏教に帰依したいという神託が下される。この託宣を受けて、神を出家させるという名目のもとに、僧形八幡神像のような僧侶姿の神像が作られ〔岡 一九六六：二七～六一〕、ようやく神は人の目に見える形を持った。

また平安時代には、日本の神々を本来は仏教の仏であったものが日本人のために姿を変え神として現れたものとする本地垂迹思想のもとで、神をその本来の姿（本地）にあたる仏像として表した本地仏像が、神として祀られる場合も出てくる。日本の神々は仏の姿でも表されることになる。

さらに本地垂迹思想のもとでは、仏がせっかく日本の衆生のために姿を変え神として現れ（垂迹）てくれたのならばと、日本人の姿で現れた神を造形した垂迹神像も作られる。その多くは束帯《そくたい》や十二単と呼ばれる女房装束をまとった、天皇や貴族のような貴人の姿で表された。目に見える形を持たなかった日本の神々は、ここに、僧形、仏、日本の貴人という様々な姿（図1）を借りて描かれるようになった。

図1　春日本地垂迹曼荼羅（宝山寺所蔵・部分）
春日社の垂迹形の神々（下）と本地仏（雲上）

二　「モノ」の姿はどのように記されたか

◉見えない「モノ」を言葉で表す

かつては「モノ」も、人の目に見えない存在とされていた。たとえば鬼は『古今和歌集』序に、歌の力を讃えるにあたって「目に見えぬ鬼神をもあはれと思はせ」と書かれ、『和名類聚抄』にも「鬼物は隠れて形を顕すを欲せず、故に俗呼びて隠と曰うなり」と、姿を顕わさないのがその語源とある。(2) そこで森正人は「隠れて姿を見せない、人の目に見えないというところに鬼の本性があるという考え方は、当時の通念であったと認められる」という〔森 二〇一九：一九九〕。同様に「もののけ」も、「本来は見えない存在」とされる〔小松 二〇一二：二〕。

そこで試みに『今昔物語集』巻第二十七本朝付霊鬼の四十四話について、怪しい「モノ」がどのような姿で現れたかを、以下に分類した。「モノ」の正体については問わず、変化した時はそれぞれの場合の姿も数に入れている。

❶ 姿が見えない　八件
❷ 男や女など不特定の「人の姿」　十件
❸ 特定の「人の姿」　十一件
❹ 人の姿ながら極端に小さい　四件
❺ 物体〔赤い衣・板・油瓶・銀椀・大杉〕　五件
❻ 光る　二件
❼ 天井の格子ごとに顔が現れる　二件
❽ 人とかけ離れた姿を具体的に記述　二件

「モノ」の大半は❶の声のみ、足音のみで姿が見えないか、あるいは❷❸❹の「人の姿」として現れる。このうち❷の不特定の「人の姿」では、第八話の「鬼の人の形と成て」のように、何者かが「人の姿」に化けたと想定されている。❸の特定の「人の姿」としては源融や伴大納言のような怨霊の場合および死んだ夫や妻のような幽霊の他、第十三話のように鬼が近親者に化けた例もある。❹の極端に常人と大きさが違う三尺の翁や五位の正体は水の精や銅の提《ひさげ》、丈が五寸や一尺の人々の行列は土地在来の「霊」や狐の仕業というが、大きさ以外の見た目は人と変らず外見は奇異ではない。むしろ姿が見えない、あるいは「モノ」の姿が常人と区別できないことによって、正体の判らない薄気味悪さを増している。(3)

◉特異な姿の「モノ」の記述

ここで❽の具体的な二件の記述に注目したい。「近江国安義橋鬼噉人語第十三」で、女に化けていた鬼が本性を現した場面は、

面は朱の色にて円座の如く広くして、目一つ有り。長は九尺許《ばかり》にて、手の指三つ有り。爪は五寸許にて刀の様也。色は緑青の色にて、目は琥珀の様也。頭の髪は蓬の如く乱れて（以下略）

と、髪・顔・目・色・手・体の形と大きさの全てが常人と異なる姿で詳細に記述される。また「三善清行宰相家渡語第三十一」では、扇で隠されていた美女の鼻と口について、

鼻鮮にて匂ひ赤し。口脇に四五寸許《ばかり》、銀を作たる牙、咋違《くひたがひ》たり。

と、極めて具体的に記述している。巻第二十七の他の話では、あえて視覚的描写を避けて「モノ」の不気味さを浮かび上がらせてきたのに対し、この具体性はどうしたことか。

百鬼夜行の話として知られている『今昔物語集』巻第十四「依尊勝陀羅尼験力遁鬼難語第四十二」では、

人には非で鬼共也けり。様々の怖し気なる形也。

と、それらの形は具体的に述べられていない。しかし、同文的同話で同原拠とされる『打聞集』『古本説話集』『真言伝』では〔今野 一九七一：五九五〕、例えば『古本説話集』第五一話「西三条殿若君遇百鬼夜行事」の同じ個所で、

火灯して過ぐる物どもを見給へば、手三つ付きて、足一つ付きたる物あり。目一付きたるものあり。

のように、その異形の様相が具体的に述べられている。(4)

一方、同じく百鬼夜行と思しき『今昔物語集』巻第十六第三十二話「隠形男依六角堂観音助顕身語第三十二」では、

怖げなる鬼共の行く也けり。或は角生たるも有り。或は手数《あま》た有るも有り。或は足一つして踊るも有り。

と、詳細である。この『今昔物語集』の頃が、見えない「モノ」の姿をあえて語らない時代から、「モノ」の姿を具体的に述べる時代への転換期だったのではないか。

三　絵巻に描かれた「モノ」

◉平安時代の絵巻と「モノ」

現存最古の絵巻は、十二世紀の「源氏物語絵巻」とされ、その「横笛」巻の絵は、夕霧の夢に友人の柏木《かしわぎ》の幽霊が現れた場面である。後世のこの場面の挿絵では、柏木の亡霊が半透明であったり、吹き出しの中に描かれたりする。しかし「源氏物語絵巻」では亡霊の姿を表さず、何かを感じて突然泣きだした柏木の赤ん坊と、慌てて魔除けの米を蒔く家人たちとを描いて「モノ」の気配の通り過ぎた後を暗示している。絵巻のこの場面も、具体的な幽霊の姿を描かないことで、不気味さを演

出したのであろう。

このように絵巻の中に「モノ」の姿を描かない例は、まだ他にもあるかもしれない。たとえば小松和彦は「信貴山縁起絵巻」で、延喜帝を病ませる「もののけ」が描かれていないことを指摘し、絵師は「もののけ」のイメージをまだはっきりと掴んでいなかったか、絵画化するのが怖かったか必要を感じなかった、と考える〔小松 二〇一二：五〕。実際、絵の中に姿の見えない「モノ」が想定されたり、常人や人以外の姿を借りて描かれたりしていたとしても(5)、詞書以外でそれが「モノ」か否かを判断することは難しい。

もっとも、「モノ」を描いた絵については、これらの絵巻よりも約百年前の『源氏物語』「帚木」巻の文中に、

人の見及ばぬ蓬莱の山、荒海の怒れる魚の姿、唐国のはげしき獣の形、目に見えぬ鬼の顔などの、おどろおどろしく作りたる物は、心にまかせてひときは目驚かして、実には似ざらめど、さてありぬべし。（傍線 山本）

と鬼の顔が、本物に似ていなくともそれらしく見える例に挙げられている。架空の物語とはいえ、鬼が絵に描かれる状況もあり得なくはなかったのである。

現存する絵巻で「モノ」が描かれた最古の例に「吉備大臣入唐絵巻」がある。吉備大臣を助ける

図2　「吉備大臣入唐絵巻」（ボストン美術館所蔵・部分）　鬼の姿で現れた亡霊

図3　『政事要略』巻29（国立国会図書館所蔵写本）　疫鬼

遣唐使阿倍仲麻呂の亡霊らしき「鬼」（図2）は、蓬髪に大きな目と口で角と牙を持ち、赤い筋肉質の裸形で褌を締め、爪の長い三本指か二本指の手足を持つ。これは現在も想像される鬼の姿に重なる。

この「鬼」を小山聡子は十世紀後半に成立した『政事要略』追儺《ついな》の挿絵の「疫鬼」（図3）と比較する。双方の鬼は姿形の上で明確には区別されていないことを指摘し、また仏画の獄卒や鳩槃荼《くばんだ》鬼と比べ、いずれも仏教図像の鬼が転用されたものと見る〔小山 二〇二〇：一五六～一五九〕。実際、『地獄草紙』の獄卒たち（図4）は、蓬髪に牙や角を持ち筋肉質の裸形に褌を締め、先の二例の姿と近い。

もっとも仏教の鬼神の造形も、古代中国の鬼神に由来するという〔小杉 一九八六：

図4　「沙門地獄草紙」（個人所蔵・部分）
剥肉地獄の獄卒

一九六～二〇六）。追儺は中国由来の風習なので、疫鬼の姿は直接、中国在来の鬼神に拠った可能性がある。(6) 十二世紀末の絵巻「辟邪《へきじゃ》絵」（宮 一九八三：三一～三五）では、中国在来の天刑星や鐘馗に退治される疫鬼も、同様の鬼形に描かれているからだ。

四　多様な姿の「モノ」たち

◉描かれ始める「モノ」

説話よりやや遅れて十四世紀、鎌倉末期から南北朝にかけての絵巻には、「モノ」の姿が続々と描かれ始める。「長谷雄草紙」は紀長谷雄が鬼に双六で勝って美女を得るが、約束の百日を待たずに同衾したため女を失う話である。人の姿で現れた男は双六に夢中のあまり「恐ろしげなる鬼の貌《かたち》」になるが、勝負が終われば人の姿に戻る。結末では長谷雄の所に現れ約束を守らずに女を失ったことを責めて「気色悪《けしきあ》しくなり」」、詰め寄ろうとして天神に追い払われる。この絵巻では描かず

図5　「長谷雄草紙」(永青文庫所蔵・部分)の天神に追い払われる鬼

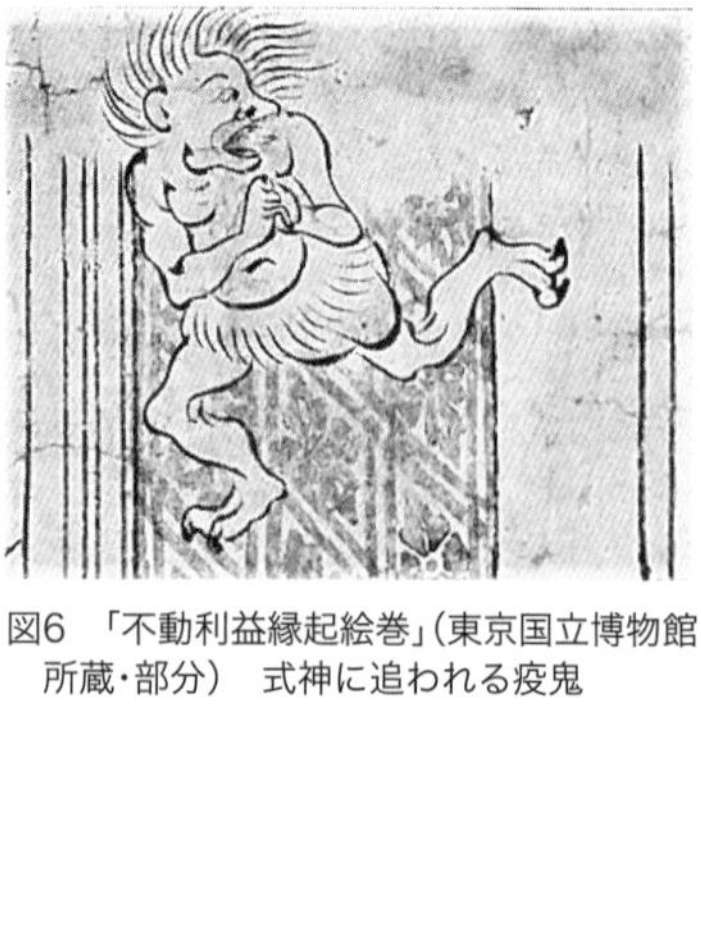
図6　「不動利益縁起絵巻」(東京国立博物館所蔵・部分)　式神に追われる疫鬼

に済ませられそうな箇所でも、つい本来の鬼に戻ってしまった姿を、計三か所で狩衣を着た鬼形(図5)として表す。いずれも先と同様に赤ら顔の筋肉質である。

●さまざまな形状の「モノ」の登場

同時代の東京国立博物館所蔵「不動利益縁起絵巻(泣不動縁起)」には、これまでになく多様な「モノ」が登場する。病める師僧の頭上を逃げようとする疫鬼(図6)の姿は、前述の鬼と共通する。追い払う側の式神も、安倍晴明が占う場面(図7)では右下に、蓬髪で目口が大きく疫鬼と共通する体型ながら、着甲や着衣で描かれる。注目したいのは、祭壇の前に並んだ五体の異形の「モノ」

である。手前から鳥頭の「モノ」、獣頭らしき「モノ」、長頭で九眼を持つ「モノ」、角盥《つのだらい》を顔とする「モノ」、三つ足の五徳《ごとく》を逆さまに被《かぶ》った「モノ」である。

同じ姿は十四世紀前半のクリーブランド美術館所蔵「融通念仏縁起絵巻」で結縁する疫鬼たち（図8）のうちにも見られる。両者の絵巻間で、図像の転用が行われたと考えられる（阿部 二〇一八：

図7 「不動利益縁起絵巻」（東京国立博物館所蔵・部分）
安倍晴明に対する疫鬼たち 右下は式神

図8 「融通念仏縁起絵巻」（クリーブランド美術館所蔵・部分）の多様な疫鬼たち

図9　「土蜘蛛草紙絵巻」(国際日本文化センター所蔵模本・部分)
土蜘蛛の配下たち

二二八〕。ここで東京国立博物館、クリーブランド美術館と所蔵者まで書いたのは、これらの絵巻以前に原本となる絵巻があったかもしれず、さらにその後、数多くの模写本が作られているためである。このような模写本の流布によって、多様な「モノ」の絵姿が、広く知られるようになる。

また東京国立博物館所蔵の「土蜘蛛草紙絵巻」では、疫鬼ではなく源頼光を脅かす土蜘蛛の配下として、さまざまな形状の「モノ」たちが次々と現れる。空飛ぶ髑髏、男女の生首、背丈が三尺で頭の大きな尼、鬼形の者、そして鳥頭や獣頭、器物を頭とする様々な「モノ」たち(図9)も登場する。しかしそれぞれの形状はいずれも「不動利益縁起絵巻」等と少しずつ異なるので、これらの図様を直接借用したのでないことがわかる。様々な「モノ」を目に見える多彩な形に表すことが、複数の方面で流行しつつあったのである。(7)

◉「モノ」の形態はどこから

このうち鳥頭や獣頭は、仏教に牛頭馬頭《ごずめず》のような獄卒像や、迦楼羅《かるら》のような鳥頭獣頭の護法神像が存在すること、また中国で隋から唐時代にかけて獣頭像が流行した（図10）ことから〔加藤 二〇〇五：三〇〜三一〕、いずれにしても大陸文化に拠ったと考えられる。また九眼の顔も、中国由来の四眼の方相氏（図11）や、密教の五眼を持つ金剛夜叉明王などの形相に触発されたものであろう。

しかし角盥や五徳のような器物を頭とする姿の「モノ」は、大陸に類例がない。器物が怪異を起こす話自体は、大陸にもある。田中貴子が挙げる『霊怪録』の夜中に詩会を催した人々の正体が器物だった話では、笛の化物は長細く黄色い顔にあばたというように「いかにも笛らしい容貌」だが、あくまでも人の姿として述べられている〔田中 二〇〇二：二〇四〜二〇五〕。

物語ならば『今昔物語集』にも、❺の鬼が現じた板や油瓶などがあった。しかし板は板のまま

図10 「梵文熾盛光佛頂陀羅尼諸尊圖會」（京都東寺寶菩提院所藏・部分） 猫頭人身像

図11 『政事要略』巻29（国立国会図書館所蔵写本・部分） 方相氏の四つ目

「俄《にわか》にひらひらと飛て」人を圧し殺し、本文に「此る物の気《け》は、様々の物の形と現じて有る」という油瓶も油瓶の形で「踊りつつ行《ありき》」、「鎰《かぎ》の穴より入」って娘を殺すが、器物を頭とした姿ではない。❹のうち人の姿に現じた水の精も銅の提《ひさげ》も、三尺という背丈ながら「翁」や「五位の太りたる」姿で、人と変わりはない。

◉「モノ」を主人公とする絵巻

これらにやや遅れる室町時代半ばには、人に捨てられた器物たちを主人公とする「付喪神記《つくもがみき》」絵巻や、怪しげな「モノ」の行列中に器物を頭とした姿が多く含まれている「百鬼夜行絵巻《ひゃっきやぎょうえまき》」が登場する。それぞれ多くの模本や類品があるが、ここでは両者の前後関係やその呼称の当否は問わない。

小松和彦は「百鬼夜行絵巻」諸本に登場する「モノ」の姿を検討し、動植物と魚貝類の擬人化、器物の妖怪、それ以外の鬼形などの三種に分類する〔小松 二〇〇八：一六六～一九二〕。擬人化した動物や魚貝類はよく知られた真珠庵本にはないが、他の類品には含まれ、すでに十二世紀の「鳥獣戯画」や、魚貝類では「彦火火出見尊《ひこほほでみのみこと》絵巻」の龍王の家来との近似が指摘されている。

そこで小松はそのまま擬人化が可能な四つ足の獣たちと違って、手足のない魚貝類は擬人化しにくいので海の話では魚や貝を頭に載せた形で描かれるようになり、これらの魚貝類に倣って器物もそれを頭とする姿で「擬人化」、もしくは「獣化」「鬼化」が行われたと考える〔小松 二〇〇八：一九四～二〇二〕。実際、クリーブランド美術館所蔵「融通念仏縁起絵巻」には、鳥頭や獣頭や器物を頭

図12　「百鬼夜行絵巻」（大徳寺真珠庵所蔵・部分）　釜と鍋と五徳をかぶった「モノ」

とする疫鬼たちの後方に巻貝らしきものを頭とする式神も描かれていて、魚貝類と器物の擬人化との近さを思わせる。

◉鍋と釜をかぶる「モノ」

ところで真珠庵本を含む「百鬼夜行絵巻」のほとんどに、器物を頭とする「モノ」に混じって、さかさまにした釜や鍋をかぶる「モノ」たち（図12）がいる。釜をかぶった「モノ」は湯立《ゆたて》に使う笹を持ち、鍋をかぶった「モノ」の方は杓子や擂《す》り粉木《こぎ》などの台所用具を結わえ付けた天秤棒《てんびんぼう》を担ぎ、その後ろから五徳を逆さまにかぶった三つ目の鬼形が火吹竹《ひふきだけ》を吹きつつ追う。これらは単に道具をかぶった姿なので、釜や鍋や五徳自体に目鼻はないが、そこから火炎を発しているので、ただ者ではない。

この釜と鍋について名倉ミサ子は、女が契った男の数だけ鍋を被って参拝するという『伊勢物語』にも載る筑摩《ちくま》神社の祭礼や、釜と笹を使う湯立神楽といった神事の影響を指摘する〔名倉 二〇一五：一二一〜一二五〕。

ただし、特定の物を頭にかぶる風習は神事に限らない。鼎《かなえ》をかぶって踊る話ならば『徒然草』にもある。頭を病む患者に鍋や焙烙《ほうろく》を頭にかぶせて灸《きゅう》を据える治療法や、悪病で死んだ死者の頭に鍋や擂《すり》鉢をかぶせて葬る習俗は、古くから各地に存在したという〔長沢 二〇一〇：六月号〕。そのような鍋釜をかぶった死者が現れれば、これも恐ろしかろう。この行列には、器物の妖怪とは異質の「モノ」も、混入しているかもしれない。

五　絵巻に描かれた神と「モノ」の効能

◉見てはならない神を縁起絵巻に描く

見えないことが本質であったはずの「モノ」が目に見える多様な姿を持つようになった十四世紀以降、「モノ」たちが描かれた絵巻は急激に増える。さらに「モノ」たちを主人公とした絵巻が登場し、数多くの模写が作られたのはなぜだろうか。その理由を、神を主人公とする絵巻との比較から考えたい。

「モノ」と時を同じくして十四世紀頃には、「北野天神縁起絵巻」「春日権現験記絵巻」「山王霊験記絵」「浦嶋明神縁起絵巻」のような、神を主人公とする神社の縁起絵巻も相次いで制作されている。これは垂迹神として神々を日本人の姿で表せるようになったため、さらには具体的な霊験を求めるようになった中世の人々のために、その神社の祭神の由来や霊験を絵巻とすることが流行したためと考えられよう。しかし、そうして作られたこれらの神社縁起絵巻は、いささか変わった特徴を持っている。祀られた以後は神の顔を描かないのである〔山本二〇〇六：八三～八四〕。

◉なぜ絵巻に神の顔を描かないか

実は、神の姿が僧形や本地仏や垂迹神像として造形されるようになった後も、わざわざ彫られたにもかかわらず、神像の多くは社殿の御簾の奥に人目に触れないように祀られていた。目に見える神の像を作らせても、人がそれをあからさまに見てしまうようでは、せっかくのご利益がなくなりそうな気がしたのであろう。

しかし神社の縁起絵巻では、その神が神として祀られるまでの由来を表さなくてはならない。たとえば「天神縁起絵巻」の菅原道真のように、その人物が神として祀られるまでには、尋常ではない起伏の激しい経験と、常人以上の喜怒哀楽を経ているのである。その姿を神社の御簾の内に隠したままでは、それぞれの場面の感情を表せない。

神の姿を見てはならない禁忌と、神の由来を詳細に伝える使命との間で折合いをつけるために、まず「神が神として祀られる以前の場面ではその姿をあからさまに描く、ただし神として祀られた以後は姿を表さない」という方法が考え出された。たとえば「松崎天神縁起絵巻」の菅原道真は、

図13　「松崎天神縁起絵巻」（防府天満宮所蔵・部分）　火を吹く菅原道真の幽霊

図14　「松崎天神縁起絵巻」（防府天満宮所蔵・部分）　官位を追贈される（道真の姿はなく社殿のみ）

生前の栄華や配流後の悲嘆も、死後に幽霊となっての出現（図13）や、雷神として清涼殿に落雷する場面も、その姿と顔は隠さずに表される。ところが道真が天神として祀られた後は、太政大臣の位を追贈される名誉回復の場面（図14）さえも、天満宮の社殿のみが描かれ、神の姿はない〔山本二〇〇六：七六〜七八〕。

それでも神社縁起の中には「春日権現験記絵巻」のように、祀られた神が人の前に現れて霊験を下す場面で神の姿を表さざるを得ない場合もある。そこで絵師はぎりぎりの妥協点として、祀られる以前だけでなく神として祀られた以後の箇所でも神の姿は描くものの、神を後ろ姿にしたり頭部が社殿の屋根で隠れるように描いたり（図15）して、せめて顔だけは見えないようにと、いじましいほどの工夫をしている。「浦嶋明神縁起絵巻」でも、神として祀られる以前は物語に従って浦島子の様々な表情が描かれるにもかかわらず、ひとたび明神として祀られた以後の場面では、その顔は一切見えない。

◉「モノ」の絵姿を見る効用

神も「モノ」も、本来は人の目には見えないという共通する性格のものであった。縁起絵巻では神の本来の姿、特に顔を見ることでその効験が失われてしまうことが、ここまで恐れられていたのである。ならばこの発想を神と逆の形で「モノ」についても、当て嵌められるのではないか。見えないはずの神の姿を見てしまって人に対する神の効験が失われるのならば、同じく見えないはずの「モノ」の正体を見てしまえば、見た人に「モノ」の力が及ばなくなることになる。

「モノ」の名前を知ることによる撃退法であれば「（名前の）漢字音を訓読みすることによっ

図15　「春日権現験記絵」（三の丸尚蔵館所蔵・部分）　社殿の軒で顔が隠された春日の神

て正体が明かされ、退治される」〔伊藤 二〇一八：七七〕という「化物問答」や「蟹問答」の例がある。視覚においても同様であるとすれば、人が「モノ」の姿からその正体を見抜いてしまったなら、「モノ」はその力を失うことになる。神の顔を見ることでその霊験が失われることを恐れて神の顔を描かない縁起絵巻とは逆に、あえて「モノ」たちのあらゆる姿を曝《さら》した絵巻を見てその正体を知ることにより「モノ」を無力化できるとすれば、少なくとも得体のしれない「モノ」に何をされるか判らないという種の怖さからは、解放されるのである。

十四世紀以降、さまざまな「モノ」の姿を具体的に描いた絵巻や、そのような「モノ」たちを主人公とした絵巻が作られ、数多くの模写本が作られるようになった背景には、そのようなあえて「モノ」の姿を見ることへの効能も、加担していたのではないだろうか。

注

(1)「「妖怪」は祀り上げられると「神」になり、逆に祀りが不足したり祀り手がいなくなると「神」は「妖怪」になるのである。」〔小松 一九九四：三二七〕に、準ずる。

(2) 読み下しは山口建治によるが〔山口 二〇一六：二九〜三五〕。それでも付加された時点では、鬼を姿を見せぬ存在とする発想が存在したことに違いはない。〔山口 二〇一六：一六〕、山口はこの箇所を後人の付加と見る

(3)「姿が見えないからこそ恐ろしいものとして想像されたのである」〔森 二〇一九：八〕。

（4）目一つ、足一つの姿については別の由来〔柳田一九三四：六〕も考えられる。
（5）ここで小松は目に見える「もののけ」の可能性があるものに「北野天神援護絵巻」の菅原道真の怨霊が憑依したり姿を変えたりした例として、太郎丸に憑依して託宣する場面や雷神や藤原時平の耳から出る蛇も挙げるが、本論ではこれらに触れない。
（6）小山は『白描絵料紙墨書金光明経（目無経）』武藤家本に見える大小の鬼神については、『山海経』に基づいた「手長足長」からの影響と考える。
（7）論者はこの「土蜘蛛草紙絵巻」は、当時行われた人形芝居を絵巻に仕立てたものではないかと考える〔山本二〇一五：二九四～二九五〕。

参考文献

伊藤龍平 二〇一八『何かが後をついてくる　妖怪と身体感覚』青弓社
岡直己 一九六六『神像彫刻の研究』角川書店
加藤真二 二〇〇五「中国における獣頭人身十二支像の展開」『奈良文化財研究所紀要』
小杉一雄 一九八六「鬼神のかたち」『中国美術史　日本美術の源流』南雲堂
小松和彦 一九九四『憑霊信仰論』講談社（初出は一九八二年）
小松和彦 二〇〇八『百鬼夜行絵巻の謎』集英社
小松和彦 二〇一二「見えない「もののけ」を描く――鬼・妖怪・幽霊をめぐって」『禅文化研究所紀要』四一
小松茂美編 一九七七『日本絵巻大成』三「吉備大臣入唐絵巻」中央公論社
小松茂美編 一九七七『日本絵巻大成』七「餓鬼草紙　地獄草紙　病草紙　九相詩絵巻」中央公論社

小松茂美編　一九七七　『日本絵巻大成』一一「長谷雄草紙　絵師草紙」中央公論社
小山聡子　二〇二〇　「平安時代におけるモノノケの表象と治病」『前近代日本の病気治療と呪術』思文閣出版
今野達　一九七一　「解説」『日本古典文学全集』二一「今昔物語集　一」
田中貴子　二〇〇二　『百鬼夜行の見える都市』筑摩書房
長沢利明　二〇一〇　「焙烙と擂鉢のまじない」西郊民俗談話会ＨＰ連載『民俗学の散歩道』八　http://seikouminzoku.sakura.ne.jp/sub7-08.html　二〇二一年一月七日閲覧
名倉ミサ子　二〇一五　「鍋と釜――『百鬼夜行絵巻』に見る神事の位相」『怪異・妖怪文化の伝統と創造ウチとソトの視点から』四五
宮次男　一九八三　「六道絵」『日本の美術』二七一、至文堂
森正人　二〇一九　『古代心性表現の研究』岩波書店
柳田国男　一九三四　『一目小僧その他』小山書店
山折哲雄　一九八四　『神から翁へ』青土社
山口建治　二〇一六　『オニ考』勁草書房
山本陽子　二〇〇六　『絵巻における神と天皇の表現――見えぬように描く』中央公論美術出版
山本陽子　二〇一五　「東京国立博物館本「土蜘蛛草紙」絵巻と人形芝居――特異な筋立てと絵画表現の理由について」『明星大学研究紀要』【人文学部・日本文化学科】二三

図版出典

1 『本地垂迹』奈良国立博物館編、図版一〇九、二〇〇九年
2 『日本絵巻大成』三、図版二八頁、中央公論社、一九七七年
3 国立国会図書館デジタルコレクション　https://dl.ndl.go.jp/info:ndljp/pid/2561024
4 『日本絵巻大成』七、図版六九頁、中央公論社、一九七七年
5 『日本絵巻大成』一一、図版三九頁、中央公論社、一九七七年
6 国立博物館所蔵品統合検索システム
ColBase　https://colbase.nich.go.jp/collection_items/tnm/A-10480?locale=ja#&gid=null&pid=10
7 国立博物館所蔵品統合検索システム
ColBase　https://colbase.nich.go.jp/collection_item_images/tnm/A-10480?locale=ja#&gid=1&pid=9
8 『続日本絵巻大成』一一、図版八二頁、中央公論社、一九八三年
9 国際日本文化研究センターデータベース
https://lapis.nichibun.ac.jp/ema/Detail?tid=09&sid=01&did=01
10 大正新脩大蔵経刊行会『大正新修大蔵経』図像編四、一四六頁
11 国立国会図書館デジタルコレクション　https://dl.ndl.go.jp/info:ndljp/pid/2561024
12 『日本絵巻大成』二七、図版八三～八五頁、中央公論社、一九七九年
13 『続日本絵巻大成』一六、図版二四頁、中央公論社、一九八三年
14 『続日本絵巻大成』一六、図版四二頁、中央公論社、一九八三年
15 『続日本絵巻大成』一四、図版六四頁、中央公論社、一九八二年

石を降らせるのはなにものか?

化野 燐◉ADASHINO Rin

はじめに

すべていつものとおりなら、わたしたちは身のまわりで起きることに驚いたり、困惑したりしない。あたりまえで予測通りのものごとがくりかえされる日常は退屈かもしれないが、安堵感を生み、こころを落ちつかせてくれる。

しかし、ひとたび滅多に起きないような現象が起きれば、安らぎは破られる。多くの場合、わたしたちは驚き、興奮し、取り乱し、緊張する。毎年、毎月、毎週、毎日のきまったくり返しを乱す、いつもと極端に異なる出来事が身のまわりで起きたとしよう(1)。

そんな異常な現象が起きたと知ったら、わたしたちはなぜそれが起きたのか、理由や原因を考え、どうにか解釈しようとする。そうした出来事を自分たちのようなあたりまえの人とは異なる存在(天や神仏、超能力者、生きた者の霊、遺恨を残して死んだ者の霊、よそ者、動植物、鉱物、地球外生命体などなど)が、その怒り、不満、警告、要求や賞賛などの意を伝えようとしたり、攻撃や捕食、誘拐、悪戯《いたずら》、親交、通婚、応報、援助など、なんらかの目的で人とかかわるために起こしているとか、なにかの前兆だと考える傾向がわたしたちにはある。異常な現象を起こす存在と意思疎通《コミュニケート》し、上手く制御《コントロール》し穏やかにつきあうことができていれば、いつもと違うことに頭を悩ませたり、惑わされたりすることはないと先人たちは考えた。人ならぬものと問題なくやれていると感じられたら、現実的に有効な対処がなされなくても、人びとはふたたび安堵し落ちつくことができた。

一　江戸の町には狐狸が降らせる

石や砂が降ったり、それらしき音が聞こえたりする異常な現象があるそうだ。

近世の江戸。文政年間の『麻布寺社書上』に富士見稲荷の由来として、このような話が載せられている。(2)

元禄十一年（一六九八）三月の事だ。麻布にあった御殿の用地に召しあげられたある屋敷には、その地を鎮め守る稲荷の社があったのだが、御殿を建てるために撤去されてしまった。その後、毎夜どこからともなく石くれを打ちこむ音、降っていない雨の音、おびただしい人の声がし、神楽の演奏が聞こえ、たくさんの石が強く打ちこまれても人には当たらないという現象も起きるようになった。原因となった存在を、宮田登は「地主神（略）のつかわしめとしての狐」だろうとする。(3)人びとは鎮守の社を処分したため祟っているのだと考え、改めて稲荷をお迎え（勧請）し、祀りなおした。

近世、石や砂、瓦礫を降らせるのは、ヲサキ狐や野狐などの狐狸、産土神、天狗、それらに憑かれた人などとされてきた。(4) この一件では、夜聞こえる場違いな音や石打ちを、祭祀の再開を要求する存在の仕業と解釈し、相手をふたたび神あつかいすることでなだめたわけだ。異常な現象に驚き慌てた関係者が納得し、こころを落ちつかせられる手順さえ踏めば、それでみんな安堵し、騒ぎはおさまる。そういうこころのあり方が当時は共有されていた。

図1　石が降る
（『新補倭年代皇紀絵章』早稲田大学図書館蔵）

人に害をなす狐狸の話は枚挙に暇がない。文化十三年（一八一六）に並木定恒が記した『妖怪門勝光伝』によると、狐は人に石を打つのはもちろん、まぼろしの火を見せ、お囃子の鉦の音をきかせるという。化けるのも上手で、人に化けて話をしたり、お産でなくなった女性の姿で現れ子供を人に抱かせたりもする。ヒトの頭の形で空を飛んだり、地面を転がったりもするそうだ。竹や木曲げ、山や垣根のまぼろしを見せ道路を塞ぐ悪戯は、柳田國男らがあつめた「妖怪名彙」にある「ヌリカベ」と似ている。狸はどうか。太鼓の音をさせるとあるのは、腹鼓だろう。夜に人の名を呼ぶ。化けるのが上手く、坊主や小僧の姿に変化する。

極めつけは、陰嚢を人に被せる悪戯だ。人の頭になにかが被さる現象は「イッタンモメン」を思わせる。(5)

かつて狐狸などの獣たちは、変化すればヒトの姿になれ、悪戯もすると考えられていた。「稲荷下げ」や「狐下げ」、修験者などの口寄せを介し人と意思疎通できるとされるものもあり、現在よりも人に近かった。その祟り、悪戯が著しければ、油揚げなど求める供物が得られたり、祀られて神になれたりすることもあった。江戸時代には、異常な現象の原因者を祀りなだめるため、稲荷の勧請や祭祀を行なうには、正一位の官位を授ける一定のやり方があり、この手続きを管理していたのは、吉田家、白川家、京都の伏見稲荷などである。吉田家は徳川幕府が国を支配するための神職を組織化した支配機構を確立し支えていた。白川家も吉田家と競合しつつ、やはり神職を組織化していた。「正一位稲荷大明神」の位階に任ずるには、そのような機構に認可され、吉田家の発行する「宗源宣旨《そうげんせんじ》」、白川家や伏見稲荷の勧進証書などの証明書類を授かる必要があった。このような制度とその運用は、それが正しいことかはさておき、想像上の獣を上手く制御し、緊張した人びとを落ちつかせ、社会を安定させる機能を果たしていた。(6)

二　鹿児島県では人が降らせる

明治維新以後も、石が降ったという話は多く記録されており、井上円了の『お化けの正体』には、こんな新聞記事が紹介されている。

大正時代、場所は鹿児島県。ある家でおかしなことがたてつづけに起きた。机の上の絵の具が井戸の水に溶けて血のように赤くなったり、化粧壜が勝手に移動したり、座敷に大きな石が転がりこんできたりした。金魚が姿を消し、下駄が一足消失したとも。縁側から石が転がりこみ、砂が降った。障子や雨戸が勝手に開いた。記録によると、石は十一回も舞いこみ、砂の降下については数えきれないほど。警察までかつぎだされ、現場を警戒する騒ぎになった。

結局、事件はこの家で使われていた女性が、こころを病んで行ったことだと判明したという。この事件が江戸時代に起きていたら、狐狸、天狗などの仕業である可能性が検討されただろう。だが、この事例にそうした経緯は記録されておらず、あっさりこころを病んだ女性の仕業として解決されている。この頃には心の病、復讐や悪戯など、人の仕業とする合理的理解が優勢になり、迷信的な説は持ち出されることがあっても否定されるようになっているわけだ。この変化は、どのような背景のもとに進行したのだろうか。

まず、異常な現象の原因とされた存在を祀る対処法が、当時の宗教をとりまく状況の変化により機能しにくくなったことがある。これには、明治新政府が行った廃仏毀釈、神社統廃合といった国家神道を整備するための政策が、それまでの神仏と人との関係を再編成し、祀られるべき神とそれ以外の国家的にはいなくてもよいと思われる存在を明確に区別したことが、大きくかかわっている。(7) 神々の再編成が行われ、仏やなんでも祀る淫祀はしりぞけられられた。狐狸などは、当然祀るべきでないものとされた。吉田家、白川家による神の位階の授与も、両家が神道の再編成の結果、役割を終えたこともあり、明治維新以降は行われていない。伏見稲荷による付与も、明治政府からの圧力で一時停止している。(8) 明治六年には「梓巫市子並憑祈祷孤下ケ等ノ所業禁止ノ件」という法令により、生霊や死霊と口寄せで意思疎通する巫女や、狐狸の意志を口寄せで人びとに伝える「狐下げ」の行為が禁止されている。こうした制度の変化や禁令により、人ならぬものとの意思疎通は困難になり、祭祀や供物の要求はとどきにくくなってしまった。さらに、先述の井上円了らが、廃仏毀釈などによる仏教の衰退に抗するべく推し進めた迷信撲滅を通し、自分たちと身のまわりの事物との関係をどうとらえるか、それまで日本人が馴染んできた考え方が後退し、西欧起源の科学に影響を受けた考え方が広まり、獣は人のような悪戯や意思表示はしないという判断が建て前的には正しいとされたことも無視できない。

しかし、井上本人の著作に投石事例が多数紹介されていることからわかるように、当時、類似の事件が各地で多発している点が問題だ。つまり、人びとのこころを安定させる手段として、科学風な表現による否定だけというのは必ずしも上手く機能していなかったようなのである。狐狸、天狗などの仕業ではないと、理屈で否定はできても、そうした解釈が必要とされた過去の経緯、惰性や感情の問題などを理解し、人びとの安堵を考慮した対応はとらないため、新たな解釈への不信感が後に残ってしまう。(9) 社会的緊張を緩和する新たな対処法になってはいないのだ。それに気づいた柳田國男は「幽冥談」で、井上への「反対の意」を表明し、彼なりに研究を深めていくのである。

三 祀られなくなった「お化け」たち

神になる道を狭められ、新しい解釈にかつてのあり方を否定されてしまったものたちは、どこへ行ったのか？ 民俗学の黎明期、柳田たちが残した記録により、消息を知ることができる。

昭和十二年頃、柳田は山や川、海にいると思われていた人ならぬ存在、それらがおこす現象にかかわる言葉をひととおり収集し終え、時や所に似合わぬ怪音をさせるもの、町や路傍にいるもの、怪火、時期を決めて現れるものなど、当時まだ収集が不十分だった存在にかかわる語彙を集めるべく、研究仲間との連絡などに用いていた会誌『民間伝承』で「妖怪名彙」の連載を開始し、類似の語彙などを募集する。彼等が収集したのは、怪しい音を出す、人の足もとに転がってくる、道をふさぐ、上からぶら下がっておどかす、人に石をぶつけ、砂をかけ、顔や頭に被さったりする存在の名、それらに関する情報（それらが出現する時、場所、正体や対処法、現象や話の型をしめす語など）だ。

列挙された具体例の中にある、人に石をぶつける「シバカキ」は伝承地の熊本県では狸の仕業だとされていたし、「スナカケババ」も狸に近しい存在である。(10) このように、要点だけがカードに抜き書きされ、本来の文脈から遊離、断片化し、もとのあり方がわかりにくくなってしまった「妖怪名彙」に採られた語の来歴を調べ、伝承が採集された地の最初の記録にまで遡ってたしかめると、怪音をはじめ、転がったり、道をふさいだり、被さったりするなど前述の悪戯は、多くの場合、狐狸の化かしの技であることが判明する。

柳田たちはいわゆる「妖怪」の名だけでなく、それを見出し語《インデックス》に用いて、背景の異常な現象にかかわる情報を幅広くすくいあげ、整理しようとしていたのだ。つまり、彼らが収集・研究しようとした「妖怪」とは、狐狸や死霊、忘れられつつある神などの仕業である現象と、それらが化けた存在の両方の側面、さらにはさまざまな関連要素までカバーしていたのである。そして、彼らが着目していた現象とは、明治新政府に祀る必要がないとされた些細なものたちによる祭祀要求や悪戯であり、意思疎通と制御の手段を忘れつつある人びとに、声が届かなくなったものたちの言葉にならない意だったのだ。

では、柳田たちは、そうした事物を集め、なにをしようとしていたのか。手がかりは、昭和三年(一九二八)の彼の講演録「妖怪変化」に書きとめられた肉声のなかに見出せる。彼は「迷信を捨てよ、お化けなど考えるな」と国家がいうことは大事であるが、人びとの「不安をのぞかない」まま、高圧的な「生活文化改良」を行ったのではふたたび淫祀邪教に走るだけだとし、「日

本の平民史を知る」学問をたてる必要があると主張している。(11)

目指していたのは、自分たちの同時代の事物として語られている異常な事件、人ならぬものたちを、周囲の環境との適切な関係のなかで理解し、その成り立ちの歴史を正しくたどった上で、国家神道をはじめとする当時の社会制度にあわせて適正化することだ。人を化かす獣たちの悪戯は当然、山河にひそむ天狗や河童、陸や海の死者の霊など人以外の存在や異常な現象を、いないならいない、起きないなら起きない、虚偽なら虚偽として否定するにしても、当時の科学の言葉だけを頼りにただ乱暴に切り捨てるのではなく、歴史的な形成の過程を理解した上で、こころの問題についても対応を行うこと。大災害を「天罰」とするような有害な解釈をするのではなく、(12)まれに発現する異常な現象や人ならぬ存在たちのまぼろしを上手く制御し、人びとが安堵できる日常を回復する手段を手に入れることではなかっただろうか。

おわりに

現在、すこし身のまわりをみわたしただけで、本来の文脈から遊離、断片化した自分に都合のよい情報ばかりをよせあつめ、似た者同士で歪んだ世界観をつくりあげることが、多くの人にとってあたりまえになりつつあることに気づかされる。いや、うっかりしていたら、気づかずに自らその仲間になっていることさえある。

だからこそ、わたしは「妖怪」のようなよせあつめ情報こそ、まず、本来の歴史的な位置へ、記録された時代や地域の環境や語りの文脈へもどしてやり、世界各地の同類型の事例と比較するなどし、これまでより丁寧に読み理解しなおすべきだと考える。人びとが抱く幻想や信仰などについて真摯に問いなおし、わたしたちがなにに驚き取り乱すのか、どうすれば理知的に納得、安堵できるのかを自問しなければならない。異常で、困惑する現象を他者の仕業とし、よそへ押しつけて終わるのではなく、自分たちの問題として考え、実在や影響力を否定すべき存在は否定した上で、井上や柳田たちの時代とはまた違う現在の状況にあわせた安らぎの方策を練るために。そのような仕事は、これまで「怪異」、「妖怪」などの語でくくってきた、わたしたちが発現頻度が低いと感じる事物の一部にただ驚き困惑したり、心を躍らせ楽しんだりするだけでなく、どうしてもそれらに驚き、惑い、魅せられ、過剰な解釈をしてしまう、わたしたちのこころのクセを超え、人が長きにわたって積みあげてきた異常な事物とのつきあい方にかかわる知を、よりよい明日をつくるため有効に活かす手がかりとなるに違いない。

注

（1）それらがどんな現象であり、いかなる存在がその原因者、もしくは、構成要素とされたのかは、本書収録の文章に多数の実例があがっているので、そちらを参考にしてください。
(2)『麻布寺社書上』八は国会図書館のデジタルライブラリーで公開されており、当該の由来の写しが確認できる（https://dl.ndl.go.jp/info:ndljp/pid/2571381/124~129）。同ライブラリーの〔麻布区 一九四二〕三〇〇~三〇一頁（https://dl.ndl.go.jp/info:ndljp/pid/1042117/168）にも別写本を活字にしたものがある。富士見稲荷の由来については〔宮田 一九七三〕に、その概要と同氏による考察がまとめられている。
(3) 検証もなく、富士見稲荷＝狐とする宮田の見解には疑問を感じるが、近世江戸での稲荷神の受容の状況を考慮すると、逆に宮田の想定を覆す根拠が見つけられない。この件の当事者も、稲荷がどんな神か深く考えることなく、本来は神使である狐と同一視していた可能性は高いと考えられる。
(4)〔柳田 一九一三〕などによるが、なかには『大泉百談』のように下女の仕業だとわかったが、背後になにかいるのかどうかは明らかにされず、人の仕業だと判断をしたらしき事例もある。
(5)〔柳田 一九五六〕にまとめられているが、本来「妖怪名彙」は、昭和十三年（一九三八）から翌年にかけて断続的に『民間伝承』に掲載された記事である。成立の経過、掲載目的などについては〔化野 二〇一五・二〇一七〕を参照してください。
(6)〔榎本 一九九七〕。
(7)〔安丸 一九七九〕〔村上 一九七〇〕など。
(8)〔榎本 一九九七〕。
(9)〔三井 二〇一九〕で紹介されている心理学者ポール・ブルームらの研究によると、人は科学的に正しいとされる考え方より、自分の「直感に合う」「信頼する人に教えられる」という要素をふくむ考え方を優先する傾向がある。ここで問題にしているような、伝統的な世界観とかかわる判断の場合、信頼できる年長者から得た知識を重視する傾向はより強かっただろう。

(10) 同項目のもとになった方言集をまとめた能田太郎による〔能田 一九三五〕には「シバカキ（タヌキの悪戯）」という記述がある。「スナカケババ」と狸の近縁性については〔化野 二〇一七〕を参照のこと。また、人に砂をかける存在の話は、青森県から種子島まで広く分布しているが、「スナカケババ」などと呼び、高齢女性の仕業であるとする例は、滋賀県、大阪府、兵庫県、奈良県、岡山県と近畿周辺に偏っている。さらに男性だとされる「スナカケボーズ」は滋賀県、奈良県で確認できる。この分布は、獣を異常な現象の原因とする古い考えが本文でふれたような解釈の変化のなか現実味を失い、獣ではなく人の仕業とする認識のもと新たに京阪神の都市部でつけられた名と形態についての属性などの情報が遅れて周辺地域へ拡がっていった様子を反映している。

(11) 〔柳田・大月 二〇〇八〕による。このほか〔室井 二〇一〇〕〔香川 二〇一二・二〇一七〕などが、柳田の迷信に対する態度について考える参考になる。

(12) 〔柳田 一九二八〕には、関東大震災当時、ロンドンにいた柳田が、震災を軽佻浮薄に流れる近ごろの人間への神の罰だと主張した議員に「強硬なる抗議」をしたとある。彼はこうした「天譴説」を苦々しく思っていた。これは柳田の民俗学と怪異学の接点として、もっと注意されてしかるべき逸話だと思う。

参考文献

麻布区 一九四一 『麻布区史』東京市麻布区
化野燐 二〇一五 「「妖怪名彙」ができるまで」東アジア恠異学会編『怪異を媒介するもの』アジア遊学一八七、勉誠出版
化野燐 二〇一七 「滋賀県」「大阪府」小松和彦・常光徹監修、香川雅信・飯倉義之編『47都道府県・妖怪伝承百科』丸善
化野燐 二〇一八 「「妖怪」を選ぶ」東アジア恠異学会編『怪異学の地平』臨川書店
井上円了 一九一四 『お化けの正体』丙午出版社
榎本直樹 一九九七 『正一位稲荷大明神』岩田書院
香川雅信 二〇一二 「柳田國男と妖怪・怪談研究」『日本民俗学』二七〇、日本民俗学会
香川雅信 二〇一七 「柳田國男の妖怪研究」小松和彦編『進化する妖怪文化研究』株式会社せりか書房
並木定恒 一八一六 「妖怪門勝光伝」呉秀三編『呉氏医聖堂叢書』株式会社思文閣
三井誠 二〇一九 『ルポ 人は科学が苦手』光文社新書
村上重良 一九七〇 『国家神道』岩波新書
室井康成 二〇一〇 『柳田國男の民俗学構想』森話社
能田太郎 一九三五 「玉名郡昔話（三）」『昔話研究』第一巻第四号
宮田登 一九七三 「江戸人の信仰」西山松之助編『江戸町人の研究』第2巻、吉川弘文館
安丸良夫 一九七九 『神々の明治維新』株式会社岩波書店

柳田國男 一九〇五 「幽冥談」『新古文林』第一巻第六号、近時画報社
柳田國男 一九一三 「池袋の石打と飛騨の牛蒡種 巫女考の六」『郷土研究』第一巻第六号、郷土研究社
柳田國男 一九二八 「南島研究の現状」『青年と学問』日本青年館
柳田國男 一九五六 『妖怪談義』修道社
柳田國男 述・大月松二 筆記 二〇〇八 柳田國男講演「妖怪変化」筆記（昭和三年六月一日）『伊那民俗研究』第一六号

あとがき

二〇二〇年（令和三）冬にはじまり、パンデミックを引き起こした新型コロナウイルス感染症（COVID-19）は収束の兆しが見えない。そうしたなか、災厄を避けるため、「アマビエ」の絵がSNSで拡散し、イラストや商品など多様な形態で人口に膾炙している。「アマビエ」は、弘化三年（一八四六）、肥後国（熊本県）の海中に毎夜光るものがあり、役人が確かめに行ったところ、海中から出現し、今年から六年間は豊作が続くが、病気が流行するので自分の姿を写して見せるようにと告げて海中に消えたという（京都大学附属図書館蔵）。感染症の予防についての医学的な知識の普及した現代社会でも、「アマビエ」に願いを託す心性が生きていることに驚かされる。

古来、人は自然災害や疫病など抗うことのできない出来事に出会ったとき、その不安をさけるため、神や仏に祈りを捧げてきた。また、日々の暮らしのなかで、年中行事や人生儀礼など時の節目に儀礼を繰り返すことによって、何事もなく平穏無事な幸せが続くことを願ってきた。そこには、科学や合理性で割り切ることのできない、経験知から生み出された知と技がある。

東アジア恠異学会は、「怪異」をキーワードに、様々な記録に残されている不思議なコトやモノに関する知と技についての研究を深め、その背後に潜む国家や社会、人間の心性を読み解くことに挑戦してきた。

二〇二〇年に学会創設二〇周年を迎え、京都産業大学むすびわざ館ギャラリーにおいて記念展示「吉兆と魔除け——怪異学の視点から」（二〇二一年二月十四日から四月二十四日）を開催した。この展示では、「吉兆」と「魔除け」をとりあげ、これまでの研究成果をふまえ、人々が願いや祈りを託した文物を通して、祥瑞災異思想や卜占技術など東アジアにおける思想や文化を知る手掛かりとした。コロナ禍で行動制限もあり、WEB展示も行い、関連フォーラムもオンラインでの実施となった。京極夏彦氏、村上紀夫氏、久禮旦雄氏、大江による記念フォーラム「吉兆と魔除け」（二〇二一年三月七日開催）については、雑誌『怪と幽』Vol.007（佐々木聡「コロナ禍における怪異学と学会設立二〇周年」、角川書店、二〇二一年）にまとめている。

　このように、東アジア恠異学会では、研究会活動、研究書の出版活動に加え、研究成果を積極的に社会に発信するように心がけてきた。雑誌『幽』（メディアファクトリー）に「怪談考古学《アルケオロジー》」「京都ダイバー」「霊《モノ》ガタリの系譜」という連載をし、フォーラムや講演会を開催し、ひとりでも多くの方に「怪異学」を知っていただきたいという思いからであった。現在は、インターネットなどで、多くの人が大量の情報や知識にアクセスすることが可能となっている。しかし、専門知を尊重せず、深く学ぼうとせず、誤った情報や知識が拡散されることもある。怪異・怪談や妖怪についての言説も同様である。怪異学は、創設二〇年の若い学問であるが、研究の蓄積によって得られた専門知は少なくない。なかでも、「怪異」という言葉への厳密なアプローチと時代や社会によって異なる意味を内包していることを明らかにしたことは重要だと考える。

学問は、現代社会と切り結び、研究を推進していかなければならない。そのために、大学や研究機関を中心に学界のなかだけで通じる研究ではなく、広く社会に研究成果を還元していかなければならない。本書は、怪異学をこれから学ぶ人のために編んだものである。各章を一読いただき、怪異学に関心を寄せていただければ幸いである。ぜひ研究会にご参加いただきたい。

なお、本書は、大江を中心に、木場貴俊、久留島元、久禮旦雄、佐々木聡が編集にあたった。

最後になりましたが、本書のためにすてきな題字を記していただいた東アジア恠異学会会員の土橋誠雲さんに心よりお礼申し上げます。また、出版事情が厳しいなか、小さな学会の成果が刊行できたのは、勉誠出版、編集を担当していただいた武内可夏子さんのおかげです。ほんとうにありがとうございました。

二〇二一年〈令和三年〈辛丑歳〉〉九月

東アジア恠異学会　代表
園田学園女子大学　教授

大江　篤

執筆者一覧（論文収録順）

大江　篤（おおえ・あつし）
園田学園女子大学経営学部教授。東アジア恠異学会代表。
専門は日本古代史・民俗学。
著書に『日本古代の神と霊』（臨川書店、二〇〇七年）、編著書に『尼崎百物語』（神戸新聞総合出版センター、二〇一六年）、『皇位継承の歴史と儀礼』（臨川書店、二〇二一年）などがある。

榎村寛之（えむら・ひろゆき）
斎宮歴史博物館学芸員、関西大学・放送大学（京都）非常勤講師。
日本古代王権を斎王、怪異、祭祀などから捉えなおしている。
著書に『律令天皇制祭祀と古代王権』（塙書房、二〇二〇年）、『斎宮――伊勢斎王たちの生きた古代史』（中公新書二四五二、中央公論新社、二〇一七年）などがある。

久禮旦雄（くれ・あさお）
京都産業大学法学部准教授。
専門は日本法制文化史。
著書に『元号　年号から読み解く日本史』（共著、二〇一八年、文春新書）、『皇位継承の歴史と儀礼』（共著、二〇二〇年、臨川書店）などがある。

佐々木　聡（ささき・さとし）
金沢学院大学文学部講師。
専門は中国社会史・宗教文化史。
著書に『復元白沢図――古代中国の妖怪と辟邪文化』（白澤社、二〇一七年）、論文に「異と常――漢魏六朝における祥瑞災異と博物学」（東アジア恠異学会編『怪異学の地平』臨川書店、二〇一八年）、「中国古代・中世の鬼神と自然観――「自然の怪」をめぐる社会史」（山中由里子・山田仁史編『この世のキワ――〈自然〉の内と外』勉誠出版、二〇一九年）などがある。

山田雄司（やまだ・ゆうじ）

三重大学人文学部教授。

専門は日本古代・中世信仰史。

著書に『崇徳院怨霊の研究』（思文閣出版、二〇〇一年）、『怨霊・怪異・伊勢神宮』（思文閣出版、二〇一四年）、論文に「日本中世における疫病への宗教的対応――四角四堺祭を中心に」（『歴史学研究』一〇一一、二〇二一年）などがある。

南郷晃子（なんごう・こうこ）

神戸大学国際文化学研究推進センター・協力研究員、国際日本文化センター・技術補佐員、京都ノートルダム女子大学他・非常勤講師。

専門は近世説話。

論文に「地域社会の「神話」記述の検証――津山、徳守神社とその摂社をめぐる物語を中心に」（植朗子・南郷晃子・清川祥恵編『「神話」を近現代に問う』勉誠出版、二〇一八年）、「「キリシタン」の幻術――『切支丹宗門来朝実記』系実録類と地域社会の「キリシタン」」東アジア恠異学会編『怪異学の地平』臨川書店、二〇一九年）などがある。

赤澤春彦（あかざわ・はるひこ）

摂南大学外国語学部准教授。

専門は日本中世史。

著書に『鎌倉期官人陰陽師の研究』（吉川弘文館、二〇一一年）、『新陰陽道叢書　第二巻中世』（編著、名著出版、二〇二一年）、論文に「日本中世における病・物気と陰陽道」（小山聡子編『前近代日本の病気治療と呪術』思文閣出版、二〇二〇年）などがある。

杉　岳志（すぎ・たけし）

島根県立大学人間文化学部准教授。

専門は日本近世史・文化史。

論文に「書籍とフォークロア」（『一橋論叢』一三四―四、二〇〇五年）、「徳川将軍と天変」（『歴史評論』六六九、二〇〇六年）、「近世前期の民衆と彗星」（『日本歴史』七〇九、二〇〇七年）などがある。

細井浩志（ほそい・ひろし）
活水女子大学国際文化学部教授。
専門は日本古代史。
著書に『古代の天文異変と史書』（吉川弘文館、二〇〇七年）、『日本史を学ぶための〈古代の暦〉入門』（吉川弘文館、二〇一四年）、『新陰陽道叢書第一巻古代』（名著出版、二〇二〇年）などがある。

久留島　元（くるしま・はじめ）
京都精華大学国際文化学部特別任用講師。
専門は日本中世文学。
著書・論文に『扶桑略記を読む』（共著、新典社、二〇二一年）、『城郭の怪異』（共著、三弥井書店、二〇二一年）、「妖怪名義小考」（『同志社国文学』七二、二〇二〇年三月）などがある。

佐藤信弥（さとう・しんや）
立命館大学白川静記念東洋文字文化研究所客員研究員。
専門は中国殷周史。
著書に『西周期における祭祀儀礼の研究』（朋友書店、二〇一四年）、『周――理想化された古代王朝』（中央公論新社、二〇一六年）、『中国古代史研究の最前線』（星海社、二〇一八年）などがある。

佐野誠子（さの・せいこ）
名古屋大学大学院人文学研究科准教授。
専門は中国古典文学。
著書に『怪を志す――六朝志怪の誕生と展開』（名古屋大学出版会、二〇二〇年）、論文に「『天地瑞祥志』第十四所引志怪佚文について――八部将軍と四道王」（『日本中国学会報』七〇、二〇一八年）、「郭璞『易洞林』と干宝『捜神記』――東晋はじめ、怪異記述のゆくえ」（水口幹記編『前近代東アジアにおける〈術数文化〉（アジア遊学二四四）』勉誠出版、二〇二〇年）などがある。

山田明広（やまだ・あきひろ）
奈良学園大学人間教育学部准教授。
専門は中国宗教、道教儀礼。
著書に『台湾道教における斎儀――その源流と展開』（大河書房、二〇一五年）、論文に「台湾北部淡水地区の烏頭道士の功徳儀礼」（『東西学術研究所紀要』第五四輯、二〇二一年）などがある。

笹方政紀（ささかた・まさき）
東アジア恠異学会会員。
専門は怪異・妖怪に関するメディア文化。
論文に「クダンと見世物」（『怪異を媒介するもの』二〇一五年八月）、「新聞記事からみる怪異の形成――人面牛身の仔牛から「件（クダン）」へ」（『御影史学論集』四二、二〇一七年十月）、「戦時に件（クダン）を語る訳――戦時流言に関する一考察」（『世間話研究』二七、二〇一九年八月）などがある。

陳　宣　聿（ちん・せんいつ）
大谷大学真宗総合研究所東京分室ＰＤ研究員。
専門は宗教学。
論文に「台湾における「嬰霊」の遡源：龍湖宮を手がかりに」（『論集』四四、二〇一七年）、「当代台湾嬰霊信仰的発展与道教血湖超度儀式的演繹」（丁仁傑『道教復興与當代社会生活：劉枝萬先生紀念論文集』中央研究院民族学研究所、二〇二〇年）などがある。

木場貴俊（きば・たかとし）
京都先端科学大学人文学部講師。
専門は日本近世文化史。
著書に『怪異をつくる　日本近世怪異文化史』（文学通信、二〇二〇年）、論文に「日本近世の「怪異」と資本主義精神」（『アリーナ』二三、二〇二〇年）、「近世史研究から見た怪異」（『比較日本文化研究』二〇、二〇二〇年）などがある。

木下　浩（きのした・ひろし）
岡山民俗学会理事。
専門は民俗学・医学史。
著書に『47都道府県妖怪伝承百科』（共著、丸善出版、二〇一七年）、『平成15年度岡山県立博物館特別展「他界への招待～お化けはきっといる・あの世はきっとある～」図録』（共著、岡山県立博物館、二〇〇三年）、論文に「忌み筋伝承の考察――ナメラスジとナワメスジを中心に」（『岡山民俗』第二三五号、岡山民俗学会、二〇一四年）などがある。

村上紀夫（むらかみ・のりお）
奈良大学文学部教授。
専門は日本文化史。
著書に『近世勧進の研究』（法藏館、二〇一一年）、『まちかどの芸能史』（解放出版社、二〇一三年）、『近世京都寺社の文化史』（法藏館、二〇一九年）、『江戸時代の明智光秀』（創元社、二〇二〇年）などがある。

山本陽子（やまもと・ようこ）
明星大学教育学部教授。
専門は日本絵画史・説話。
著書に『絵巻における神と天皇の表現――見えぬように描く』（中央公論美術出版、二〇〇六年）、『絵巻の図像学――「絵そらごと」の表現と発想』（勉誠出版、二〇一二年）、『図像学入門――疑問符で読む日本美術』（勉誠出版、二〇一五年）などがある。

化野　燐（あだしの・りん）
小説家。
専門は妖怪。
著書に『人工憑霊蠱猫シリーズ』（講談社）、『考古探偵一法師全シリーズ』（KADOKAWA）など、共著に『怪異を媒介するもの』（勉誠出版、二〇一五年）、『47都道府県・妖怪伝承百科』（丸善出版、二〇一七年）、『怪異学の地平』（臨川書店、二〇一八年）などがある。

編者紹介

東《ひがし》アジア恠異学会《かいいがっかい》

2001年創立。代表は大江篤（園田学園女子大学教授）。
学会編著書として、『怪異学の地平』（臨川書店、2019年）、『怪異を媒介するもの』（「アジア遊学」187号、勉誠出版、2015年）、『怪異学入門』（岩田書院、2012年）、『怪異学の可能性』（角川書店、2009年）などがある。

【学会HP】http://kaiigakkai.jp/

怪異学講義《かいいがくこうぎ》
――王権・信仰・いとなみ

2021年10月1日　　初版発行

編　者　東アジア恠異学会

制　作　㈱勉誠社

発　売　勉誠出版㈱
〒101-0061　東京都千代田区神田三崎町 2-18-4
TEL：(03)5215-9021(代)　FAX：(03)5215-9025

印　刷
製　本　中央精版印刷

ISBN978-4-585-32007-4　C0021

怪異を媒介するもの

「怪異」の表象には、神霊と人、人と人を媒介する知と技が重要な役割を果たしてきた。その諸相を検討し、怪異を巡る社会や人々の心性のダイナミズムを明らかにする。

東アジア恠異学会 編・本体二八〇〇円（＋税）

この世のキワ
〈自然〉の内と外

驚異と怪異の表象を、ユーラシア大陸の東西の伝承・史料・美術品等に探り、自然と超自然・この世とあの世の境界に立ち現れる身体・音・モノについて、学際的に考察。

山中由里子・山田仁史 編・本体三二〇〇円（＋税）

前近代東アジアにおける〈術数文化〉

〈術数文化〉と書物、出土資料、建築物、文学、絵画との関係を検証。文化への影響・需要を考察し、東アジア諸地域への伝播・展開の様相を通時的に検討する。

水口幹記 編・本体三二〇〇円（＋税）

「神話」を近現代に問う

整備され、体系からこぼれ落ちたり、意図して対抗的に利用され、重層的に信じられていた、広義の神話が持つ社会的意義を、成立過程・創作過程から改めて評価する。

植朗子・南郷晃子・清川祥恵 編・本体二五〇〇円（＋税）

世界神話伝説大事典

全世界五十におよぶ地域を網羅した画期的大事典。「神名・固有名詞篇」では一五〇〇超もの項目を立項。現代にも影響を及ぼす話題の宝庫。

篠田知和基・丸山顯德 編・本体二五〇〇〇円（+税）

お伽草子超入門

妖怪、異類婚姻、恋愛、歌人伝説、高僧伝説など6つの物語を紹介。読みやすい現代語訳、多数の図版とともに読み解く。「モチーフ索引」「妖怪小辞典」を付す。

伊藤慎吾 編・本体二八〇〇円（+税）

図像学入門
疑問符で読む日本美術

なぜ絵巻は右から左へみるのか？　絵画や仏像などのさまざまな疑問・謎を図像解釈学（イコノロジー）から探り、日本美術の新しい楽しみ方を提案する。

山本陽子 著・本体一八〇〇円（+税）

忍者の誕生

忍者の実像とはどのようなものなのか？　忍術書・忍具、アジア圏の忍者の小説・マンガなども紹介するとともに、現代でも衰えない人気を誇る「忍者」を解明する。

吉丸雄哉・山田雄司 編・本体三六〇〇円（+税）

東の妖怪・西のモンスター
想像力の文化比較

世界各国のそれぞれの文化で育まれてきた「見えないもの」の物語を通して、精神文化の差異と類似、普遍性を探る十一章。妖怪比較文化研究の最先端！

徳田和夫編・本体三八〇〇円（＋税）

怪異・妖怪の世界
モノと図像から探る

考古学・民俗学という二つの分野の研究を駆使し、それぞれが研究対象とする遺物や遺跡、儀礼や祭礼の世界から怪異・妖怪現象を探る。

天理大学考古学・民俗学研究室編・本体一六〇〇円（＋税）

妖怪・怪獣の誕生
モノと図像から探る

妖怪や怪獣を生み出してきた人々の創造力と想像力を、古代の装飾太刀や正倉院の人面鳥、一つ目小僧やゴジラなどから明らかにする、考古学と民俗学の融合的研究。

天理大学考古学・民俗学研究室編・本体一六〇〇円（＋税）

怪異・妖怪の東西
モノと図像から探る

妖怪図像や怪獣、民間信仰や伝承、そして身体感覚の、東西の多様性・共通性などを、考古学と民俗学を駆使して解明する。

天理大学考古学・民俗学研究室編・本体一六〇〇円（＋税）